日本の大学改革の方向

江原武一 著

東信堂

はじめに

大学改革は日本のみならず世界各国で同時進行の形で進められてきている。この本は、現在進められている日本の大学改革の動向をアメリカを中心とした国際比較の観点から系統的に集約して整理し、その特徴や課題を批判的に考察するとともに、それらの知見を手がかりにして日本の大学改革の望ましい方向をできるだけ幅広い視野から探ることを目指している。

執筆に際してとくに考慮したことは次のようにまとめられる。今日の大学改革を考える際に最も重要なのは、誰が中心になって大学を改革していけばよいのかという問題である。大学の利害関係者(ステークホルダー)、つまり大学が行う教育や研究、社会サービス(社会貢献)といった諸活動に対して利害関係をもつ人びとや組織は多様であり、学外の利害関係者には政府や政党、企業、マスメディアなどが、それから学内の利害関係者には大学管理者や大学教員、大学職員、学生などが含まれる。

そのうちこの本では、各大学の大学構成員、とくに大学教職員が主体的に改革を推進していく必要があることを重視している。というのも、現在の大学改革では政府の大学政策もたしかに重要だが、それと同時に、個別の大学が、一方で大学間の緊密な連携協力を推進しながら、自立的、主体的に大学改革を実施していくことが強く要請されているからである。ほとんどの大学管理者は所属大学の大学教職員からリクルートされていることもその背景にはある。また大学教育の使命が社会で活躍する自律した主体的な人間の育成にあるとしたら、大学という職場で働く大学教職員自身も、自らの仕事を通して目にみえる形で、自律的、主体的に活動することを強く求められるだろう。そしてそのためには、大学関係者、とりわけ大学教職員のなかに、一九八〇年代以降の日本の大学改革の歩みを幅広い視野から系統的にたどり、自らの立ち位置をあらためて確かめてみる人びとがこれまで以上に大幅に増えることが望まれる。

なお大学改革を効果的なものにするには、利害関係者としての学生の意向や要望などをなによりも十分に考慮することが求められる。しかし現在の日本の大学のなかに、学生の意向や要望などを系統的に集約する仕組みを整備したり、学生の全学的な意思決定への実質的な参加ルートを構築したりするには、いくつもの制度的な障壁を乗り越える必要があるように思われる。そのためこの本では、利害関係者としての学生については必要に応じて言及することにしたい（たとえば江原、二〇一〇年、一九〇-一九一、二七八-二七九頁；吉見、二〇二一年、二二六-二二九頁などを参照）。

二つ目は、これまで大学が長い時間をかけて培ってきた、教養ある人間の育成や学問の自由の確立、人類の知的遺産の継承、公平無私な真理の探究、公正で平等な学習機会の拡充などといった、社会にとって重要な大学の社会的役割を損なわないように改革を進めることである。

現在の「小さな政府」による行政主導の大学改革は、なによりも自国の経済的な国際競争力を強化するために、大学教育を改善して優れた高学歴人材を大量に育成することを目指している。国際比較の観点からみると、この行政主導の大学改革は日本を含めてどの国でも、今後も長期にわたって継続すると予想されるが、今日の大学はそれ以外にも社会にとって有意義なさまざまな社会的役割を果たすことを求められている。問題は、そうした大学の社会的な役割を、第二次世界大戦後大幅に拡大して大衆化した多種多様な大学が、その独自の歴史的背景や理念、改革の基礎になる手持ちの人的・物的な資源などをふまえて、どのように実現すればよいのか、その具体的な改革の方針と方策を明らかにすることである。

さらにそうした役割を今後さらに豊かなものにするには、大学をとりまく社会的基盤をいっそう整備する必要がある。個別の大学における自立的、主体的な改革の定着は、学外の条件によっても大きく左右されるが、とくに重要なのは大学とさまざまな大学連合組織との連携や協力を充実したり強化したりすることである。それに加えて政府の大学政策では、大学の制度的自律性を尊重するとともに、政府が提供する財源の縮小やそれにともなう政府の役割の低下をふまえて、政府は大学に対して何ができて、何ができないのかを明示した上で、日本社会にふさわしい明確な将来構想（グランドデザイン）にもとづいた具体的な大学政策を立案し、着実に実施していくことが要請される。

現在の「小さな政府」の教育政策では、国民の自助努力を活用した改革の制度的な条件整備が目指されている。ところが大学教育を含めた教育の分野には、障害者やマイノリティ（少数派）のための教育をはじめ、学ぶことが苦手な多くの若い世代や、学習意欲のある社会人や高齢者を対象にした学習機会の整備など、その改善に公共的な配慮や制度的な保障が不可欠な領域も少なくない。自助努力だけですべての問題が解決するわけではないのは、個人だけでなく学校や病院、政府の仕組みなどの公共的な組織についてもいえることであり、その解決には工夫をこらした適切な制度的対応が求められる。私たちが近代以降目指してきたのは、各人がその責任を問われる必要のないことから受ける苦痛を、可能な限り減らすことだったとすれば、そのために具体的にどうすればよいのかについて、正面から向きあう必要があるように思われる（江原、二〇一五年、七-八頁）。

三つ目に、大学をとりまく近未来の日本社会をイメージすると、日本社会でもこれから当分の間、「小さな政府」が社会のグローバル化に対応した国家政策を主導し、大学政策も「小さな政府」の考え方にもとづいて進められていくと考えられる。歯切れはよくても実現する目処がつかない大学改革よりも、漸次的な大学改革の着実な推進を支持する私の立場からみれば、それらの大学政策の成果を全面的に否定するつもりはない。また西欧生まれの近代社会はさまざまな矛盾や限界をかかえて迷走しているが、近未来の日本社会もその延長線上にあり、そこで生活する私たちは自らの尊厳を保ち、自分たち自身の生命や財産を守るために、何をどのようにすればよいのかを主体的に考えるべき時期にきているのも確かなことである。

しかしそうした立場からみても、日本を含めた世界同時進行の大学改革によって、日本の大学は時代や社会の変化に適切に対応するとともに、教育の本質に適ったものに改善されてきたのかというと大いに疑問である。この本では、こうした点を考慮しながら、日本の大学改革の方向を探ってみたい（江原、二〇一八年b、七、二一七-二一八頁）。

大学改革の世界的動向や基本的方向性の検討をふまえて、本書でとりあげた日本の大学改革に関するテーマは、第二章「入学者選考・高大接続改革の構想」の大学入学者選考と高大接続改革、第三章「大学教育改革の条件」の大学教育、とくに学部教育改革、第四章「大学の管理運営改革の方向」の管理運営改革、第五章「大学評価の展開」の大学評価改革など、きわめて限られている。大学の財政や大学における研究活動などの重要なテーマも、本書では正面からとりあげているわけではない。

しかしこの本にまとめた議論や提言が、日本の大学改革のあり方や将来の方向に関心のある学生や研究者をはじめ、大学関係者、とくに大学の経営や管理運営に直接従事していたり、学内で実際に改革を進めている大学教職員、あるいは現在大学で学んでいる学生や彼らの保護者、それから卒業生を受け入れる社会の多くの人びとにとって、日本の大学改革の特徴と課題を幅広い視野から理解するのに少しでもお役に立てば幸いである。

なお本書の作成に際しては、二〇一五年に東信堂から刊行した拙著『大学は社会の希望か―大学改革の実態からその先を読む』に大幅に加筆修正し、さらに本書の第二章として新たに執筆した「入学者選考・高大接続改革の構想」を追加した。このわずか五年ほどの間でも、日本はもとより世界の大学と大学をめぐる社会の状況はめまぐるしく変貌してきた。それに世界規模のコロナウイルスの拡大が重なって、大学改革の方向を探ろうとしても足がすくみ、呆然とするばかりだが、大学の社会における位置や基本的な役割は変わらないのではないかと秘かに確信している。

東信堂の下田勝司社長のご好意とご助言により、本書を出版することができた。比較教育学や教育社会学をはじめ、大学問題や大学改革に関連した専門分野の先行研究を通して、本書のテーマに関する基本的なとらえ方や改革の方向性、数多くの具体的な改革の状況をたくさん学ばせて頂いた。それからいちいちお名前を記す余裕はないけれども、この他にも多くの方々からご支援、ご助言を頂いた。この場を借りて深く謝意を表したい。

二〇二一年五月二〇日

江原　武一

目次／日本の大学改革の方向――『大学は社会の希望か』増補改訂版

（○印は、新規収録）

日本の大学改革の方向

——『大学は社会の希望か』増補改訂版

第一章　大学改革の進展

1　日本の大学改革：再考

(1)政府行政当局が主導する日本の大学改革

この本では、現在進められている日本の大学改革の動向をたどって、その特徴や課題を考察し、将来の方向を探ってみたい。現在の日本の大学改革の起点は、中曽根内閣直属の審議会として一九八四（昭和五九）年に設置された臨時教育審議会に求められる。その答申にもとづいた改革は教育制度全般を対象としており、西欧の近代教育を導入した明治初期の改革、第二次世界大戦後の教育改革との対比で、第三の教育改革ともいわれた。日本ではこのときから今日まで、実に三五年以上にわたって文部科学省を中心とした政府行政当局が主導する形で、次々にさまざまな大学政策が実施されてきた。

八七年に臨時教育審議会の提言にもとづいて文部省（現文部科学省）に創設された大学審議会は、大学院の制度的弾力化や整備充実、大学教育や学位制度の改善、高等教育の計画的整備、大学運営の活性化、大学入試の改善など、多種多様な答申や報告を公表し、それらを受けて文部省は大学関係の法規改正や各種の施策を実施した。この大学審議会は二〇〇一(平成一三)年に中央省庁等改革の一環として、省内に置かれていた他の六つの審議会とともに中央教育審議会に整理・統合され、大学分科会として再編されたが、その後も数多くの答申や報告を公表し続け、その間に行政主導の大学改革は急ピッチで進められた。

代表的な答申をいくつかみると、「大学教育の改善について」(一九九一年)は大学設置基準の弾力化や自己点検・評価制度の導入を謳い、その後の大学改革に大きな影響を及ぼした答申である。「競争的環境の中で個性が輝く大学」という副題をもつ「二一世紀の大学像と今後の改革方策について」(一九九八年)は、大学改革は過去一〇年間着実に進められてきたが、教育研究の質の向上や大学の自律性の確保、組織運営体制の整備など、二一世紀に向けてさらに積極的な改革推進が必要なことを表明した大学審議会の答申である。この答申では行政主導ではなく、大学主体の大学改革の推進が期待されていた。「我が国の高等教育の将来像」(二〇〇五年)は二〇二〇年頃までの中長期的に想定される日本の高等教育の将来像と、その内容の実現に向けてとりくむべき施策をまとめた答申である。高等教育の将来像を「言わば『グランドデザイン』とも呼ぶべきもの」と位置づけ、具体的な施策を一二の早急にとりくむべき重点施策と一四の中期的にとりくむべき重点施策に分けて提言している。

「二〇四〇年に向けた高等教育のグランドデザイン」(二〇一八年)は、表題に「グランドデザイン」という文言が含まれる最初の答申である。二〇四〇年は答申が公表された二〇一八年生まれの子どもが現在と同じ教育制度のなかでは、大学の学部段階を卒業するタイミングとなる年であるという。ちなみにこの答申についても他の答申と同様、さまざまなコメントや評価が寄せられている。なかにはこの答申の公表の仕方や内容のまとめ方が従来とは異なっていること、その上答申自体も雑多な話題が満載なため、その意図や背景を読みこむのが難しいこと、答申を構成する項目間に矛盾がみられること、答申の内容と法令との関係が分からないことなどを、かなり批判的に指摘したものもみられる（小林信一、二〇一九年a、三八頁）。

なお本書では、現在の日本の大学改革がこれまで主に大学側、つまり個別大学の自立的、主体的な改革ではなく、政府側、つまり文部科学省を中心とした政府行政当局が主導する大学政策として実施されてきたことを端的にあらわす言葉として、「行政主導の大学改革」という用語を使用している。小泉内閣（二〇〇一-〇六年）を境に実際には、政府の政策形成過程は官僚主導から政治主導へ変わり、内閣府や首相官邸、内閣官房の比重が増えたが、ここではそれらを政府行政当局としてひとまとめにしている。

というのも、政府の政策形成過程の分析はもちろん重要な研究課題だけれども、本書ではどちらかといえば（私の経験や力量、想像力の不足に加えて、政府側よりも個人的に実感できる事柄も相対的に多い）大学側の自立的、主体的な改革を重視する立場から、現在の日本の大学改革の動向について考えてみたいからである。また大学改革には文部科学省や大学セクターだけでなく、政治家や政党、文部科学省以外の府省、企業、納税者としての市民、高校関係者、受験産業など、さまざまな利害関係者（ステークホルダー）が行為主体（アクター）として関わっているが、それらの利害関係者については必要な範囲内で補足的に言及することにしたい（たとえば小林信一、二〇一九年b、六六-六七、七五頁などを参照）。

ところで当初は全体として動きの鈍かった個別の大学（短期大学と高等専門学校を含む）でも、そうした行政主導の大学改革の大波が押し寄せるにつれて、さまざまな改革が進められるようになった。なお大学とは、「学術の中心として、広く知識を授けるとともに、深く専門の学芸を教授研究し、知的、道徳的及び応用的能力を展開させることを目的とする」（学校教育法第八三条）高等教育機関である。高等教育機関には（日本の場合）、大学院、大学、短期大学、高等専門学校の第四、五学年に加えて、高等学校卒業を入学資格とする専修学校も含まれるが、大学はその中核的な位置を占めている（江原、二〇一八年a、四六〇頁）。本書では基本的に、これらのうち大学を中心に、専修学校以外の高等教育機関を「大学」という言葉でひとまとめにして、日本の大学改革をめぐる議論を進めることにする。

さて現在の大学改革の直接の契機になったのは九一年の大学設置基準などの大綱化だが、文部科学省はその後の個別大学における改革状況を、大学における教育内容等を中心に二〇〇一年度から毎年調査して公表している（短期大学と高等専門学校を除く。また二〇一〇年度は東日本大震災の影響を考慮して未実施）。その結果によると、九一年以降二〇〇一年までの一〇年間に、九九％の大学は大学設置基準の大綱化をふまえて、科目区分や必修・選択、単位計算、卒業要件単位数の見直しとか、くさび型教育課程やコース制の導入といったカリキュラム改革を実施していた。また二〇〇一年度の時点で、シラバス（講義要項）の作成は九八％、学生による授業評価は七六％、情報処理教育の必修化は七九％、高等学校での履修状況への配慮（補習授業や高校関係者との連携の取組など）は五九％、教員研修（FD、ファカルティ・ディベロップメント）は六一％、自己点検・評価は九二％の大学が実施していた（文部科学省高等教育局大学課大学改革推進室、二〇〇二年）。

二〇一七年度の調査結果によれば、学生による授業評価はほぼ一〇〇％、高校生が大学教育に触れる機会の提供（オープンキャンパスなど）は九六％、キャリア教育（教育課程内）は九七％、キャリア教育（教育課程外）は九五％、初年次教育は九七％、職員研修（SD、スタッフ・ディベロップメント）は九一％、教員研修（FD）としての教員相互の授業参観は五七％の大学が実施していた。開かれた大学づくりのための組織改革についてみると、科目等履修生制度は九五％、国内の大学との単位互換制度は八一％の大学が設けていたので、全体として一九九一年以降、この二五年ほどの間にかなり多くの大学でさまざまな改革が実施されてきたといってよいだろう（文部科学省高等教育局大学振興課大学改革推進室、二〇二〇年）。

さらにこの調査では二〇一一年以降、各大学の積極的な改革を促すだけでなく、特定の政策誘導をはかるために、中央教育審議会答申などの提言に関連した取組の実施状況も意図的にとりあげるようになってきている。たとえば二〇一七年度の調査結果の総括では、各大学で継続的な進展がみられた取組や全国的にはまだ普及していないが近年進展がみられた取組に加えて、中央教育審議会大学分科会が二〇二〇年にとりまとめた「教学マネジメント指針」に関連する各大学の取組状況を、①学修目標の具体化や②授業科目・教育課程の編成・実施、③学修成果・教育成果の把握・可視化、④教学マネジメントを支える基盤（FD・SDの高度化、教学IR体制の確立）、⑤情報公表の五つに分けて紹介している。

このように統計上の数値からみれば普及度の点で違いはあるにしても、多くの大学で改革が進められてきたが、こうした大学改革の進展をどのように理解したらよいのか。また現在の改革はどのような発想にもとづいて行われており、今後の改革の方向をどのように見定めればよいのか。この本では、そうした問題を考えることを目指している。

⑵重要な個別大学の自立的、主体的な改革

国際比較の観点からみると、大学改革は日本のみならず世界各国で同時進行の形で進められてきている。その背景には激動する国際社会の大きな流れがあり、大学改革の動向を左右してきた。また日本の大学改革は日本社会に固有の歴史的な伝統や文化、政治的経済的状況などの学外の諸力によっても大きく左右されるところがある。

しかし今日の大学改革を考える際に最も重要なのは、各大学が一方で大学間の連携協力を推進しながら、自立的、主体的に改革を実施していく必要があることである。また大学教育の使命が社会で活躍する自律した主体的な人間の育成にあるとしたら、大学という職場で働く大学教職員自身も、自らの仕事を通して自律的、主体的に活動することを強く求められる。そしてそのためには、大学関係者、とくに大学教職員のなかに、八〇年代以降の日本の大学改革の歩みを幅広い視野から系統的にたどり、自らの立ち位置をあらためて確かめてみる人びとがこれまで以上に大幅に増える必要があるだろう。というのはこの三五年以上にわたる大学改革によって、さまざまな制度改革が実施され、細々とした多種多様な改革の小道具も大量に大学にもちこまれてきた。しかしそうした改革のための制度的な装置や手段も、それらを適切に活用する人びとがいなければ役に立たないからである。

大学改革についてはさまざまな立場から論じることができるけれども、この本ではそうした個別大学の自立的、主体的な改革を重視する立場から、日本の大学改革についてできるだけ正面から向き合って考えてみたい。大学や大学改革にかかわる深刻な問題や世間の常識から著しくはずれた大学の実情をことさら暴露したり、学外からみえにくい面や影の部分をえぐり出して紹介したりすれば、あるいは大学をめぐる数々のおもしろい話を読者に提供できるのかもしれない。それと比べると、この本の議論には退屈なところや空々しいところもたくさんあるかもしれないが、あえて正面から日本の大学改革の現状と課題を集約、整理することを試みる。

(3)大学の社会的役割を豊かにする改革の推進

今日の大学改革を考える際に重要な二つ目のポイントは、これまで大学が長い時間をかけて培ってきた社会的役割、つまり教養ある人間の育成や学問の自由の確立、人類の知的遺産の継承、公平無私な真理の探究、公正で平等な学習機会の拡充などといった、社会にとって重要な大学の社会的な役割を損なわないように改革を進めることである。

現在の日本の大学改革は後述するように、なによりも自国の経済的な国際競争力を強化するために、大学教育を改善して優れた高学歴人材を育成することを目指しているといってよいだろう。しかし大学はそれ以外にもさまざまな社会的役割を果たしてきた。そしてそうした役割を今後さらに豊かなものにするには、大学をとりまく社会的基盤をいっそう整備する必要がある。

また現在の「小さな政府」の教育政策では、もっぱら国民の自助努力を活用した改革の制度的な条件整備が目指されているが、教育の分野には大学教育も含めて、障害者やマイノリティのための教育をはじめ、学ぶことが苦手な若い世代や、学習意欲のある社会人や高齢者を対象にした学習機会の整備など、その改善に公共的な配慮や制度的な保障が不可欠な領域も少なくない。さらに自助努力だけですべての問題が解決するわけではないのは、個人だけでなく大学や病院などの公共的な組織についてもいえることであり、その解決には工夫をこらした適切な制度的対応が求められている。

ところでこの本では、このように大学のあるべき姿や望ましいあり方ももちろん重視するが、それを実現するのは、主にその大学に現在所属している教職員なので、できるだけきれいごとをいわないで、彼らが実現できそうなことに言及するように努めてみたい。というのも大半の大学教職員（元教員の私自身も当然含めて）がそれほど無理なくできるのは、大学の社会的役割である教育と研究、社会サービス（社会貢献）を、勤務している大学で能力に応じてそれなりに地道に果たすことであり、洗練された大学の将来像を想像力豊かに描くことでもなければば、授業の場面で職人技に寄りかかった優れた技の見せ合いを競うことでもないからである。

(4)本書の構成

大学のあり方を左右する社会変動にはいろいろな要素が考えられる。この第一章「大学改革の進展」の後半では、そのうちとくに二つの要素、つまり(1)社会のグローバル化(グローバリゼーション)と市場化の進展、(2)国民国家の政府のあり方にみられる「大きな政府」から「小さな政府」への転換に焦点を合わせて、大学改革の世界的な動向を概観する。またそうした学外の諸力の影響を受けて、日本の大学改革は今後どのような方向へ向かうのか、その基本的方向を①大学経営の健全化、②増大する利害関係者(ステークホルダー)のニーズ(要求)への対応、③大学の多様化の進展の三つに集約して整理することにより、日本の大学改革を考える際の大まかな見取り図を提示してみたい。

第二章「入学者選考・高大接続改革の構想」では、高等教育の進学基盤に焦点を絞り、日本の大学が受け入れる入学者に関連した大学改革の状況について考察する。はじめに国際比較の観点から、高大接続改革を考察するための大まかな見取り図を設定するとともに、文部科学省が進めてきた高大接続政策の特徴を整理する。大学側からみた高大接続改革の領域は、大学入学者選考と教育面での高大接続の二つに大きく分かれるが、そのうち第二章の後半では、主に大学入学者選考に注目して、その動向と課題について検討する。

続いて第三章「大学教育改革の条件」では、日本の大学教育の改革動向について、戦後日本の大学改革のモデルになってきたアメリカの動向を主に参照しながら国際比較の観点から分析し、その特徴や改革の条件、今後の改革の方向を整理する。大学教育は教育段階をめやすにすると、学部教育と大学院教育に分かれるが、この章では主に学部教育の改革の条件と方向に注目する。なお大学教育の改革は大学側からみた教育面での高大接続改革としても位置づけられるから、高等学校教育と大学教育の教育課程の体系的な接続をはじめ、多様化した大学入学者の大学での学習や学生生活への円滑な適応を支援する初年次教育(導入教育)や補習教育(リメディアル教育)などの改革について検討し、高大接続改革における大学の役割を明らかにする。

第四章「大学の管理運営改革の方向」のテーマは大学の管理運営改革である。はじめに世界の大学における管理運営改革の動向を簡略に集約することにより、日本の大学における管理運営改革の基本的な方向を探る。続いて、そうした国際的な動向を背景に、二一世紀に入ってからにわかに動き出した日本の大学の管理運営改革の動向と課題を、国立大学を中心に設置者別に集約することを試みる。さらに大学の管理運営の改革課題として、①同僚性の要素を確保した大学の管理運営の仕組みとプロセスの構築、②日本型の実践的な管理運営組織の整備、③優れた大学アドミニストレータの組織的な育成などについて、そのポイントをまとめてみたい。

アメリカやイギリスなどと比べると、形式的な評価が支配的で、市場競争の原理が働きにくい日本では、大学評価は定着しにくいのかもしれない。しかし大学評価は大学の教育研究水準の向上をはかり、その目的や社会的使命を達成するために重要な役割を果たすことを期待されている。日本の大学にふさわしい大学評価、とくに大学の自己点検・評価を中核とした大学主導の大学評価を実質的に定着させるのは、日本の大学改革にとって十分意義のあることである。第五章「大学評価の展開」では、そうした観点から、日本の大学評価制度の仕組みや特徴をまとめるとともに、大学主導の大学評価にとって最も重要な大学の自己点検・評価の改革課題と今後の大学評価の改革の方向を探る。

最後の第六章「日本の大学改革のゆくえ」では、それまでの五章にわたる考察をふまえて、日本の大学改革のゆくえを次の三つのポイントに分けて展望する。第一に、大学が教育や研究、社会サービスなどの社会的役割を主体的に果たすには、社会における大学の制度的自律性がある程度確保される必要がある。第二に、政府の大学政策のポイントは、日本社会にふさわしい明確な将来構想（グランドデザイン）にもとづいた大学政策を立案し、着実に実施していくことである。第三に、現在の大学改革では政府の大学政策も重要だが、それと同時に、個別の大学における自立的、主体的な大学改革が強く要請されている。各大学はその理念や改革の基礎になる手持ちの資源や条件をふまえて、自らにふさわしい改革を独自に進める必要がある。

2　社会変動と大学の変容

⑴大学と国民国家、市場との関係

大学のあり方を左右するさまざまな社会変動のうち、とくに二つの要素、つまり⑴社会のグローバル化（グローバリゼーション）と市場化の進展、⑵国民国家の政府のあり方にみられる「大きな政府」から「小さな政府」への転換に注目してみると、日本の大学はそうした学外の諸力の影響を受けてどのように変容してきたのか、そして今後どのような方向へ向かおうとしているのか。この社会変動と大学の変容との関係を、未来に希望のもてる大学像を想定しながら、できるだけ普遍的な言葉で探ることから、この本の議論をはじめてみよう。

ところで歴史的にみると、社会変動の要素として注目する国民国家と市場との関係自体も、一九七〇年代を境に世界的な規模で大きく変わってきている。大学組織に対する国民国家や市場のインパクトを考察する前に、両者の間にみられる関係の変化をあらかじめ整理しておこう。

二〇世紀の一〇〇年間にわたる国民国家と市場との関係をたどったヤーギンとスタニスローの『市場対国家』によれば、それは経済の管理を国民国家、つまり中央政府の指導で行うのではなく、市場のみえざる手にゆだねる方向への変化である。二〇世紀の大部分の期間、国民国家は以前なら市場に任されていた部分に勢力を拡大し、次第に大きな役割を担うようになった。その背景にはいくつもの革命があり、二度にわたる世界大戦があり、大恐慌があった。第二次世界大戦後、各国の国民が福祉の向上を求めたり、進歩と生活水準の向上を追求したり、公正と公平を求めたりするようになったこともその背景にはある。そしてなによりも市場に対する根強い不信感があり、国民国家は一九七〇年代までに国民に対する責任と義務の範囲を大幅に拡大し、経済の再建と現代化、生活水準の向上、機会の提供、公正な社会の建設などを実現することを期待されたのである。

ところが一九七三年のオイルショックを契機に世界経済が低迷すると、国民国家による経済の管理に失望したり疑問視したりする見方が広まり、中央政府の役割に対する信認も大幅に薄れるようになった。中央政府の財政負担が重くなりすぎてその管理能力を超えるようになったり、政府債務残高と財政赤字が膨張しすぎたり、インフレが慢性化するようになったからだ。そのため市場重視への変化が世界的な規模で起こり、競争や市場開放、民営化、規制緩和などが経済についての考え方の主流になる時代が到来した。

中央計画経済を強力に進めてきた旧ソ連が崩壊したこともその背景にはあるだろう。さらに経済のグローバル化にともなって、国境や時間帯の壁は九〇年代以降いっそう無意味になり、世界が二四時間常に結ばれるようになったため、中央政府が経済を指導する従来の体制では世界市場の現実にますます対応できなくなってきた。

しかしそうした市場の勝利の時期もアジアの通貨危機（一九九七年）を契機に終わりを告げ、市場の試練の時期が世界的に訪れたという。今日では国民国家と市場との関係があらためて見直されるようになり、そのバランスをどのようにすればよいのかが問われているのである(ヤーギン・スタニスロー、二〇〇一年、上四‐六、一六‐二〇、二七‐二九頁)。

日本についてみると、七〇年代のエネルギー危機は日本経済にとって一時的な後退をもたらしただけで、八〇年代初めには力強く回復した。技術面の急速な調整によって、エネルギー集約型の経済から知識集約型の経済に移行し、効率性が重視されるようになったからだ。ところが九〇年になって日本経済のバブルは破裂する。さらに九二年に日本経済は不況に陥り、高度経済成長が始まって以来、最も深刻な経済危機に直面した。その後も日本経済は二〇一〇年代初頭まで二〇年間にわたって停滞し、その間には二〇〇八年のリーマン・ショックによる世界不況の荒波もかぶって失速して、「失われた二〇年」とも呼ばれるようになった。さらに最近では「失われた三〇年」という声もあちこちでささやかれている。

この間の日本国民の国民国家と市場に対する考え方の変化をみると、彼らは経済の先行きがみえなくなっており、政府が彼らの経済的利益を守ることができなくなったと感じている。たしかに高度経済成長期以降日本は圧倒的な競争力をつけ、生活水準も予想を超えて大幅に高まったが、経済の管理を中央政府の指導で行う時代はすでに終わったと感じているのである。ただし経済の管理を市場のみえざる手にゆだねる方向への変化が全体としてみられるにしても、その一方で日本国民がもっと開かれた市場、競争のいっそう激しい市場を積極的に受け入れようとしているとは限らない。そうした市場のもとでは、不確実性がさらに高まり、安全が脅かされかねないからである。

この経済の管理をめぐる国民国家と市場との戦いは依然として流動的であり、日本社会にふさわしい両者の新しいバランスをどのように生み出すかが問われている。ヤーギンとスタニスローは、日本が新しい考え方を受け入れ、国民国家と市場の新しいバランスを受け入れる姿勢をもたなくてはならないこと、さらにそれに日本国民の勤勉と規律が加われば、日本経済は活力を取り戻すことができるし、日本の制度と日本の将来に対する国民の信認を回復することもできると予想したが、先行きが未だに不透明なことに変わりはない（ヤーギン・スタニスロー、二〇〇一年、上四、三三七-三三八、三五三頁）。

⑵社会のグローバル化の進展

大学のあり方を左右する社会変動のうち、一つ目の社会のグローバル化とは、モノやカネ、ヒト、情報などに代表される人間の諸活動が次第に国民国家の国境を越えて交流したり流動化したりして、ついには国民国家の拘束を離れて独自の展開を示すようになる過程を指す言葉である（江原、二〇一〇年、八-一〇頁）。

この社会のグローバル化は、個別化よりも普遍化、標準化の方向へ、また多元化よりも一元化の方向へ社会や大学のあり方を変えるように作用する。各国の社会や大学には共通する特徴もたくさんあるが、違っているところも少なくない。ところが社会のグローバル化によって、そうした一つ一つの国民国家や文化による違いが少なくなり、世界共通の特徴がみられたり、社会や大学のあり方を考えるときの基準や次元も複数ではなくて一本化され、国際標準や国際水準などが設けられたりするようになる。

また社会のグローバル化は実際には、経済や政治、文化、思考様式などにおける西欧流の近代化（モダニゼーション）、とくにアメリカ化（アメリカナイゼーション）が地球規模で世界全体に波及することを意味する。近代社会や近代大学の仕組みやあり方は、一八世紀後半の産業革命やフランス革命の後、主にイギリスやフランス、ドイツなどの西欧諸国を中心に発展してきた。資本主義経済や政治的民主主義、近代科学、客観的・合理的な思考様式などは、このときから重視され発展するようになったが、社会のグローバル化は(やや極端にいえば)、この西欧流の近代化が世界全体に地球規模で広がることを意味する。とくに第二次世界大戦後は、西欧流の近代化をふまえて独自に発展したアメリカ流の近代化が大きな影響力をもち、国境を越えて世界中に広がるようになった。

社会のグローバル化の進展をもう少し具体的にみると、次のようにまとめられる。たとえば経済のグローバル化についてみると、企業の生産過程や経営様式、意思決定の仕組みなどが国境を越えて世界に伝搬した。IBMやマイクロソフト、それからGMやトヨタなどの自動車会社といった、国境を越えて複数の国で経済活動をする多国籍企業も活躍するようになった。最近では、IT(情報技術)業界を牽引するGAFA(グーグル、アップル、フェイスブック、アマゾン)の動向が世界の注目を集めている。

一九八九年にベルリンの壁がなくなり、九一年に旧ソ連が崩壊した後は、アメリカ流の資本主義経済をベースにした経済体制がいっそう世界各地に広がり、経済体制の一元化も進んでいる。このような経済のグローバル化が進んだため、各国の経済はますますグローバルな経済活動の影響を受けるようになってきている。また欧州連合(EU)とか北米自由貿易協定(NAFTA)、東南アジア諸国連合(ASEAN)などの新しい貿易圏が生まれた。日本でも二〇一八年に発効した環太平洋パートナーシップに関する包括的及び先進的な協定(CPTPP)が注目を集めた。世界銀行や世界貿易機構(WTO)などの国際機関も各国の経済に大きなインパクトを及ぼしている。

ところで社会のグローバル化は、こうした経済の領域だけでなく、政治や文化の領域でも確認できる。大学のあり方を左右する社会変動の二つ目の要素として次にとりあげる「大きな政府」から「小さな政府」への転換は、アメリカやイギリスといったアングロサクソン文化圏における政府のあり方の転換が、国境を越えて他の国ぐにでもみられるようになった現象であり、政治の領域におけるグローバル化だといってよいだろう。

文化の領域におけるグローバル化のなかで大学との関連でとくに重要なのは、大学で発見・統合・応用・教育する知識の考え方やあり方が変わってきていることである。数学や物理学、工学や農学、医学、政治学や経済学、それから哲学や文学などの近代科学は、もともと西欧で発達したものが各国に移植された。この近代科学では従来、社会にとって役に立つ応用的な研究よりも、専門分野の発展のために行う基礎的な研究が重視されてきた。ところが一九八〇年代以降は、基礎的な研究よりも応用的な研究が強調されるようになってきている。もっともドイツで生まれた近代大学でも当初、社会の発展にとって役に立つ物理学や化学、医学などの新興の近代科学が実際には重視されていたので、そのような知識の考え方やあり方が八〇年代以降、再び強調されるようになったという方が正確である。

こうした社会のグローバル化にともない、大学教育のグローバル化も進展し、国境を越えた高等教育の提供と質の問題が、最近世界的に注目されるようになった。その直接の契機は、九五年に世界貿易機構が発足した際に、サービス貿易に関する一般協定（GATS）が作成されたことである。この協定によりモノの貿易だけでなく、金融・情報・通信などのサービスの貿易を対象にした貿易自由化も促進され、各国の教育サービスとしての大学教育のあり方に大きな影響を及ぼすようになった。大学教育はグローバル商品として位置づけられるようになったのである（北村・杉村、二〇一二年、六頁）。

たとえば欧州連合では、加盟国の経済的生産性を教育と研究の充実により維持・向上させることを目指して、「欧州高等教育圏」の構築や域内外の学生・大学教員などの人的交流が進められてきた。高等教育の質保証をめぐる問題への対応も積極的にはかられている。また大学のグローバル市場への進出が盛んなアメリカでは、「米国競争力イニシアティブ」（二〇〇六年）をはじめ、「米国イノベーション戦略」（二〇〇九年）などの大学の国際競争力強化を目指すさまざまな取組が連邦政府主導で実施された。

アジア・オセアニアの国ぐにも、大学教育のグローバル化への対応に国を挙げてとりくんできた。留学生の受入れやオフショア・プログラムによる高等教育の輸出を積極的に進めるオーストラリア、ツイニング・プログラムや学外学位プログラムといった国際的な教育プログラムを矢継ぎ早に開設するマレーシア、世界水準の大学構築を目指した大学政策を推進する中国と韓国など、各国の動向には目をみはるものがある。

こうした国境を越えた高等教育の展開に対応するために、日本の大学政策でも「国際化拠点整備事業(グローバル三〇)」や「グローバルCOEプログラム」、「大学院教育改革支援プログラム」などが実施されてきた。文部科学省編『平成二九年度文部科学白書』では、留学生三〇万人計画や大学の世界展開力強化事業など、グローバル人材の育成と大学の国際化に関する政策や提言が紹介されている(文部科学省、二〇一八年、二三八-二三九頁)。

その他に、これまで国民国家の内部に集中していた教育に関する意思決定や管理運営が、欧州連合や東南アジア諸国連合などの国境を越えた国家連合組織とか、市場や非公式の世界的ネットワークなどの超国家的な組織へ拡散してきているのも、大学教育のグローバル化の大きな特徴である。大学教育の成果や教育達成水準を測定したり、学歴や学位の形で明示したりする方法も国民国家の統制を超えて、国際的な観点から設定する動きがみられるようになった(ローダー他、二〇一二年、六三-六四頁)。

(3)「小さな政府」の大学政策

大学のあり方を左右する二つ目の社会変動は、世界各国の政府の役割が八〇年代以降、「大きな政府」から「小さな政府」に変わったことである。「大きな政府(ビッグ・ガバメント)」とは、政府の権限を拡大し、政府が指導的な役割を果たすことによって、貧困や失業などの社会問題を解決したり、国民の安全の確保や教育の普及などの公益の実現を推進したりする政府である。典型的な政府像としては、社会主義国家や福祉国家の建設を目指す政府を想起すればよい。

それに対して「小さな政府（スモール・ガバメント）」とは、政府の権限を縮小し、国民のやる気や競争心を活用することが国民国家の発展にとって役に立つという立場から、国民の自助努力や市場競争の原理などを重視する新保守主義（新自由主義）の考え方にもとづいた政府である。

なお「市場競争の原理」とは、人間の諸活動、とくに経済活動は特定の商品に対する需要と供給とが相対して価格と取引量が決定される市場（マーケット）における競争によって左右されており、しかもそれが基本的に望ましいとみなす考え方である。しかし市場のもつ機能は完全なものではないので、政府の介入により市場競争がもたらす諸問題の解決を目指すことが、「大きな政府」の基本的な方針だった。それに対して「小さな政府」は、国民の自助努力を社会発展の原動力として積極的に評価するとともに、政府による市場への過度の介入を抑制し、政府規制の緩和や税制改革などにより競争促進を目指す政府である。

この「大きな政府」から「小さな政府」への転換は、七〇年代以降先進諸国の経済が停滞すると、その賛否をめぐって社会的な論議をまきおこしたが、具体的にはイギリスのサッチャー首相の保守党政権やアメリカのレーガン大統領の共和党政権によって始められた。その後オーストラリアやカナダなどの英連邦諸国をはじめ、ドイツやフランスなどの西欧諸国、日本や韓国、中国、台湾といった東アジア諸国、東南アジア諸国など、世界の多くの国ぐにでも「小さな政府」による国家政策が実施されるようになった。なお日本では、この「小さな政府」による国家政策は中曽根内閣（一九八二-八七年）によって始められ、小泉内閣（二〇〇一-〇六年）や安倍内閣（二〇一二-二〇年）

などを経て菅内閣（二〇二〇年〜）まで、その間にたとえ政権政党の構成が変わることがあっても、引き続き実施されてきている。

そのため各国の大学政策も、「小さな政府」の考え方にもとづいて行われるようになり、現在の大学改革では、政府の大学政策も重要だが、個別の大学における大学改革が強く求められている。この個別大学のレベルでは、各大学がその理念や改革の基礎になる手持ちの財源や施設設備、人的資源などをふまえて、自らにふさわしい改革を独自に進めることが目指されている。たとえば日本の大学政策についていえば、政府も日本の大学全体のことを考えて改革を進めるが、中央集権的な大学行政のあり方を分権化し、大学に対する規制も緩和するから、各大学は政府や公的資金に頼らないで、自助努力により大学改革をしてほしいという方針である。

この「小さな政府」の大学政策は、大学における教育と研究を充実して国家の経済的生産性を維持・向上させることを目指している。もともと経済学では、経済発展には天然資源と資金力が重要だという考え方が主流であった。しかし最近では、それよりも科学技術力の向上や高学歴人材の育成の方が経済的生産性を支える要因として重視されるようになった。

そのために各国の政府は大学制度全体に対して、⑴先端的な科学技術の研究開発の推進と、⑵高学歴人材の育成を要請している。このうち後者の高学歴人材の育成は、①高等教育レベルの教育機会をできるだけ開放して、国民全体の基礎学力を向上させ、労働力の質を高めるための「人的資源の全般的な底上げ」と、②先端的な科学技術の研究と開発を推進するための「先端的な人材の育成」という、二種類の人材育成を含んでいる。

ところが個別の大学レベルでみると、それぞれの大学はこれらの要請をすべて達成できないから、大部分の大学は次第に、できるだけ多くの学生を受け入れて教育することを目指す「教育重視型大学」と、優秀な学生を受け入れて先端的な人材を育成するだけでなく、先端的な科学技術の研究と開発も推進する「研究重視型大学」の二つのタイプに大きく分化すると予想される。

また各国の政府は、一方で、大学に対する規制を緩和して、大学の自助努力を促すとともに、他方では、大学に投入する公財政支出を増やさずに、大学間の競争にもとづいて効率的に資金配分する方針など、市場競争の原理を重視しているため、高等教育の市場化が著しく進むようになる。各大学はそうした状況のなかで、外部資金の確保や大学組織の合理的・効率的運営などの自助努力により、大学経営を健全にすることを求められている。

(4)大学改革の基本的な方向

このような学外の厳しい環境変化に対応して、今後の大学改革では三つの方向、つまり①大学経営の健全化、②増大する利害関係者のニーズへの対応、③大学の多様化がいっそう進展すると考えられる。

大学改革の基本的な方向の一つ目は、日本を含めてどの国でも、今後は設置者に関係なく(国公立大学も私立大学も)、健全な大学経営を支える資金を確保するために自助努力したり、大学組織を合理的・効率的に運営したりすることを強く求められるようになるということである。その結果、大学は企業に似た管理運営組織をもつように変わると予想される。民間の企業と同様に、大学経営が健全でなければ、その大学は倒産したり、他の大学に統合されたり合併されたりする恐れがあるからだ。「大学経営」の時代の到来である。

改革の方向の二つ目は、各大学は自分の大学に関係のある利害関係者の要求や要望に対して、いっそう配慮しなければならなくなると予想されることである。たとえば大学教育の教育課程(カリキュラム)の改革では、顧客である多様な学生のニーズに敏感に対応した改革がいっそう進行する。卒業後の社会生活で役に立つ実利的な科目が増えたり、専門分野としては重要でも、学生に人気のない人文科学や社会科学系の科目は廃止されたりする恐れがある。

また大学と社会、とくに市場競争の原理が支配的な産業界との結びつきはこれからますます強化されるので、大学は学生市場や大学教員市場に加えて、産業界の労働力需要や外部資金など、学外の市場との関係改善をいっそう要請されるようになる。そのため教育面では、企業が求めるすぐに役に立つ即戦力の人材の育成が重視され、研究面では基礎的な研究よりも産業上の応用や特許と結びついた研究が重視されるようになり、産学協同のベンチャービジネスなどが盛んになると考えられる。

さらに政府も大学をめぐる重要な利害関係者の一つだが、アメリカや日本をはじめ、どの国の政府も公財政支出により大学支援を行うときには、すべての大学を平等に扱うのではなくて、投資効果のある大学に重点的に資金を投入するようになる。日本の大学政策についてみると、一九九一年から開始された大学院重点化政策をはじめ、九六年に策定され、二〇一六年から第五期が開始された「科学技術基本計画」による科学技術活動への重点投資政策なども同じ方向を目指しているといってよいだろう。なお同計画は、策定の根拠法である科学技術基本法が二〇二〇年に科学技術・イノベーション基本法に改定され、名称も「科学技術・イノベーション基本計画」に変わった。この他にも文部科学省は、「二一世紀COEプログラム」や「特色ある大学教育支援プログラム」などを皮切りに、第三者評価にもとづいて競争的な公的資金配分を行うさまざまなプログラムを次々に実施してきている。

大学改革の三つ目の方向は、日本を含めてどの国でも、国内の大学制度は全体としてこれまでよりもはるかに多様化すると予想されることである。たとえば教育重視型大学のなかには「隙間（ニッチ）」志向の大学、つまり大学の規模が比較的小さくて、社会的な知名度も低いけれども、その大学の長所や持ち味を生かして、大学産業界でその大学にふさわしい適所を得ようとする大学が数多く生まれると考えられる。日本では二〇一八年以降の一八歳人口の長期的な減少にともない、各大学の入学者選考をはじめ、大学教育や大学経営のあり方はいっそう大きく様変わりすると予想されている。

多種多様な特色のある大学が数多く生まれて、日本の大学制度が全体として多様化することは、それ自体望ましいことである。ただしそれと同時に、大学教育の質の保証や内容の標準化を適切にはかることも、今後重要な課題になると予想される。それは各大学にとってももちろん解決すべき重要な課題である。しかしそれと同時に、日本私立大学連盟や国立大学協会、公立大学協会などの大学タイプ別の大学連合組織、大学基準協会や大学・短期大学基準協会、大学改革支援・学位授与機構、日本高等教育評価機構などの適格認定協会、大学コンソーシアム京都のような地域の大学連合組織とか、日本学術会議や専門分野別学協会などが大学と連携したり協力したりして、日本の大学教育の質の維持・向上に積極的にとりくむことが強く要請される。

第二章　入学者選考・高大接続改革の構想

1　大学改革における入学者選考・高大接続改革の位置

(1)「想定外」だった改革の目玉の導入延期

この第二章「入学者選考・高大接続改革の構想」では、高等教育の進学基盤、つまり日本の大学が受け入れる入学者に関連した大学改革の状況について考察することを試みる。

ところで本章で注目する大学入学者選考の改革については、二〇一九年末に「想定外」の出来事が起こってマスメディアでも大きな話題になった。二〇二〇年度から従来の「大学入試センター試験」に代えて実施された「大学入学共通テスト」で、改革の目玉ともいえる①記述式問題と②民間試験の成績を活用する英語試験の導入が延期されることになったのである（たとえば大塚、二〇二〇年、一五四-一五五頁；木村、二〇二〇年、二三五-二三七頁；文部科学省、二〇二〇年a、一-四頁などを参照）。その後も『朝日新聞』の連載記事「揺れる大学入試」のうち、二〇二〇年四月二一日号の「いつ決まる？　大学入試改革」によれば、文部科学省が一月に発足させた、各教科の専門家や高校・大学の団体代表らによる「大学入試のあり方に関する検討会議」では、議論は回を追うごとに拡散しており、年内にまとめるのは難しいとの見方が広がっているという。

さらに先行きが不透明な新型コロナウイルスの感染拡大もあって、文部科学省の大学政策や各大学の方針や方策は揺れ動いているけれども、大学入学者選考や高大接続の改革が重要な大学改革の課題であることに変わりはない。直接影響を受ける大学進学志願者への対応をはじめ、さまざまな立場の利害関係者(ステークホルダー)に対する周到な配慮や支援は不可欠だが、「想定外」の導入延期は、高等教育の進学基盤をめぐる大学改革を十分な時間をかけて、あらためて正面から問い直すことを促す、滅多にない貴重な契機だったのかもしれない。

第二章のタイトルとして、高等教育関係の本や雑誌などでよく使われてきた「高等教育へのアクセス」とか「大学への進学」、あるいは「大学入学試験」などではなく、なぜややふぞろいな「入学者選考・高大接続」を採用したのか、その背景に目を向けることから議論を始めてみることにしよう。

⑵入学者選抜から入学者選考への移行

第二次世界大戦後の日本の高等教育の歩みで最も特徴的なのは、高等教育の大衆化、つまり大学への進学者が大幅に増えて、その規模が拡大したことである。この七五年間の高等教育の拡大過程を大まかに区分すると(平凡すぎる区分だけれども)、一九七〇年代前半までの「拡大期」、その後九〇年前後までの「停滞期」、そしてそれから現在までの「再拡大期」の三つに分けることができる(中村、二〇一〇年、七六-七七頁)。ちなみに一九七六年の三九%まで一貫して上昇してきた大学・短期大学進学率(浪人を含む)は、その後九〇年の三八%までの一五年間ほどは停滞したが、九一年以降再び上昇に転じ、二〇〇〇年以降に五〇%の大台を超えた後、二〇一九年は五八・一％であった。なおこの二〇一九年当時の高等専門学校四年進学者は〇・九％、専修学校専門課程進学者は二三・八％だったから、それらを合わせた高等教育進学率は八二・八％に上り、同世代の八〇％を超える圧倒的多数は高等学校卒業後、何らかの高等教育機関で学んでいたことになる。

こうした状況をふまえて、この本では、各大学がその大学への進学志願者が大学入学者として適格であるかどうかを判定するための手続きを意味する言葉として、大学の「入学者選考」を使うことにしよう。各大学のそうした手続きに言及する際には通常、大学入学者選抜という用語が使われる。しかし『広辞苑』によれば、日本語の「選抜」には「多くのなかからよいものを選びぬくこと」というように、やや厳しいひびきがともなうので、ここでは、「人物・才能などを詳しく調べて考えること」を意味し、より幅広い内容を含む「選考」に注目して、「入学者選考」の方を使うことにしたい。

というのも、近年の各大学の入学者選抜改革はその目的や方針、判定基準や方法の具体的な手続きなどの面できわめて多様であり、「選抜」というよりも「選考」という言葉を使って議論する方が実態に即して分かりやすいからである(たとえば鹿島、二〇一七年、四〇-四一頁)。また大学研究やマスメディアの報道などはもとより、中央教育審議会答申や報告などの文部科学省の教育政策に関連した文書をみても、大学院や高等学校などの場合、入学者選抜に代えて入学者選考が使われることが多く、教育政策の解説や議事録の議論などでも入学者選考が使われることがあることも指摘しておこう。

(3)重視される教育面での接続問題

次に「高大接続」に注目すると、高大接続とは中等教育、とくに高等学校教育と高等教育との接続関係を意味する言葉である（中村、二〇一〇年、一五一、二八八‐二八九頁；吉田、二〇一一年、一七〇‐一七一頁；濱名他、二〇一三年、一一三‐一一四頁；荒井、二〇一八年、四七二‐四七三頁などを参照）。この言葉が近年広く注目されるようになったのは、中等教育と高等教育が相次いで急速に拡大したため、両者の接続関係に揺らぎやくいちがいなどが目立つようになったからである。

その背景には、次のような理由が考えられる。第一は、高校進学率が一九七〇年代中頃から九〇％を超えて、高等学校教育が事実上準義務化するのにともない、高等学校の教育課程（カリキュラム）が多様化したことである。基礎学力や能力、興味・関心などの面で多様化した高校生の受入れに対応して、高等学校の卒業要件単位数や共通して履修する部分が減少し、代わりに学校の裁量による教科・科目の設定や生徒の履修の選択幅などが拡大したが、それは大学入学者の主要な母体である高等学校卒業者の履修歴の多様化をもたらした。

第二は、大学の入学者選考が多様化したことである。日本の大学改革では常に大学入学者選考の改革に大きな関心が寄せられ、その改善をはかるために面接や小論文の実施や、推薦入試やＡＯ（アドミッションズ・オフィス）入試の導入、各大学の判断にもとづいた大学入試センター試験の利用など、入学者選考方法の多様化が進められてきた。さらに近年ではこれらの多様な方法が大学入学者確保の手段として利用されたり、学力中心の一般的入学者選考（一般入試）における試験教科・科目数の減少や、学力を軽視しがちな推薦入試やＡＯ入試の増加などによって、入学者選考が軽量化されたりして、いくつもの深刻な課題が生じてきていることが指摘されている。

第三は、一方では少子化により一八歳人口が一貫して減少しながら、他方では大学や学部の新設が相次いで大学収容力が大幅に増大したため、大学受験戦争が緩和してきたことである。そのため大学進学志願者はとくに選ばなければどこかの大学に入学できる「大学全入時代」が到来し、受験校を絞り込み、受験のための準備を着々と進めるといった、それまでの「受験生」の姿とはほど遠い大学進学者が大量に生まれることになった。

また大学進学者の比率が必ずしも高くない高等学校や専門高等学校でも、卒業後の志望進路を就職から大学に変更する生徒がかなりの比重を占めるようになってきている。とくに「二〇一八年問題」が大学受験業界で話題になったように、二〇一八年以降は一八歳人口の減少と大学・短期大学進学率の頭打ちが重なるため、いっそうそうした傾向が強まることが予想されている。

このような状況がもたらす高大接続関係の揺らぎやくいちがいなどを検討したり吟味したりする際のポイントは、それまでもっぱら注目されてきた大学入学試験による高大接続関係、つまり各大学の入学者選考を接点として結びついていた中等教育と高等教育との接続関係の検討や吟味に加えて、二つの教育段階の教育のあり方、つまり教育課程や教育方法などのスムーズな接続まで考察の範囲を広げなければ、高大接続の課題を明らかにして、その改善をはかることができなくなったことである。

別のいい方をすれば、大学入学試験の動向に左右されてきた高校学校教育の時代は終わり、その大学入学試験に依存してきた大学教育の時代も終わったといってもよい。そのため高等学校は独自の教育目標を掲げて教育の充実をはかることが求められ、大学は縮小する市場のなかで、魅力ある大学教育の構築と安定した経営とのバランスをとる知恵と工夫を求められるようになったのである（濱名他、二〇一三年、一一四頁；荒井、二〇一六年、五七頁；根津、二〇一六年、二四-二五頁などを参照）。

⑷教育政策としての高大接続改革

ところで第四に、高大接続が日本でも社会的に広く注目されるようになった直接的な契機として、中央教育審議会が二〇一四年に「新しい時代にふさわしい高大接続の実現に向けた高等学校教育、大学教育、大学入学者選抜の一体的改革について」を答申したことも指摘しておこう。この「すべての若者が夢や目標を芽吹かせ、未来に花開かせるために」という不可解な副題もついた長い名前の答申では、新たな時代を切り開く人材を育成するために、高等学校教育、大学教育、大学入学者選抜の一体的改革を進めることが謳われている。

高大接続が教育政策としてはじめて本格的にとりあげられたのは、中央教育審議会答申「初等中等教育と高等教育との接続の改善について」(一九九九年)である(先崎、二〇一〇年、五九、八八頁;大塚、二〇二〇年、一五五-一五六頁)。この答申では「高大接続」という言葉は使われていないが、大学関係者が大学入学者選考だけでなく教育面での接続の問題も含めて高大接続改革にとりくむ契機にもなった。その後中央教育審議会は二〇一二年に高大接続特別部会を設置して高大接続改革に着手する。さらに教育再生実行会議(首相私的諮問機関)の第四次提言「高等学校教育と大学教育との接続・大学入学者選抜の在り方について」(二〇一三年)も受けて、二〇一五年に文部科学省内に設置された高大接続システム改革会議は、その翌年に具体的な提案をまとめた「最終報告」を公表した。現在の高大接続改革はこれらをふまえてとりくまれている。

このような高等教育の進学基盤をめぐる大学改革の経緯を考慮して、この第二章では、はじめに国際比較の観点から、高大接続を考察するための大まかな見取り図を設定するとともに、文部科学省が進めてきた高大接続政策の特徴を整理する。続いて高大接続改革は大学側と高等学校側の双方からみることができるけれども、本書では主に大学側の動向に注目するので、文部科学省の高大接続政策のうち大学入学者選考と大学教育改革の二つに焦点を絞り、この第二章の後半では、とくに大学側からみた大学入学者選考の動向と課題に注目してみたい。なお高大接続のうち、もう一つのポイントである教育面での接続の問題については、次の第三章で学部教育を中心に大学教育改革のあり方や条件、改革の方向などを検討する際にあわせて考察する（第三章の「4 学部教育改革の条件」、とくに「(9)高大接続における大学の役割」を参照）。

2 高大接続改革の見取り図

(1)高大接続改革の領域——諸外国の動向と日本

第二世界大戦後の教育の歩みをたどってみると、日本だけでなく先進諸国を中心に発展途上諸国を含めた多くの国ぐにでも、中等教育と高等教育が相次いで急速に拡大したため、高大接続改革は共通の改革課題になった。高大接続改革の領域は多岐にわたるが、国際比較の観点から大まかに集約すると、次のようにまとめられるだろう。なお主に参照したのは個別の研究の他、教育学関係の学協会の紀要に掲載された高大接続改革の特集所収論文や研究動向をまとめた論文などである。またここでは主として大学側の高大接続改革の取組に注目する（たとえば勝野、二〇〇四年；大膳、二〇〇六年；中村、二〇〇八年；中村、二〇一〇年；日本高等教育学会、二〇一一年；佐々木、二〇一一年；小川、二〇一二年；山田、二〇一二年；ベネッセ教育総合研究所、二〇一四年；大膳、二〇一四年；マグダナー・ファン、二〇一五年；南部、二〇一六年；高松、二〇一六年；日本比較教育学会、二〇一六年；日本教育学会、二〇一六年；三浦・川上、二〇一七年；名古屋大学高等教育研究センター、二〇一八年などを参照）。

ややふぞろいなまとめ方だが、高大接続改革の領域は大きく大学入学者選考と教育面での接続の二つに分けられる（**表2-1**）。一つ目の「大学入学者選考」は、①個人の大学進学を左右するさまざまな条件に関する領域と②主に個別の大学が実施する入学者選考に関する領域によって構成される。二つ目の「教育面での高大接続」に含

表2-1　高大接続改革の領域

Ⅰ大学入学者選考
①大学進学の条件
個人的特性
大学進学の制約条件
大学進学の制度的条件（高等学校の特性、大学環境、大学教育機会の改革、学生への財政援助政策など）
②大学入学者選考
選考方法（学力中心の一般的入学者選考、特別入学者選考）
選考手段（学力試験、高等学校調査書、推薦書、面接、小論文など）
全国規模の共通テスト（大学入学共通テスト、大学進学適性試験、中等教育達成度試験など）

Ⅱ教育面での高大接続
①教育課程の体系的接続
②初年次教育（導入教育）・補習教育（リメディアル教育）
③大学理解の促進・支援
大学の各種情報の提供、オープン・キャンパス、大学訪問・施設見学・利用、体験入学、出前講義・講演会・公開講座、大学における講義の聴講（科目等履修生、聴講生、大学による学修の単位認定）など、
高等学校関係者と大学関係者の相互理解の促進、大学連合組織による情報の共有と発信
④高等学校における大学科目履修課程や才能教育などの普及・支援

まれるのは、①高等学校教育と大学教育の教育課程の体系的な接続に関する領域に加えて、（主として大学側からの取組に注目すると）大学入学者の大学教育への円滑な導入をはかる②初年次教育（導入教育）や補習教育（リメディアル教育）、大学進学志願者や保護者、高等学校関係者などの大学理解を促進したり支援したりする③大学理解の促進・支援、④高等学校における大学科目履修課程や才能教育などの普及・支援の四つの領域にとりあえずまとめることができるだろう。

(2)大学進学の条件と大学入学者選考

一つ目の大学入学者選考とは、誰が大学に入学して大学教育で学ぶのにふさわしいのかを決定する過程を意味する言葉である。どの国でも主要な大学入学者は高等学校卒業後直ちに大学にフルタイムで進学する若者だが、高等教育の大衆化にともなって、社会人学生やパートタイム学生も大幅

に増えている。

個人の大学進学を左右する条件のうち最も重要なのは、本人の学力や進学意識、動機づけ、社会観や市民性などの個人的特性である。しかしそれ以外にも、大学進学は大学進学の制約条件、つまり本人が変えることのできない出身階層やジェンダー、人種といった要因、あるいは出身地域の特性や労働市場の状況などによっても左右される。大学教育で学ぶのに必要な基礎学力があり、進学意識が高くて大学に進学する目的も明確で、大学教育の効果やメリットなどを理解している者は有利に大学へ進学する。また大学進学者が増えるにつれて、出身階層やジェンダー、人種による進学格差は全体として縮小する傾向にあるけれども、今日でも人種や出身階層などが個人の大学進学を大きく左右することに変わりはない。出身地域の経済状況や公的財源の水準、学習機会や学校資源などの充実度、それから大学進学時や卒業時の労働市場の状況などの影響も、大学進学にとって無視できない条件である。

さらに大学進学の制度的条件、つまり個人の大学進学をとりまく高等学校や大学、企業などの特性や構造、方針（ポリシー）などに関連した条件や、大学教育機会の拡大や学生への財政援助をはじめ、大学入学者選考に関連した教育政策も大学進学に大きな影響を及ぼす。たとえば高等学校の設置者や課程（普通科・専門科や進学・一般・職業課程など）、高校文化などの特性や、大学のタイプや社会的威信度、大学文化などを含む大学環境も個人の大学進学を左右するのはよく知られている。しかし高大接続の改革として最も重視すべきなのは、大学教育機会の拡大や経済的な理由で進学できない学生への財政援助の改善などをはかる教育政策だといってよいだろう。

大学入学者選考はどの国でも、最終的に個別の大学によって実施されるのが基本である。この領域については分析的に選考方法、選考手段、全国規模の共通テストの三つに区分して整理してみよう。

選考方法は学力中心の一般的入学者選考と特別入学者選考の二つに大きく分けられる。特別入学者選考には学力以外の選考基準を重視する推薦入試やAO入試の他、外国人留学生や海外帰国学生、社会人学生、成人学生、身体障害学生、あるいは優れた運動選手や芸術的才能のある者、大学所在地出身者など、特定の入学志願者を対象にした選考も含まれる。その他に（日本ではあまりなじみはないけれども）、アメリカのように復員軍人やマイノリティ、大学の卒業生の子弟、大学の教職員の親族などを対象にした特別入学者選考もある。

主要な選考手段は今日でも学力試験だといってよいが、高等教育の大衆化にともなって高等学校調査書や推薦書、面接、小論文などが日本でも相次いで導入され、選考手段は著しく多様化した。そうした選考手段の比重やくみあわせ方も大学によって驚くほど多様である。

なお学力試験に関しては、全国規模の共通テストについてあらためて触れておく必要があるだろう。国際比較の観点からやや乱暴に集約すれば、アメリカでは大学進学適性検査（SAT）やACTテストといった、学生の潜在的な学力や学習能力を測る大学進学適性試験が全国規模の共通テストとして広く活用されてきた。また西欧では、フランスのバカロレアやドイツのアビトゥア、イギリスの大学入学資格（GCE）試験の上級（Aレベル）などといった、中等学校修了資格や大学入学資格などを判定するための全国規模の共通達成度試験によって、大学入学者の学力を測っている。東アジアの中国や台湾の全国統一筆記試験や韓国の大学修学能力試験なども、同じような全国規模の共通テストとして位置づけられる。

それに対して日本の大学入学者選考では、大学共通第一次学力試験が一九七九年に導入され、その後一九九〇年には大学入試センター試験に移行した。二〇二〇年度以降は大学入学共通テストが実施されている。この共通テストは高等学校教育で生徒が学習した達成度を測ることも目的の一つにしているが、実際には個別の大学が大学進学志願者の学力を判定する際の参考資料として位置づけられており、大学によってその活用の仕方には大きな違いがみられる。大学入学者選考における全国規模の共通テストの位置と役割について正解があるわけではないが、日本の大学にとって最も望ましいあり方や仕組みを、その独自の歴史と伝統をはじめ、これまでの経緯をふまえて幅広く検討することが強く求められている。

(3)教育面での高大接続改革の領域

次に二つ目の教育面での高大接続に眼を転じると、最も本質的で重要なのはいうまでもなく、高等学校教育と大学教育の教育課程の体系的な接続に関する改革である。今日ではどの国でも基本的に、大学教育は制度的に初等教育と（高等学校教育を含んだ）中等教育の次に接続する、最終的な学校教育段階として位置づけられ、その整備充実が目指されている。しかし実際にはそうした制度改革が十分に実現している国はなく、高等学校教育と大学教育は制度的にスムーズに接続しているわけではない。

また教育内容の面でも扱う知識や技能などの内容や質、水準などに違いがあるため、スムーズに接続しないところがある。というのも、二つの教育課程はどちらも、西欧で発達した近代科学にもとづいた正確な知識や技能などをできるだけ体系的に整理して標準化し、順序立てて系統的に提供しようとする点では同じである。しかし高等学校教育までの学校教育では、（たとえば日本の場合は学習指導要領に準拠して）比較的安定した教育内容が提供されるのに対して、大学教育では研究で生産される新しい、その意味では決着のつかない灰色の部分を含んだ知識や技能などを扱うことにも重要な意義があるからだ。専門分野の研究の領域や水準がきわめて雑多で多様なため、大学における専門職業教育の共通カリキュラムが作成しにくいこともその背景にはあるだろう。

さらに日本を含めてどの国でも、大学の門戸は大幅に開放され、少数の学生を対象にした伝統的な大学教育観からみれば、基礎学力やその他の能力、興味・関心などの面で驚くほど多様な学生を受け入れるようになったが、彼らに大学教育としてどのような内容をどのような形で提供すればよいのかを問われている。

大学入学者が円滑に大学での学習や学生生活に適応することを支援する初年次教育（導入教育）や補習教育（リメディアル教育）などは、こうした高等学校教育と大学教育のスムーズな接続をはかる大学側の取組の一つである。それは大学教育で学ぶのに必要な基礎学力だけでなく、学習への前向きの取組や学習への積極的な関与、自己認識の確立などの非認知的な能力を身につけることを支援することも目指している（山田、二〇一二年、二〇七頁）。そのため日本でも、大学によっては初年次教育を高等学校四年生のための教育と位置づけ、積極的に高大接続をはかるところなども増えてきている。

高等学校教育と大学教育の教育面での接続を改革するために、大学進学志願者や保護者、高等学校関係者などの大学理解を促進したり支援したりする仕組みを構築することは、大学側にとって非常に重要な課題である。表中の具体的な事例のまとめはややふぞろいだけれども、各大学が育成を目指す学生像や教育内容、入学者選考などはもとより、大学の各種情報を彼らに適時適切に必要なだけ提供することがなによりもまず求められる。

大学進学志願者や保護者などを主な対象にした、オープン・キャンパスや大学訪問・施設見学・利用、体験入学、出前講義・講演会・公開講座などは大学における教育研究や学生生活の一端を理解する機会を拡大したり支援したりする取組として、多くの大学で行われるようになった。さらに歩を進めて、大学の授業科目を科目等履修生や聴講生として受講する仕組みも多くの大学で実施されており、学修の単位認定を導入しているところもある。

教育面での高大接続の関係者が相互理解をどのようにはかるのかも重要な課題である。とくに高大接続を効果的に進めていくためには、高等学校教員と大学教員が相互理解を深める機会を抜本的に充実することが要請される（たとえば吉岡、二〇一三年、五八頁や川妻、二〇一六年、一三四頁などを参照）。それに加えて大学連合組織の役割についても注目しておこう。たとえば大学コンソーシアム京都では二〇〇四年以降毎年、京都高大連携研究協議会が主催し、高等学校と大学の連携・接続教育問題における国内動向の情報共有と京都における取組の情報発信を目的とした高大連携教育フォーラムを開催している。

アメリカの高大接続では、教育面での高大接続の取組として、高等学校の生徒が在籍しながら、大学の教養教育、つまり前期教育段階の一般教育に相当する科目を履修できる大学科目履修課程（ＡＰＰ）がある。また特定の分野について比較的高い能力と強い学習意欲をもつ者を対象にした才能教育も盛んであり、飛び級をして大学に進む道も日本と比べればはるかに柔軟で広く開かれている。

このような高等学校における大学科目履修課程や才能教育の導入と充実は主として高等学校側の取組だけれども、大学側の協力があってはじめて実現する取組でもある。高等学校の生徒が在学中に大学レベルの教育を正式の授業科目として履修する機会の導入や拡大は、あるいは日本の学校文化や大学文化にはあわないのかもしれないが、教育面での高大接続の取組として、その可能性を検討する価値は十分あるように思われる。

3　高大接続政策の構成と特徴

⑴高大接続政策の進捗状況

このような高大接続改革の領域に対して、文部科学省の教育政策はどのように対処しているのか。『平成二九年度文部科学白書』の第一部特集に収録された「教育再生の着実な推進」の第二節「高大接続改革の動向」を参照すると、次のようにまとめられる（文部科学省、二〇一八年、五三-六〇頁）。

文部科学省が主導する高大接続改革は、新たな時代を切り開く人材を育成するために、高等学校教育、大学教育、およびそれらをつなぐ（主要な手段の一つである）大学入学者選抜を通じて、一貫した理念の下、一体的に「学力の三要素」を確実に育成・評価することを目指しているという。一人ひとりの子どもが義務教育段階の学習の成果を基盤として、高等学校教育と大学教育を通じて身につけることを期待されている学力の三要素とは、①十分な知識・技能、②（それらの知識・技能を活用して、自ら課題を発見しその解決に向けて探求し、成果等を表現するために必要な）思考力・判断力・表現力等の能力、③（それらの基になる主体性をもって多様な人びとと協働して学ぶ態度、つまり）主体性・多様性・協働性の三つを総称する言葉である。

二〇一八年三月時点の高大接続改革の進捗状況は、この学力の三要素をキーワードにして、学力の三要素の確実な育成を目指す「高等学校教育改革」、学力の三要素のさらなる伸張を目指す「大学教育改革」、学力の三要素の多面的・総合的評価を目指す「大学入学者選抜改革」の三つの改革領域に区分して図示されている。また高大接続システム改革の二〇二四年までのスケジュールが、高等学校教育改革については(i)教育課程の見直し、(ii)学習・指導方法の改善と教師の指導力の向上、(iii)多面的な評価の推進（高校生のための学びの基礎診断の導入、指導要録の改善など多面的な評価の充実）の三つに、大学教育改革については(i)大学教育の「三つの方針」の普及、(ii)認証評価制度の改善の二つに、大学入学者選抜改革についても(i)大学入学共通テストの導入、(ii)個別大学の大学入学者選抜の改善の二つに区分して図示され、それぞれの改革の進捗状況と今後の実施計画が記載されている。なお大学教育の三つの方針とは、卒業認定・学位授与の方針（DP、ディプロマ・ポリシー）、教育課程編成・実施の方針（CP、カリキュラム・ポリシー）、入学者受入れの方針（AP、アドミッション・ポリシー）を総称する言葉である。

それに加えて文部科学省は、高大接続改革に関する取組を支援するために、大学教育再生加速プログラム「高大接続改革推進事業」や「大学入学共通テスト」準備事業、大学入学者選抜改革推進委託事業、高校生の基礎学力の定着に向けた学習改善のための研究開発事業などに必要な予算措置を講じているという。

(2)骨組みだけを形式的に提示した文部科学省の高大接続政策

こうした文部科学省による教育政策としての高大接続改革の特徴は、第一に、大学入学者選考と教育面での高大接続によって構成されるさまざまな改革領域の一部のみをとりあげており、しかも針金細工のような骨組みだけを形式的に提示した改革を構想していることである。それは新たな時代を切り開く人材を育成するための改革であり、高等学校教育、大学教育、大学入学者選抜の三つの領域を通じて、一貫した理念の下、一体的に「学力の三要素」を確実に育成・評価することを目指しているとされている。

しかし高大接続改革の基本的な構想の枠組みを設定することはもちろん重要なことだとしても、実際にはこれまでとりあげられてきた三つの領域の改革課題を領域ごとに整理して併記しているだけであり、三つの領域の相互関連も、あたかも学力の三要素をキーワードにして密接に関連しているかのようにみせているが、形式的であいまいな説明にとどまっていることに変わりはない。

高等学校教育と大学教育の教育課程の体系的な接続を実情をふまえた上で検討して改革の方向を示すことは（実際には難しい作業なのだとしても）、教育面での高大接続の改革にとって最も重要な解決課題の一つであり、無視したり省略したりすることはできない。大学入学者選考の改革で重要な大学進学の条件や、教育面での高大接続に関する大学側の取組として、日本でも(不十分かもしれないがそれなりに)進められてきた、準備不足の学生を主な対象にした初年次教育・補習教育とか、大学進学志願者や保護者などを主な対象にした大学理解の促進・支援などを、どのように一貫した理念の下、一体的に改革しようとしているのかも(これも実際には難しい作業なのかもしれないが)不明確なままである。

(3)要請される学力の三要素の理論的・実践的検討

第二に、高等学校教育、大学教育、大学入学者選抜を相互に関連させるキーワードとして設定した学力の三要素については、理論的にも実践的にもあらためて注意深く検討することが要請される。学力の定義は論者や立場によって多様で、一義的に決められないところがあるけれども、広義に定義すれば、学力とは児童・生徒・学生が学習、とくに学校教育における学習を通して身につけた知識や技能、能力などを意味する言葉である。

この学力の要素を①知識・技能、②思考力・判断力・表現力等の能力、③主体性・多様性・協働性の三つに区分して、高等学校教育改革ではその確実な育成を目指し、大学教育改革ではそのさらなる伸張を目指し、二つの教育をつなぐ大学入学者選抜改革ではその多面的・総合的評価を目指すという構図そのものにも、文言上とくに問題があるわけではない。知識・技能と思考力・判断力・表現力等の能力に加えて、どちらかといえば非認知的教育で育成される能力ともいえる主体性・多様性・協働性を学力の要素に含めるのも、学力を広義にとらえれば許容範囲内のことなのかもしれない。

さらに学校教育がその育成を期待されているという「新たな時代を切り開く人材」が学力の三要素を十分に身につけるのは、今後の日本社会にとっても基本的に非常に重要なことである。というのも今日の教育改革では、どの国でも経済のグローバル化に対応して自国の経済的な国際競争力を強化するために、学校教育を改善して優れた高学歴人材を育成することを目指しているからだ。

しかし若い世代が身につけてほしい知識や技能、能力などの中身についてみると、一般的に今日の産業社会や未来社会が必要とする知識や技能、能力などと、学校や大学などの学術の世界が重視する知識や技能、能力などとの間にはズレがあり、必ずしもぴったり重なり合っているわけではない。また経済のグローバル化への対応を過度に強調して産業社会や未来社会のゆくえを構想しても豊かなイメージを生み出すことはできないだけでなく、きわめて危険な結果をもたらすのは日本社会も同様である。

今日の学校教育の改革は、なによりもまず学校教育の社会的役割として最も重要な、基礎的な教科を中心とした認知的教育を改革して、国民の知的文化的基盤をいっそう充実・向上させ、人的資源の全体的な底上げをはかるとともに、先端的な学術研究の推進と科学技術の発展を目指すものである。またそれと並んで、若い世代の道徳的、市民的、精神的価値を育成するために、非認知的教育の改善、とくに複数の価値の共存を前提とした価値教育を充実して、多文化社会にふさわしい国民的アイデンティティをはじめ、さまざまな知識や技能、能力などを若い世代に学んでもらうことを目指している。日本を含めてどの国も民族的構成や文化などの多様化が進んで、多文化社会としての特徴をもつようになったため、そうした社会にふさわしい国民国家として国家統合をはかる必要があるからだ(江原、二〇一八年b、一八-一九頁)。

そしてそうした見方からみれば、認知的教育のなかで①基礎的な知識・技能に加えて、②知識・技能を活用した思考力・判断力・表現力等の能力を育成することはできるかもしれないが、③主体性・多様性・協調性の育成は非認知的教育のなかで行われ、その評価も認知的教育とは別に独立に行われる方が自然である。つまり①基礎的な知識・技能と②知識・技能を活用した思考力・判断力・表現力等の能力は認知的教育のなかで育成したり、その成果を評価したりすることはできるが、③主体性・多様性・協調性の育成は価値教育を中心とした非認知的教育のなかで行い、その成果の評価は認知的教育の評価とは異なる独自な方法の開発を試みるのが実質的で無理がないように思われる。

それから(すでに触れたように)高等学校教育と大学教育はどの国でも制度的にスムーズに接続していないし、扱う知識や技能などの内容や質、水準などにも違いがあるため、二つの教育課程の教育内容にみられるズレや溝をできる限り明確にして、学習者の視点を重視しながら円滑な接続をはかるさまざまな手続きや手法などを工夫する必要がある。とくに大学教育では研究で生産される、新しいけれども不安定な知識や技能などを扱うことや、高等教育の大衆化にともない大学教育を受けるのに必要な学力や技能などの面で準備不足の学生が大幅に増加したことなどに対して適切に対処することが要請される。

さらに近代の学校や大学が長い時間をかけて培ってきた社会的役割、つまり教養ある人間の育成や学問の自由の確立、人類の知的遺産の世代を超えた継承、公平無私な真理の探究、公正で平等な学習機会の拡充などといった、社会にとって重要な役割を損なわないように改革を進めることも強く求められている。

(4)実現可能性を疑問視される抽象的で形式的な提言

第三に、文部科学省の高大接続政策で謳われている提言には全体として抽象的な文言をくみあわせた形式的なものが多く、その実現可能性を疑問視する声も少なくない。

たとえば高大接続政策では、新たな時代を切り開く人材を育成することを目指して、初等中等教育から高等教育までを通じた学校教育により、一人ひとりの児童・生徒・学生に学力の三要素、つまり①基礎的な知識・技能、②思考力・判断力・表現力等の能力、そして③主体性・多様性・協働性をしっかり学んでもらうために、高等学校教育、大学教育、それらをつなぐ大学入学者選考において高大接続改革を推進しようとしている。

しかしこれらの三つの改革が、ある程度の論理的な整合性を（とくに改革提言の文言上で）保って実施されれば、高大接続政策は自動的に、首尾よく成功するというような見方はあまりにも楽観的である。

文部科学省が各高等学校において生徒の知識や技能、能力などの多面的な評価を充実させる改革の小道具（ツール）の一つとして、「高校生のための学びの基礎診断」の認定基準や手続き等に関する規定を策定して、その運用を指示すれば、各学校は設置者の支援を受けてその利活用をとどこおりなく進めることにより、高校生の基礎学力の定着に向けた検証改善サイクル（ＰＤＣＡサイクル）の取組を本当にスムーズに促進することができるのか、大いに疑問だといってよいだろう。

大学教育改革では、文部科学省が大学教育の「三つの方針」を策定・公表して制度化し、中央教育審議会が各大学にとって参考となる「三つの方針」の策定や運営に関するガイドラインを作成すれば、各大学はいずれも首尾よく大学教育改革にとりくむことができると、大学関係者は本当に確信することができるのだろうか。大学入学者選考の改革でも、文部科学省が記述式問題や英語の四技能評価を含む大学入学共通テストの実施方針と大学入学者選抜実施要項を公表すれば、各大学は学力の三要素を多面的・総合的に評価することをまちがいなく着実に推進するようになるのだろうか。

(5)大学入学者選考を過度に重視する文部科学省の高大接続政策

第四に、文部科学省の高大接続政策では高等学校教育、大学教育、大学入学者選抜の三つの領域のうち、大学入学者選抜が最も重視されている。高大接続改革の領域によって教育政策の重要度や実施順位、その進捗状況などに違いがみられるのは当然だとしても、『平成二九年度文部科学白書』の「高大接続改革の動向」にまとめられた高大接続改革の進捗状況の記述のなかで、説明が最も具体的で分量も多いのは大学入学者選抜の改革である。

日本の教育政策ではこれまで、教育面での高大接続、とりわけ高等学校教育と大学教育の教育課程の体系的な接続にとって不可欠な学力面での合理的で適切な接続は、個別大学の大学入学者選考を通じて実現できると考えられてきたところがある。この高大接続に必要な教育上の連続を可能にするための学力の把握を個別の大学にゆだねる「日本型高大接続」は、一九九〇年代以降円滑に機能しなくなったという指摘もある一方で(たとえば佐々木、二〇一一年、七七頁)、文部科学省の教育政策の底流には大学入学者選考を非常に重視する高大接続のとらえ方が根強く残っているように思われる。それは日本の大学入学者選考の歩み、とりわけ第二次世界大戦後の動向をたどってみれば当然ともいえるけれども、当初は教育面での高大接続を含めて幅広く行われた今回の高大接続改革の議論が、その後次第に大学入学共通テストや個別大学の大学入学者選考の方法や内容に集中してきていることにもよくあらわれている(夏目、二〇一八年、一頁)。

4　大学入学者選考の改革

(1)日本の大学入学者選考の特徴――東アジアのなかの日本

　文部科学省がまとめた高大接続改革の動向では、大学入学者選考の改革は(i)大学入学共通テストの導入と(ii)個別大学の大学入学者選抜の改善の二つに区分して、それぞれの改革の進捗状況と今後の実施計画が整理されている(文部科学省、二〇一八年、五七-六〇頁、山田泰造、二〇一九年、五六-五九頁)。その具体的な検討に先立って、日本の大学入学者選考の特徴を東アジア諸国との国際比較を通してあらためて確認しておこう。

　大学入学者選考の改革に対する社会的な関心の強さは国によって異なるが、近代国家にとってこの改革課題は程度の差はあれ、共通の解決すべき課題として理解されている。というのもどの国でも(これも程度の差はあるけれども)、大学で学ぶ機会をもてるのかどうかは、個人の生涯のあり方を大きく左右する出来事だからである。とくに日本では韓国や中国、台湾などの他の東アジア諸国と同様に、高学歴を獲得することは個人の一生を有意義で豊かなものにするのにきわめて重要な条件だととらえられてきた。

　日本の大学入学者選考を国際比較の観点から東アジア諸国(中国、台湾、韓国、日本)のなかで位置づけてみると、第一の特徴は、東アジア諸国では大学入学者選考において、中央政府(教育行政部門)または関連する組織や機関(日本では国立大学協会や中央教育審議会など)が調整や監督、指導といった機能をもっていることである(南部、二〇一六年、一六二-一六五頁)。というのもどの国でも、大学入学者選考は大きな社会的な関心事になっており、その適正な実施が重視されるため、たとえ大学の運営自主権が拡大しても、それに一定の条件をつけるような制度の基本的な枠組みが中央政府(教育行政部門)や関連する組織や機関によって定められているからだ。

第二に、選考方法についてみると、どの国でも学力筆記試験に対する信頼がみられる。日本では韓国や台湾と同様、学力筆記試験以外の選考手段の比率が高まってきているが、選考の効率性や公平性、客観性の確保などを考えた場合、学力筆記試験は非常に有効な方法の一つだと考えられている。その形式や利用方法に違いはあるけれども、全国規模の共通テストとして、全国型の学力筆記試験が実施されているのも共通した特徴である。

しかし第三に、近年の大学改革では、どの国でも多様な選考方法や選考手段の導入が進められている。その背景には、一度の試験による大学進学の決定やそれにともなう受験競争の激化に対する批判、大学入学者に求められる学力や能力などに対する考え方の変化、学力筆記試験だけでは必ずしも望ましい学生を確保できないことなどがあると考えられる。ただし学力筆記試験を主として用いない選考方法の比率は国によって大きく異なっており、韓国と台湾はかなり高く、次いで日本が続き、中国はまだそれほど普及していない。

第四に、大学入学者選考で入学者の学力がどの程度考慮されているのかについてみると、中国と台湾では(国公立か私立かの)設置者や選考方法の違いに関係なく、基本的に全国統一の学力筆記試験に参加し、相対的に高い得点をとることが重要なので、学力があることが合否を決める基準として考慮されており、その意味では入学者の学力はある程度担保されていると考えられる。また韓国では大学ごとの個別試験は(日本と違って)認められていないが、大学修学能力試験に加えて、総合学生生活記録簿も選考の資料として使うことになっているので、高等学校在学中の成績によって学力を評価する可能性もある。

それに対して日本では、学力中心の一般的入学者選考でも私立大学を中心に少数科目だけで選考が行われたり、推薦入試やAO入試などの特別入学者選考では学力筆記試験が課されなかったりする場合が少なくない。そのため他の東アジア諸国と比べると、日本の大学入学者選考では大学入学者の学力が十分に考慮されていない恐れがあるといってよいだろう。それに加えてアメリカや西欧でも、大学進学適性試験や中等教育達成度試験などの全国規模の共通テストによって、大学入学者の学力をそれなりに考慮していることもあわせて考えてみると、日本で現在高大接続改革が注目される背景には、こうした大学入学者の学力問題に対する危機感も強く作用しているように思われる。

(2)大学入学者選考に関する二つの基本原則

さてこのような特徴をもつ日本の大学入学者選考には、二つの基本原則がある（南部、二〇一六年、一二七-一二九頁）。一つは入学定員については文部科学省の認可を受けなければならないけれども、個々の大学は入学者選考方法に関する基本的権限をもっていることである。もう一つの基本原則は文部科学省が毎年公表する「大学入学者選抜実施要項」に示されている、次のような三つの基本方針である。

第一は、各大学は入学者の選抜を行うにあたり、入学志願者の大学教育を受けるにふさわしい能力・意欲・適性などを多面的・総合的に判定するという能力・適性の原則、第二は、公正かつ妥当な方法で実施するという公正・妥当の原則、第三は、高等学校の教育を乱すことのないよう配慮するという高等学校教育尊重の原則である。これらの基本方針は半世紀以上にわたってほぼ同じ内容が踏襲されてきた。

日本の大学入学者選考はこれらの二つの基本原則に沿って、つまり文部科学省の「大学入学者選抜実施要項」をよりどころにしながら、各大学・学部がそれぞれ自らにふさわしいと考える入学者選考を進めているため非常に多様で複雑である。しかしその概要を簡略にまとめると、現在の選考方法は大きく学力中心の一般的入学者選考と特別入学者選考の二つに分けられる（南部、二〇一六年、一三二-一三七頁）。一般的入学者選考は主として学力筆記試験の成績に依拠しながら、高等学校から出される調査書の内容、小論文や面接などの検査結果なども適宜加えて入学者を決定する方法である。特別入学者選考には、推薦入試やAO入試の他、特定の志願者を対象にした専門高校・総合学科卒業生入試や帰国子女入試、社会人入試などが含まれる。

日本の大学入学者選考では従来、学力中心の一般的入学者選考が比較的大きな比率を占めていたが、近年では推薦入試やAO入試などの特別入学者選考が拡大して、多様化が進んできた。この多様化の傾向は設置者別にみると、とくに私立大学で著しい。もっとも国公立大学でも私立大学に比べて一般的入学者選考を経て入学する者が多いのは事実だとしても、全国規模の共通テストである大学入試センター試験の利用範囲は大学や募集単位によってさまざまである。それから個別大学・学部の学力試験で課される試験教科・科目数も大学・学部によってかなり違っており、学力試験以外の選考手段として課される総合問題や小論文、面接、実技検査なども、実際には個別の大学・学部によってかなり多様な形で実施されている。

こうした大学入学者選考の多様化はこの三五年間の教育政策の基本方針の一つでもあったから急速に進んだ。しかし他方近年では、これらの多様な方法が大学入学者を確保する手段として利用されるなど、深刻な課題も生じてきている。そのため大学によっては、学内の各学部が実施する選考方法の総合的な検討や調整を行う委員会を設置したり、一般入試を中心に学部を超えた全学的な共通問題を作成したりして、全学的な共通性をはかっているところもある。いずれにせよ部外者にとっては、その多様化の全貌をつかむには闇に包まれた部分や不透明な部分が少なくない。

⑶大学入学者選考改革の方針：二つの改革領域

文部科学省が高大接続政策の一環として実施している大学入学者選考の改革は（すでに述べたように）、大きく二つの領域に分かれる。一つは大学入試センター試験に代えて、大学入学共通テストを導入することである。もう一つは個別大学の大学入学者選考を大学教育の三つの方針、つまり卒業認定・学位授与の方針と教育課程の編成・実施の方針をふまえた入学者受入れの方針にもとづいて改善することを通じて、日本の大学入学者選考を、大学入学志願者の「学力の三要素」を多面的・総合的に評価する仕組みへ転換することを目指している。

この改革の方針は二〇一七年七月に策定、公表された「大学入学共通テスト実施方針」と「平成三三年度大学入学者選抜実施要項の見直しに係る予告」にまとめられている。一つ目の大学入学共通テストの導入は二段階に分かれる。第一段階は二〇二一年一月から大学入学共通テストの実施を開始し、その試験内容に記述式問題（国語、数学）と英語四技能（聞く、読む、話す、書く）評価を含めるのが改革の目玉である。二〇二五年一月から始まる第二段階では、試験内容を新学習指導要領に対応した教科内容とし、記述式問題を地理歴史・公民分野や理科分野などでも導入することを予定している。

もう一つの個別大学の大学入学者選考については二〇二一年から、学力の三要素を多面的・総合的に評価する仕組みへ改善するために、共通的なルールの見直しを行う。具体的には従来の学力中心の一般的入学者選考である一般入試や、特別入学者選考に含まれるＡＯ入試や推薦入試などのあり方を見直し、各大学の募集要項などで、それぞれの入学者選考の評価方法や実施時期、内容、比重などについて明確化することを求める。そのため従来の試験区分である「一般入試」は「一般選抜」へ、「ＡＯ入試」は「総合型選抜」へ、「推薦入試」は「学校推薦型選抜」へ名称を変更する。

それから総合型選抜や学校推薦型選抜などの特別入学者選考では、大学教育を受けるために必要な学力の三要素のうち、知識・技能と思考力・判断力・表現力等の能力も適切に評価するために、各大学が実施する評価方法(小論文、プレゼンテーション、教科・科目に係るテストなど)、または大学入学共通テストのうち少なくとも一つの活用を必須化する。また学力中心の入学者選考である一般選抜では、学力の三要素のうち三つ目の主体性・多様性・協働性を適切に評価するために、調査書や推薦書などの提出書類のあり方の改善をはかるとともに、それらの活用方法を各大学の募集要項などに明記することを求めるという。

(4)大学入学共通テストの導入をめぐる課題

こうした行政主導の大学入学者選考改革に対して、相次いでさまざまな疑問や批判が投げかけられてきた。たとえば大学入学共通テストについては次のような指摘がみられる(高松、二〇一八年;増谷他、二〇一八年;田近、二〇一九年;氏岡、二〇一九年;大塚、二〇二〇年などを参照)。

第一に、記述式問題の導入についてみると、文部科学省の説明によれば、大学入学共通テストの国語と数学の試験内容に記述式問題を含めるのは、長文や複数の資料を読み解き、文章や数式を記述させることにより、知識・技能だけでなく思考力・判断力・表現力等の能力も適切に評価するためである。しかし記述式問題そのものは優れた評価方法だが、その大学入学共通テストへの導入には多くの専門家からも反対の声が上がっている。たとえば記述式問題の試験内容の難易度をどの程度にするのかを決めるのはそれほど簡単ではない。というのも難易度が高すぎると得点に差がつかず、入学者選考の役割を果たさないし、難易度を低くすると、今度は学力が高い層では差がつかなくなる可能性もあるからだ。他の設問にならって平均正答率を五〇%程度に設定するとしたら、その意義や理由を明確に説明する必要がある。

従来の大学入試センター試験のマークシート式問題に比べて採点に時間がかかるのも問題である。というのは窮屈な入試日程をくむ大学では、大学入学共通テストの成績提供が遅れると、最終的な入学者を判定する時間が少なくなることが懸念されている。国公立大学には二段階選抜をする大学が多いけれども、志願者が多かった場合は大学入学共通テストの成績次第で、二次試験を受けられるかどうかが決まるからだ。私立大学でも大学入学共通テストを課さない入学者選考の日程との調整が窮屈になる恐れがある。

国語の記述式問題ではその成績活用も課題になっている。大学入試センターが大学側に伝えるのは、小問ごとの「完全正答」や「部分正答」などの評価とA～Eの「総合評価」だけで、その具体的な活用法は各大学にゆだねられている。そのため国立大学協会が二〇一八年六月に決めた方針では、総合評価の各段階を点数化することを基本とし、最高点のめやすは国語の得点全体の二割程度であり、各大学はこのめやすをもとに具体的な判断基準を決めることになるという。

(5)民間試験の成績を活用する英語試験の課題

大学入学共通テストで従来の大学入試センター試験から最も大きく変わるのは英語である。第二に、この英語試験の課題に注目すると、大学入学者選考に英語の四技能がなぜ必要なのかについて、文部科学省は英語によるコミュニケーションはさまざまな場面で必要とされ、その能力向上が課題になっているとしており、高等学校の新学習指導要領でも四技能をバランスよく育成するように求めている。それに加えて大学入学共通テストに英語の四技能を導入することにより、高等学校の英語教育も変えようと意図していることも十分にうかがえる。

ただしその一方で、「話す」の評価を大規模な一斉試験である大学入学共通テストで行うのは難しいため、民間試験の成績を活用することになった。ところが大学入試センターが認めた民間試験は複数あるため、それらの異なる試験の成績を比較するために「欧州言語共通参照枠（CEFR）」が用いられる。

この「欧州言語共通参照枠」は「熟練レベル」のC2から「基礎段階」のA1まで六段階あり、大学入試センターは各試験の点数がどの段階にあたるかを「対照表」で示す。入学志願者は高等学校三年次の四〜一二月に受けた二回の試験の成績を志望大学に提出して評価を受ける。なお民間試験に並行して、大学入試センターは二〇二三年まで「聞く」と「読む」の二技能を測る英語試験も実施することになっている。

英語の段階評価の活用も国語の記述式問題の成績と同様に、その具体的な活用法は各大学にゆだねられている。たとえば国立大学協会は民間試験と大学入試センターの英語試験の双方を、学力中心の一般選抜の全志願者に課す方針を示し、民間試験の成績については(i)出願資格とする、(ii)大学入試センターの英語試験に加点する、(iii)双方をくみあわせるという三つの選択肢を公表している。なお加点する場合は英語の得点全体の二割以上をめやすにしているが、こうした国立大学協会の方針に対しては個別の国立大学から疑問の声が上がっており、実際には大学によって活用法には違いがみられる。

英語試験における民間試験の活用については、主に高等学校側から、入学志願者の居住地域や家庭の経済状況などによって受けられる民間試験が異なることや、四月から一二月まで試験期間が続くため学校行事への影響も無視できないこと、民間試験を高等学校二年次まで練習で受けるのは自由だから、高等学校の授業がテスト対策に偏るのではないかという懸念などが指摘されている。さらに英語教育や応用言語学などの研究者の立場から、民間の資格・検定試験の導入は高等学校における英語授業の空洞化や高大切断をまねき、各大学の入学者受入れの方針に則った英語教育を崩壊させ、義務教育における児童・生徒の英語学習への動機づけをも低下させてしまう恐れがあるという厳しい指摘もみられる（田近、二〇一九年、三一頁）。

⑹疑問視される「欧州言語共通参照枠（CEFR）」による成績の比較

とくに異なる民間試験の成績を比較するために文部科学省が使用する「欧州言語共通参照枠」については、その基本的な考え方に対する疑問の声もある。二度の世界大戦を経験した欧州で、一人ひとりが複数の言語や文化を学ぶことで相互理解を深めるために生み出された欧州言語共通参照枠は、言語能力を点数で測るための基準というよりもゆるやかな枠組みであり、欧州内で使われている各国の言語の単語や文法の知識を「知っているか」ではなく、言語を使って「何をできるか」に注目する。そのためそうした「〜できる」という一面だけで、日本の英語を中心とした外国語教育の成果を測るようになれば、外国語を学ぶことを通して言語や文化、価値観の違いへの理解を深めることが軽視されてしまう恐れがあるからだ（田近、二〇一九年、三三-三四頁）。

この欧州言語共通参照枠を使ってそれぞれ目的が異なる民間試験の結果を比較することはできないことも指摘されている。文部科学省の調査によると、「話す」と「書く」の英語の技能では、高等学校生徒の八割以上は最も初歩的な「基礎段階」のＡ１に集中しているため、大学入学志願者の英語の技能を識別するには欧州言語共通参照枠の六段階評価では大まかすぎるという実務上の懸念も深刻である。ちなみに具体的な能力を例文で示した「聞く」の能力別基準を参考にすると、私の英語を「聞く」能力レベルは公平にみて、下から二番目の基礎段階Ａ２「身近な分野に関する言葉や表現が理解できる。短い、簡単なメッセージの要点をつかめる」と、三番目の自立段階Ｂ１「仕事や学校などで日常的に触れる話題に関する、はっきりした会話は理解できる」との間にあるように思われる（氏岡、二〇一九年）。中年の四〇歳代以降にアメリカとイギリスを中心に（教育調査やセミナー参加などの出張期間も含めると）、ほぼ丸三年間英語を使う環境で生活した経験をもつ後期高齢者にとって、大学入学共通テストの英語でそれなりの成績を上げるのはかなり難しい挑戦なのである。

大学入学者選考における英語試験については（教育関係の本や雑誌、マスメディアなどの情報をふまえた素人の勝手な判断だけれども）、英語の四技能評価は初等中等教育から大学教育までの各段階の英語教育では必要だが、大学入学共通テストでは（それなりに実績があり、改善することもできる）「読む」と「聞く」の評価を今後も続け、英語の民間試験は個別大学の大学入学者選考の英語試験で必要に応じて活用するのが実質的な方策のように思われる。

その他にも、二〇二五年以降に実施される新学習指導要領に対応した大学入学共通テストでは、科目が再編されて必修になる「歴史総合」と「公共」への対応や、同じく必修となる「情報Ⅰ」への対応などもある。教育政策としては三位一体の高大接続改革を二〇二五年までに完成させるために、順次改革を進めていくとしているけれども、そのゆくえが（多くの関係者の疑いの眼をどのようにかいくぐるのかも含めて）大いに注目される。

(7)個別大学の大学入学者選考の改善

文部科学省の大学入学者選考改革のうち、二つ目の個別大学の大学入学者選考については二〇二一年から、大学入学志願者の学力の三要素を多面的・総合的に評価する仕組みへ改善するために、共通的なルールの見直しを行うことが各大学に要請されている。具体的に求められているのは、従来の学力中心の一般的入学者選考である一般入試（一般選抜と改称）や、特別入学者選考に含まれるＡＯ入試（総合型選抜と改称）や推薦入試（学校推薦型選抜と改称）などのあり方を見直し、各大学の募集要項などで、それぞれの入学者選考の評価方法や実施時期、内容、比重などについて明確化することである。こうしたいわば「上から目線」の行政主導の改革に対しても、さまざまな疑問や批判が突きつけられてきている（増谷他、二〇一八年；小林浩、二〇一八年；横山、二〇一九年；鹿島、二〇一九年；小林浩、二〇一九年などを参照）。

第一に、個別大学の大学入学者選考において、仮に学力の三要素を多面的・総合的に評価する仕組みを導入することと自体は望ましいとしても（異論は当然あるけれども）、各大学では具体的にどのような手順で、どの程度実質的な改善ができるのか、その実現可能性は非常に不透明な状況にある。

たとえば学力中心の一般的入学者選考である一般選抜では、学力の三要素のうち三つ目の主体性・多様性・協働性を適切に評価するために、調査書や推薦書などの提出書類を改善して充実することを求められているが、いくつもの疑問や課題が指摘されている。なによりもまず、従来の裏表一枚だった分量を無制限にすれば、提出書類を準備する高等学校の担当教員によって記載内容や情報量に違いが出やすいので、公平性をどのように確保するのかが問題になる。大学ごとに要求する情報が違うと、担当教員の作業量が膨大になりやすいことも無視できない。浪人や社会人、それから生徒のなかでも周辺に追いやられやすい不登校生などにとって不利になる恐れもある。

大学側も、多数の入学志願者のデータをどのように処理すればよいのか悩んでいるようだ。調査書や推薦書などの活用法としては、出願要件にするとか、点数化して筆記試験の得点に加えるとか、あるいはボーダーラインの入学志願者の判断材料にするなど、さまざまな方策が考えられるけれども、高等学校生徒のいかなる活動をどのように評価するのかを決めるのは（正面からこの課題に対処しようとすれば）、かなり難しい作業なのである。情報収集や分析処理の効率化をはかるために、調査書や推薦書などの提出書類を電子化するシステムの開発を支援するために、文部科学省は予算措置を講じているというが、アクセスしやすい仕組みを実用化する目処が立っているとはとうていいえない状況にある。

⑻国立大学を主な標的にした行政主導の改革

第二に、個々の大学が大学入学者選考改革を実施する主体だと謳いながら、文部科学省の教育政策は実際には、主に国立大学の大学入学者選考改革を行政主導で行うことを目指してきていることである。

こうした大学入学者選考の改革に対する行政当局の姿勢は今回の高大接続改革でもはっきりしており、たとえば「どのような時代においても大学は入試の実施主体であり、大学のミッションを実現するために、各大学が入学してほしい人材を『入学者受入れ方針』で定め、その大学らしい工夫をして学力の評価を行うことが重要である」ことが強調されている(山田泰造、二〇一九年、五八頁)。国際比較の観点からみても、大学入学者選考はどの国でも、最終的に個別の大学によって実施されるのが基本だといってよい。

ただし「小さな政府」の方針は口先のみのところがあり、大学や保護者、児童・生徒などに対するきめ細やかで適切な財政的支援をいっそう充実することはとくに考えていないことを、大学関係者は肝に銘じておく必要があるだろう。つまり個別大学の改革に対しても大幅に支援するために予算措置を講じたことを強調したり、その他の財政的な支援をはかっていることを方針として明言したりするけれども、それ以上でもそれ以下でもなく、リップサービスにとどまっているところが少なくないのは、研究資金の充実や大学教育改革の推進などといった、これまでの他の改革領域に対する政策と同じなのである。

また個別大学の大学入学者選考の改善を設置者に関係なく、すべての国公私立大学に要請しているにもかかわらず、実際には国立大学の大学入学者選考改革を行政主導で行うことを目指しているのも問題視されている。高大接続改革では当初、高大接続にとって必要な教育上の体系的な接続をはかるとともに、大学入学者が大学教育を受けるのにふさわしい学力を身につけているのかどうか、その保障を個別大学の大学入学者選考にゆだねるという従来の方式が機能不全に陥った状況を改善するために、個別大学にどのような主体的な改革を求めればよいのかも問われていたはずだ。ところがそうしたある意味では、深刻な実情を無視した形式的で机上で立案されたかのような改革が、結果的に教育政策の守備範囲を縮小して、国立大学入試改革に矮小化されたという指摘もみられる。しかし実際には、大学が必要な改革だと納得しない限り、どのような改革も成功しないのである（横山、二〇一九年、四八-四九頁）。

⑼手探り状態にある個別大学の入学者選考改革

第三に、二〇一九年の時点でみても、個別大学の大学入学者選考改革への取組は手探り状態にあり、大幅に立ち遅れていた（鹿島、二〇一九年、一二-一三頁；小林浩、二〇一九年、三四-三五頁；河合塾、二〇一九年a；河合塾、二〇一九年b；リベルタス・コンサルティング、二〇一九年などを参照）。

大学入学者選抜要項によれば、大きな影響のある変更は実施の二年ほど前には予告・公表することになっているが、二〇二一年に実施される大学入学者選考について各大学の足並みは必ずしもそろっているわけではない。たとえば文部科学省が民間会社に委託して二〇一九年一月に実施した調査によれば、その時点で二〇二一年度入学者選抜に関する予告を公表している割合は大学全体では二三％にとどまる。設置者別にみると国立大学七八％、公立大学七一％、公立短期大学五四％であるのに対して、私立大学一六％、私立短期大学五％なので、私立大学と私立短期大学では予告の公表は大幅に遅れている。

また大学入学者選考で大学入学共通テストを活用する割合は大学全体で六一％、設置者別では国立大学九八％、公立大学九三％、公立短期大学七七％、私立大学六五％、私立短期大学三一％である。しかしその一方で、まだ活用が決まっていないところも大学全体で二九％を数え、設置者別にみると国立大学二％、公立大学六％、公立短期大学一五％に比べて、私立大学三〇％、私立短期大学四三％だから、私立校には未定のところがかなり多数ある。さらに大学入学共通テストの国語の記述式問題の活用法については大学全体で実に六九％、英語の資格・検定試験の活用についても全体で四九％が未定であり、それに連動して私立校だけでなく、国公立校にも未定なところが少なくないのである（リベルタス・コンサルティング、二〇一九年、四-五、二七-三二頁）。

大学入学共通テストは二〇二五年以降に実施される新学習指導要領に対応した改革を経て本格的に運用されることになると予想されるが、個別大学の大学入学者選考改革も同じようなステップをたどって、段階的に進められることになるのかもしれない。二〇二一年から学力の三要素を育成するために、大学入学共通テストが実施され、個別大学の大学入学者選考の改革も始まることになった。しかし新しい学習指導要領で学んだ高等学校の生徒が大学を受験するのは（最短でも）二〇二五年であり、彼らが大学を卒業して社会に出るのは（ストレートに進学しても）さらにその二年後や四年後だから、仮に高大接続改革が順調に進んだとしても、個別大学の改善された新しい大学入学者選考の仕組みが本格的に運用されたり、大学教育を担当する大学の姿勢が問われたりするのはその後ということになるのだろう。

⑽個別大学の大学入学者選考改革のゆくえ

文部科学省の高大接続政策をあらためてふりかえってみると、各大学の大学入学者選考の改革は、それぞれの教育理念にもとづき、大学入学者が高等学校段階までに身につけた学力を、各大学において発展・向上させ、社会へ送り出すという大学教育の一貫したプロセスを前提として、各大学がその卒業認定・学位授与の方針や教育課程編成・実施の方針をふまえて設定する入学者受入れの方針にもとづいて、大学への入口段階で大学入学志願者の学力の三要素を多面的・総合的に評価する仕組みへ改善することを目指すとされている。

ところで各大学がこのような改革を遂行するのに膨大なエネルギーとさまざまな煩雑な作業を要するのはいうまでもないだろう。たとえば新しい学習指導要領で学ぶ高等学校の生徒への対応一つをとってみても、大学側は高等学校側の改革に対して段階的に対処しながら柔軟に、しかも自校をとりまく状況の変化に応じてその都度漸次的に改革を進めなければ、自校にとって望ましい入学者を必要十分な数だけ確保することはできない。

大学教育の三つの方針の策定は「学校教育法施行規則第一六五条の二」により義務化されているが、三つの方針の具体的な内容や三つの方針の相互関連、それから大学教育の三つの方針と学力の三要素との関連などは、大学間で異なるだけでなく、同じ大学でも学部や学科、専攻などによって多様だから、学内の合意をえて具体的な実施手続きを策定するのもそれほど容易なことではない。その上、たとえ大学として合理的で実施可能な大学教育の方針を策定できたとしても、それをふまえて大学入学志願者の学力の三要素を多面的・総合的に評価する仕組みを構築するには、実質的な課題を明確にし、その解決のために多くの手持ちの財源や人的な資源を投入して時間をかけて対処する必要があるように思われる。

歴史的にみると、大学における革新は多くの場合、学科や学部などの下位組織で生まれる「草の根的な」革新であり、それらが積み重なって大学組織全体が変わってきた。それゆえ大学として大学入学者選考の改革を進める際にも、それぞれの学科や学部の意見や要望をすくいあげる仕組みを優先的に整備し、学部自治のあり方も重んじながら大学経営の安定をはかったり、文部科学省の教育政策との合理的で整合性のあるすりあわせをはかったりすることが求められる。大学産業の広報誌や研修会などでは、各大学の改革の進捗状況や先進的といわれる試みも紹介されているが、質量ともに決して十分ではなく、生煮えの実態把握にもとづいた、切れ味もう一つの事例の紹介や提言も少なくないようにみえる。膨大な資源と時間をかけた改革の結果、形式的で杓子定規の上から目線の改革が骨抜きにされ、無意味な手続きのみがはびこることになりかねない状況を回避するために、個別大学の大学入学者選考改革でも、起死回生の名案がたくさん生まれることが強く望まれる。

5　大学進学の条件——公的な財政援助への関心

(1)求められる高等教育への公的な財政援助の改善

この本では高大接続改革の領域を大まかに大学入学者選考と教育面での高大接続の二つの領域に整理し、第二章の後半では、文部科学省が進めてきた高大接続政策の特徴を整理するとともに、大学側からみた大学入学者選考改革の動向と課題に注目してきた。しかし大学入学者選考を考察する際には、高等教育へのアクセス、つまり大学進学の条件がどのようになっているのかを明らかにすることもきわめて重要な課題である(本書の表2-1を参照)。

個人の大学進学を左右する条件のうち最も重要なのは、本人の学力や進学意識、動機づけなどの個人的な特性だが、大学進学の制度的条件、とりわけ大学教育機会の拡大や学生への財政援助をはじめ、大学入学者選考に関連した教育政策も大学進学に大きな影響を及ぼす。そうした教育政策のなかでは、大学入学志願者の進学格差を是正するために実施される、進学できない学生に対する財政援助がとくに注目されやすいが、彼らを受け入れる大学側の大学組織としての条件を整備するための財政援助も重要な改革課題である。

というのも日本の私立大学、とりわけ定員に満たない入学者を受け入れている私立大学のなかには、大学経営を安定させるために入学者をかき集めているところもあり、学力と大学経営の悪循環を断ち切れない状況にあるといわれる。しかしそうした悪循環を是正するには、単に大学入学者の獲得をめぐる大学間の競争を促すだけでなく、各大学がそれぞれの自前の資源をふまえて、自分の大学にふさわしい改革、たとえばより質の高い大学教育の開発を目指す改革を進めるのに役立つ公的な財政援助を充実する必要があるからだ。

現在進行中の高大接続改革では、大学の財政問題について直接言及することはほとんどないけれども、同世代の半数を超える人びとが大学・短期大学に進学するようになった高等教育の可能性をさらに広げるには、こうした学生や大学に対する公的な財政援助をいっそう充実することが要請される。そのうちここでは、学生への財政援助について、主に高等教育の無償化をキーワードにして、ごく手短にコメントしておこう。

国際比較の観点からみると、高等教育の無償化が実施されるようになったのは、第二次世界大戦後、西欧のドイツやフランス、北欧のスウェーデンなどを中心に福祉国家的な政策により国公立大学の授業料が無償化されるようになってからであり、現在でも一部の国ぐにに限られている。イギリスやオーストラリア、アメリカなどのアングロサクソン系の国ぐにでは、教育を受けた個人がその費用を負担する教育費負担の個人主義が支配的である。そうした国ぐにの教育政策では、教育費を負担できない低所得層に対する教育ローンの充実など、大学進学をめぐる公平な競争環境を整備することが目指されている。

それに対して日本の高等教育費の公的負担はOECD諸国のなかでも最低水準にある。その背景の一つとしてよくとりあげられるのは、教育は親の責任だという教育観、つまり教育の家族主義であり、教育費も実際に主に家計負担により支えられてきた。しかし日本でも近年、貸与奨学金の増加により個人負担が急速に増え、家計負担の限界が深刻な問題としてとりあげられるようになった。また日本以外の多くの国ぐにでも、教育費の負担では公的負担から私的負担へ、親負担から子負担への移行が起きているが、それは高等教育費の公的負担が不要だとか、増やす必要はないのだということではないのである（小林雅之、二〇一三年、一二〇-一二一、一二九-一三〇頁；小林雅之、二〇一九年、五二-五三頁）。

高等教育への公的な財政援助の充実を支持する本書の立場から、その根拠を整理してみると、第一に、憲法の第二六条と教育基本法の第四条（教育の機会均等）にもとづいて、政府は公的な学生援助の義務を負っている。高等教育の無償化は国際公約として政府の努力義務にもなっている。国際人権規約の第一三条第二項Cは「高等教育は、すべての適当な方法により、とくに無償教育の漸進的な導入により、能力に応じ、すべての者に対して均等に機会が与えられるものとすること」と規定しており、日本もこの条項に対して、二〇一二年にようやく批准したからだ。

第二に、OECDの調査によれば、高等教育全般の内部収益率は正の値だから高等教育には投資に見合う便益がある。内部収益率とは教育に対する投資の収支が五分五分になる実質金利を意味する言葉である。とくに日本の場合、政府は相対的に少ない支出しか行っていないため財政的（公的）収益率がOECD平均を超えているから、日本の高等教育の公的負担をもっと増やし、授業料水準を下げるべきだと主張することができる。第三に、高等教育は外部効果、つまり高等教育を受けた者だけでなく、それを受けなかった者や社会全体にも恩恵を与えることが確かめられている。たとえば大学卒業者の増加により、本人だけでなく周囲の者の生産性の向上や生活水準の改善、雇用機会の拡大、犯罪率の低下、失業率の減少などが生じることが指摘されている（上山、二〇一三年、一一二頁；小林雅之、二〇一三年、一一三‐一一四頁；中澤、二〇一八年、一八九‐一九一頁などを参照）。

⑵公的な財政援助の落とし穴

ところが高等教育への公的な財政援助に対してはこれまでも、さまざまな疑念や問題が指摘されてきた（上山、二〇一三年、九‐一〇頁；小林雅之、二〇一三年、一一四‐一一五頁；橘、二〇一八年、三一三‐三一四頁；中澤、二〇一八年、一〇二‐一〇四頁；小林雅之、二〇一九年、五三‐五四頁；吉川、二〇一九年などを参照）。

第一に、一方で高等教育への投資が国家経済の活性化に寄与していることや、高等教育は道路や灯台などと同様に、公的に供給される必要がある公共財的性質をもっていることなどが明らかにされているにもかかわらず、高等教育は社会の役に立っていないのではないかという、社会からの大学批判の声は今でも非常に大きく根深いものがある。たとえば人的資本論から導かれる合理的な政策は（返済の必要な）貸与型の奨学金制度の充実であって、高等教育の無償化は税金の無駄遣いだという指摘がある。高等教育を無償化すれば本当に経済成長は持続し、社会的な格差は間違いなく是正されるのかという疑念もよく聞かれることである。

第二に、高等教育の無償化は大学進学者を対象にしているが、高等教育を受けない非大学進学者からも徴収する税で高等教育の無償化を行うのは公平（フェア）なのかという問題がある。さらにふみこんで、大学進学者の多くは高所得層出身だから、彼らに対する公的な財政援助は、非大学進学者になりやすい低所得層から大学生になりやすい高所得層への所得の逆進的再分配になるという批判もみられる。

第三に、拙速な高等教育の無償化には次のような弊害があることも指摘されている。一つは日本では大学は都市部に集中しているため、大学進学者が増えれば地方の人口減少にいっそう拍車がかかることである。日本ではすでに同世代の八〇%を超える圧倒的多数が高等学校卒業後、何らかの高等教育機関で学んでいるが、若い高卒労働者層の人手不足はいっそう加速するかもしれない。さらに高等教育の無償化は大学進学の経済的なハードルを下げるので、大学生は増えるかもしれないが、それがそのまますべて高度な知識や技能などを身につけた専門人材になるわけではない。それよりも学生の増加は大学経営の苦しい大学の救済策にすぎないのではないかという厳しい批判もある。

(3)公的な財政援助を改善するシナリオ

高等教育への公的な財政援助を増やすことは望ましいこと、というよりも欠くことのできない教育政策の方策である。もっとも今のままの大学にとめどなく多額の公的資金をさらに投入するのは大いに疑問であり、高等教育の無償化を目指す教育政策が社会的に認知されるには、どの大学も大学入学者選考の仕組みや卒業要件などを明確にしたり、大学教育の質を高めたりする改革を積極的に進めていく必要がある。

また大学入学志願者に対する財政援助を実施する際には、すべての者を対象にして授業料を無償にしたり、給付型奨学金を支給したりすることにより、全員がその恩恵を受けられるようにすべきだろう。それに加えて、大学に進学しない非大学卒層への目配りも不可欠であり、彼らが大学卒層と同じように、少なくとも二〇代前半までにそれぞれ社会人として活躍するための基盤を主体的に築くことができるように、学習環境や就業条件などを整備すべきである。

さらに大学側の条件整備のための財政援助として、私学助成金や国公立大学の運営費交付金などを増やして大学の入学金や授業料を下げる方策も、実現可能で有力な選択肢として検討することが求められる。たとえば現代アメリカの高等教育を対象に、大学が自身を改善するために何ができるかを、豊かな経験と実証的分析の体系的な検討をふまえて考察したボックによれば、大学卒業率の向上と学部教育の質の改善、つまり大学教育の質を高めつつ高学歴人材の育成をはかり、社会の構成員の全般的な学歴を高度化することが、アメリカの大学改革にとって早急に改善すべき重要な課題であるという。そして彼は大学進学費用を捻出する最も実現可能な選択肢として、次のようなシナリオを政策担当者と大学幹部の課題として提言している（ボック、二〇一五年、一五一、四九三-四九四頁）。

それは「政府と大学幹部が合意して、連邦政府と州政府は少なくとも学生への経済的支援と大学への予算の増加を、大学側はそれと引き換えに授業料の抑制を約束し、学生数の緩やかな増加を金銭的に賄えるようにすること」である。ただしこのシナリオを実施するには、政府が合意した財政支援を維持することや、大学側が合理的な大学の管理運営により（教育の質を下げたりしないで）授業料の上昇を抑制すること、大学側が政府の担当者による（合意を実行するために必要な）ある程度の大学に対する監視を容認することなど、さまざまな難しい問題を解決しなければならないという。

大学教育の質の改善と高学歴人材の育成、つまり大学教育の質を高めつつ高学歴人材の育成をはかるのは、日本の大学改革にとっても重要な課題であることに変わりはない。それゆえ日本の大学関係者も（一筋縄ではいかないにしても）、日本社会にふさわしい高等教育への公的な財政援助のあり方をあらためて再構想し、正面から具体的な改革にとりくむ必要があるように思われる。

この第二章では、高等教育の進学基盤をめぐる大学改革の状況に注目し、高大接続を考察するための大まかな見取り図を設定するとともに、文部科学省が進めてきた高大接続政策の特徴と課題を整理してみた。

文部科学省が主導する教育政策としての高大接続改革は、新たな時代を切り開く人材を育成するための改革であり、高等学校教育、大学教育、大学入学者選抜の三つの領域を通じて、一貫した理念の下、一体的に「学力の三要素」を確実に育成・評価することを目指しているという。しかしそれは実際にはさまざまな改革領域の一部のみをとりあげており、しかも針金細工のような骨組みだけを形式的に提示した改革をまとめたものである。また改革の具体的な内容も、それまでとりあげられてきた三つの領域の改革課題を領域ごとに整理して併記しているにすぎない。三つの領域の相互関連も学力の三要素をキーワードにして密接に関連しているかのようにみせているが、形式的であいまいな説明にとどまっている。さらに全体として抽象的な文言をくみあわせた表面的な提言が多く、実施の具体的な手順を欠いているため、その実現可能性を疑問視する大学関係者の声も少なくない。

高大接続政策の基本的な枠組みを設定するのはもちろん重要なことである。しかしある程度論理的で整合性があるようにみえる教育政策が公表されれば、各大学で効果的な改革が着実に進行するとは誰も考えていないだろう。大学入学者選考の改革動向をたどる際にも、そうした危惧を幾度も痛感した。それよりも、今日の大学改革では各大学が自立的、主体的に、手持ちの資源や条件をふまえた自らにふさわしい独自な改革を、一つ一つ積み重ねて漸次的に進めていく必要があり、大学入学者選考の改革や改善も、各大学が自校にとって望ましい学生を必要十分なだけ確保しながら、進めていくことが要請されるとしたら、その実現のために行政として実施できる制度的整備や財政的支援をはじめ、さまざまな工夫と手立てが行政側には求められているように思われる。

第三章　大学教育改革の条件——学部教育を中心に

1　大学教育改革の見取り図

⑴あいまいな大学教育のイメージ

現役を六年前に引退するまで、四五年近く教師稼業をしてきたが、今でもときどき思い出すのは、私は授業をするのが苦手で、学生さんと接するときには毎回緊張していたことである。定年退職後に勤務した大学の教育開発推進機構は教員研修（ＦＤ）も担当していたので、そんなことをいっているわけにはいかないのは承知している。ところが日本の最近の大学教育改革では、授業科目ごとにシラバス（講義要項）を書き、半期二単位の授業ではきっちり一五回授業をするなどというのはもとより、授業に能動的学習（アクティブ・ラーニング）、つまり大学教員による一方通行型の授業ではなく、受講生が主体的に学べるような学習方法をとりいれるべきだなどといった、小手先の窮屈さが目立つようになってきているようにみえる。

大学教育の改革を実質的に進めるには、大学教員や学生の行動や考え方などの特徴がよく分かり、それにもとづいて細部にまで目配りの効いた大学教育の仕組みを、目にみえる形で用意するのはもちろん大切なことである。しかしその前にしなければいけないのは、日本の大学教育、なかでも学部教育のあり方や改革の条件を明確にすることなのではないか。それから第二章で注目した入学者選考や高大接続のあり方にも、注意深く目配りをしておく必要があるだろう。この第三章「大学教育改革の条件—学部教育を中心に」では、そうした観点から、大学教育改革の条件について整理し、実質的な改革をするための見取り図を描いてみたい。はじめにその全体のイメージを大まかにまとめておこう。

大学教育の改革を進めるには、なによりもまず大学教育という言葉の意味を明確にする必要がある。そのために、ここでは後でも述べるように、「大学や短期大学などで行われる教育課程（カリキュラム）として明示された正式の教育」を「大学教育」と定義する。この大学教育を①教育段階（学部教育と大学院教育）と②大学教育の内容（教養教育と専門職業教育）の二つのめやすで区分すると、学部教育の改革では、教養教育と専門職業教育の意味をはっきりさせるとともに、教養教育と専門職業教育の具体的な内容や位置づけ、バランスなどをどのようにすればよいのかということが問題になる。

教養教育という言葉は時代や論者によってさまざまな意味をこめて使われてきた。ここでは教養教育を、高度な専門的人材や広い意味での社会的な指導者として将来活動することを期待されている学生に、それにふさわしい基礎的な学力や教養を身につけてもらうための教育と定義して使うことにする。学生はこの教養教育で特定の専門分野や職業にとって不可欠な幅広い学問領域を体系的に学ぶことにより、幅広さと一貫性を備えた知識や技能、態度などを身につけ、「教養ある人間」として成長することが期待されている。日本の大学で教養教育を構成するのは、従来の一般教育や外国語教育の科目、多くの大学で現在教養科目や全学共通科目として開講されている教育などである。

それに対して専門職業教育は、教養教育で学ぶことにより基礎的な学力や教養を身につけた学生に、特定の専門分野や職業と直接関連した知識や技能、態度などを身につけてもらうための教育である。この専門職業教育を構成するのは、学部教育の職業教育や専門教育、専門の基礎的教養となる教育、あるいは大学院教育で開講される特定の専門分野の研究者を育成するための教育や、専門職を育成するために法科大学院等の専門職大学院が提供する教育などである。この二つの言葉の定義からも分かるように、教養教育という言葉は職業教育や専門教育、専門職教育などと区別された大学教育を意味する言葉として使われている。

ところで第二次世界大戦後の日本の大学教育改革を国際比較の観点からたどってみると分かるのは、日本の学部教育でも、その中心になるのは専門職業教育であり、教養教育ではないということだ。これはアメリカの学部教育でも同じである。世界の大学のなかで教養教育を学部教育の教育課程にくみいれているのは、アメリカの大学と戦後の日本の大学、それから韓国やフィリピン、カナダなどの大学くらいで、イギリスやドイツ、フランスの大学をはじめ、ロシアや中国、オーストラリアの大学など、圧倒的多数の国ぐにの大学は専門職業教育しか、これまで提供してこなかった。というのはそれらの国ぐにでは、戦前の日本と同じように、学生は大学に入学する前の高校までの中等教育で教養教育を修得してから、大学では専門職業教育を学ぶのだと考えられているからである。これらの国ぐにで教養教育の必要性が論じられたり、試験的に導入されたりするようになったのは、大学進学者が大幅に増え始めたごく最近のことなのである。

なものであることが求められる。

⑵学部教育に欠かせない教養教育

そのため日本の学部教育の改革では、なぜ教養教育が大切なのかを十分に理解する必要がある。私も日本の大学教育、とくに学部教育にとって教養教育は不可欠な要素だと考えている。また専門職業教育はもとより教養教育の具体的な内容や水準なども、実際に現在各大学に勤務している大学教員がそれほど無理なく担当できるようなものであることが求められる。

学部教育にとって教養教育が欠かせないのは、今日の学生は、この教養教育により特定の専門分野や職業にとって不可欠な幅広さと一貫性を備えた知識や技能、態度などを身につけることを期待されているからである。これはどの大学についてもいえることだが、学生のなかには、義務教育後に高校で三年間よけいに学んだのに、基礎学力の面でも教養の面でも、将来大人として社会で活躍するための能力を自立的、主体的に獲得できそうにない者が結構いるようにみえる。日本のどの大学も現在、そうした「半大人」の学生を受け入れ、在学中にそれなりに大人にして、社会に送り出す機会を確実に提供することを求められている。

なおここでいう基礎学力とは、児童・生徒が初等中等教育段階の認知的教育で、国語や数学をはじめ理科や社会、英語などといった基礎的な教科を学んで身につけることを期待されている能力を意味する言葉である。また『広辞苑』第七版によれば、教養という言葉には大きく分けて、①教え育てることと、②学問や芸術などにより人間性や知性を磨き高めることの二つの意味がある。②の意味での教養の基礎となる文化的内容や知識、ふるまいなどは時代や民族の文化理念の変遷に応じて異なるという。

本書では二つの意味のうち、学生が②の意味での教養を学習する機会として教養教育を位置づけている。アメリカの大学教育論では、「教養ある人間(エデュケイテッド・パーソン)」の育成が学部教育の目的であるとよくいわれるが、教養は学ぶものであり、教養教育の役割はそうした教養を学生が自ら学ぶこと、つまり彼らの教養の学習を支援することなのである(たとえば江原、一九九四年a、五九-六〇、二五七-二五八頁などを参照)。それから①の意味での教養は教育と本来同義だけれども、教育は教える側に、教養は学ぶ側に主体性があるとも考えられる。それゆえ教養は自ら身につけるべきものであって人から教えられるものではないが、今日の大衆化した大学教育における教養教育は、能力や興味・関心の面で多種多様な学生がそうした教養を学習する機会を制度化した仕組みともいえるのである(市川、二〇二〇年、一七一頁)。

こうした教養のとらえ方は、『朝日新聞』の二〇一七年八月一九日号に掲載されたロアルド・ホフマンの「ホロコーストの記憶　戦争を語る四」のなかで、「……科学者は倫理観を持たねばなりません。中には、生まれながらそれを身につけていると勘違いしている人がいますが、間違いです。倫理観は学ぶものです。他の人と語り合い、過去の事例を研究し、知ることが大切なのです」という文言をたまたま読んだときにもあらためて確認したことである。つまり教養とは学問や芸術などにより人間性や知性を磨き高めることを意味するが、人間は生まれながらにして教養(倫理観のような価値観も含めて)を身につけているのではなく、学ぶことによって身につけることができるのだと考えることにしたい。

したがって教養教育の中心はあくまでも、多くの大学で教養科目や全学共通科目として開講されている、近代科学の成果であるさまざまな専門分野の知識や技能などにもとづいた教育である。しかしそれに加えて、日本の学部教育では、学生が専門職業教育を学ぶのに必要な語学教育や健康・スポーツ教育などの共通基礎教育科目、専門基礎教育科目の他、新入学生が大学生になることを支援する初年次教育科目や補習教育科目なども(すでにこうした科目を教養教育に含めている大学もあるが)、思い切って教養教育の科目に正式に含める時期にきているのではないか。

ところでこの教養教育を担当するのは、各大学で現在実際に働いている、生身の大学教員だということも、大学教育の改革を考える際には非常に重要な条件である。私もその一人だったが、専門分野のことしか分からない、世間知らずの大学教員が、しかも能力の面でも必ずしも優秀ではないし、人間の出来としても必ずしも魅力があるわけではない、ごく普通の標準的な大学教員がそれほど無理をしないで教えられる教養教育は、どのような教養教育なのかという観点から、各大学の学部教育のあり方や内容、水準、方法などを考える必要がある。

そしてその際に学部教育の内容や構成、水準を適切なものにするのはもちろん大切なことだが、それらを学習者としての学生にどのように提供すればよいのか、その教育方法の問題にも注目する必要がある。というのも、同世代の半分を超える人びとを学生として受け入れるようになった現在の学部教育では、大学教育は彼らの学習が成立するように支援する「学習への援助」として位置づけられるからである。つまり学習そのものは学習者自身によって行われるが、教育はそうした学習への動機づけをしたり、学習意欲を喚起したり、学習機会を整備したりすることにより、学習者としての学生の学習過程を適時に、的確に支援することを意味する言葉なのである（山崎、二〇〇七年、二〇-二一頁）。

こうした立場からみると、各学部の専門職業教育の授業は、学部所属の専任教員ならば当然できるはずだが（そのように強く希望するけれども）、改革のポイントの一つは、教養教育の授業の一部も学部所属の専任教員に正式に担当してもらうことである。日本の大学教員は特定の専門分野の研究と教育がそれなりにできるから、各学部で採用されたはずだ（と期待したい）。ご本人が現在興味と関心のある研究テーマとか、学生に是非伝えてみたい内容は専門分野のなかではかなり狭い領域なのかもしれないが、それなりに深い内容のものだと考えられる。しかも自分が現在研究しているテーマが本物ならば、その背景になる専門分野の概論を十分に理解しているはずなのである。

それゆえどの大学のどの学部の大学教員も、自分の専門分野に関連した一科目か二科目の概論を、教養教育科目として、他学部の学生も含めた自分の大学の初学者の学生に分かりやすく、彼らが興味と関心をもてるように教えられるのではないか。そしてその授業は大学の学部の枠を超えた全学的な教養教育のなかでも、その大学の学生にとって重要で魅力のある中心的な科目になるのではないかと思う。

今日の日本の大学の学部教育では、同世代の半分を超える多種多様な人びとが学ぶようになった。そうした新しい時代にふさわしい教養教育と専門職業教育を、目の前で学んでいる学生のために、自前の人的・物的資源をふまえてどのように構築して、どのように提供すればよいのかを、どの大学も緊急の解決すべき課題として鋭く問われているのである。

2　大学教育の構造

(1)大学教育の分類：学部教育と大学院教育

今日では、大学は高等教育の大衆化にともない、大学教員中心の研究重視機関から学生中心の教育重視機関へ移行し、大学教育をそれにふさわしいものに改革することを強く求められている。日本では一八歳人口が今後も長期的に減り続けるため、大学が学生を確保しようとすればますます多様な学生を受け入れることになり、大学教育の改革はいっそう切実な課題になる。

ところがこれまでの改革では、大学教育のイメージが非常にあいまいなまま、改革論議や提言、実際の改革が行われてきたように思われる。幅広い社会的な関心や支持をえて、実質的な改革を進めるには、なによりもまず大学教育のイメージを明確にしなければならない。

この第三章では、日本の大学教育の特徴や改革の方向を主にアメリカの動向を参照しながら、一つの分析の枠組みで整理することを目指している。そのため範囲がやや狭くてあいまいな定義になるが、「大学や短期大学などで行われる教育課程(カリキュラム)として明示された正式の教育」を「大学教育」と定義する。

大学教育という言葉の意味を明らかにする際に重要なポイントになるのは、①教育段階を考慮して、大学教育を学部教育と大学院教育の二つに区分することと、②大学教育の内容を教養教育と専門職業教育の二つに区分することである。

はじめに大学教育を教育段階に注目して、大学や短期大学などの学部段階で行われる教育を総称する「学部教育」と、大学院段階の修士課程や博士課程などで行われる教育を総称する「大学院教育」の二つに区分する。学部教育に相当する英語は、アンダーグラデュエイト・エデュケーション、大学院教育に相当する英語は、グラデュエイト・エデュケーションである。

なお修了者の取得する学位に注目して、学部教育の代わりに、四年間の学部教育を「学士課程教育」と称する方式もある。ところがそうすると、短期大学の提供する教育を短期大学士課程教育といったり、大学院教育を修士課程教育とか博士課程教育などに区分したりする必要があるので、場合によっては議論がかえって煩雑でまぎらわしくなる恐れがある。また政府の方針では、日本でもアメリカでも、専門学校を高等教育に含めるようになってきている。それにならって、専修学校専門課程を高等教育に含めるとしたら、その教育をどのような課程教育と呼ぶのかといった問題も出てくるのである。

もちろん議論によってはそうした課程の区分が重要な場合も当然あるが、それよりもここではごく大まかに、学部教育と大学院教育の二つに分けておけば十分だろう。というのも、日本の近代大学の歴史をたどってみても、日本の大学改革に大きなインパクトを与えてきた「大学のアメリカ・モデル」の展開過程をたどってみても、学部段階の高等教育と大学院段階の高等教育との間には、大学教育のあり方だけでなく、制度の仕組みや組織の構造の面などでもかなり大きな違いがあるからだ。

(2) 教養教育と専門職業教育の区分

次に大学教育の内容に注目すると、大学教育は「教養教育」と「専門職業教育」の二つに大きく分かれる。教養教育という言葉は、時代や論者によってさまざまな意味をこめて使われてきた。しかしここではすでに述べたように、教養教育を高度な専門的人材や広い意味での社会的な指導者として活動することを期待されている学生に、それなりにふさわしい基礎的な学力や教養を身につけてもらうための教育と定義して使うことにしたい。

今日の学生は、この教養教育で、特定の専門分野や職業にとって不可欠な幅広い学問領域を体系的に学ぶことにより、幅広さと一貫性を備えた知識や技能、態度などを身につけ、「教養ある人間」(エデュケイテッド・パーソン)として成長することが期待されている。なお理想的な教養のある成人の資質がどのようなものであっても、大学の教養教育が学生に学んでもらうことを目指している「教養」は、その主要な部分だが一部にすぎないのである。別の言葉でいえば、教養教育を実質的に改革するには、無理に欲張らないで、その目的や効用の範囲を明確にし、大学教育に固有の強みと制約を考慮して実施する必要がある。この日本語の教養教育に相当する英語をあえて採せば、リベラル・エデュケーションということになる。

日本の大学教育で教養教育を構成するのは、従来の一般教育や外国語教育の科目、あるいは現在多くの大学で教養科目や全学共通科目として開講されている教育などである。またアメリカの歴史と伝統のある教養カレッジや、威信の高い研究大学の文理系学部カレッジが提供する四年間の学部教育は、こうした教養教育の色彩が相対的に濃い教育である。

それに対して、専門職業教育はすでに基礎的な学力や教養を身につけた学生に、特定の専門分野や職業と直接関連した知識や技能、態度などを身につけてもらうための教育である。この専門職業教育を構成するのは、学部教育に含まれる職業教育や専門教育、それから専門の基礎的教養となる教育、あるいは大学院教育で開講される特定の専門分野の研究者を育成するための教育や、ロースクールやメディカルスクールなどの専門職大学院が提供する、専門職を育成するための教育などである。なお専門職業教育（ボケイショナル・プロフェッショナル・エデュケーション）という言葉をわざわざ使うのは、学部段階の職業教育や専門教育、それに大学院段階の職業教育や専門教育、専門職教育などを一括してあらわす必要があるからである。

この二つの言葉の定義からも分かるように、教養教育という言葉は職業教育や専門教育、専門職教育などと区別する意味で使われている。現在の大学教育の改革で求められているのは、この教養教育と専門職業教育によって構成される大学教育を、学部教育と大学院教育に区分して、どのように再編成するのかということである。もっとも大学院教育では主に専門職業教育が行われるので、当面の基本的な課題は、学部教育における教養教育と専門職業教育の内容や位置づけ、バランスをどのようにすればよいのかという問題になる。

3　大学教育改革の歴史をふりかえる

(1)アメリカ・モデルによる戦後大学改革

それでは大学教育の改革、とくに学部教育の改革をどのように考えたらよいのか。そのために第二次世界大戦後から今日までのほぼ七〇年間の日本における大学改革の歩みを、ごく簡単にふりかえっておこう（江原、二〇一〇年、一〇三-一〇九頁）。

日本の教育制度は第二次世界大戦後、連合国の占領下に抜本的に改革された。第二次世界大戦後の日本の大学改革の歩みは大きく、「戦後大学改革期」（一九四九-一九五五年）、日本独自の展開を試みた「展開期」（一九五六-一九八四年）、それから一九八五年以降の「転換期」の三つの時期に分けることができる。現在の日本の大学制度の基本的な枠組みは、戦後大学改革によって形成されたものである。なお戦後大学改革期と展開期を区分する年である一九五六年は、日本の経済の高度成長が始まった時点であり、大学政策では「大学設置基準」が文部省令として公布された年で、日本独自の大学改革が進められた展開期の出発点にあたる年でもある。

また一九八四年は臨時教育審議会が設置された年で、現在の転換期の大学改革が始まった年である。このときから数多くの答申や報告が公表され、それらを受けて矢継ぎ早に大学政策が実施されてきた。とくに一九九一年には大学設置基準などが大綱化され、大学教育のあり方は大きく変わることになった。なお一九九一年というのはバブル経済が崩壊した年であり、最近では「失われた三〇年」ともいわれるが、その後の二〇〇八年のリーマン・ショックや二〇二〇年の新型コロナウイルス感染症の世界的な大流行の影響などもあって、このときの痛手から日本の経済は実質的に立ち直っていないといってよいだろう。

ところで戦後教育改革の大きな特徴の一つは、アメリカの教育の影響を強く受けて改革が実施されたことである。大学改革でも一般教育や単位制、課程制大学院、大学の適格認定(アクレディテーション)など、それまで日本の大学にとってあまりなじみのない異質の要素がいくつもとりいれられた。

そうした大学のアメリカ・モデルの影響の一端を確かめるために、一九五六年に文部省令として公布された「大学設置基準」の規定により、学部教育の教育課程の構成を整理してみると、次のようにまとめられる。この大学設置基準は戦後大学改革期の大学教育改革の成果であるとともに、日本の独立後、文部省(現文部科学省)を中心に独自の行政主導の大学改革が進められた、展開期の出発点における学部教育の教育課程の構成も示している。

大学設置基準によれば、大学で開設すべき授業科目は一般教育科目、外国語科目、保健体育科目、専門教育科目の四つに分けられる。そのうち一般教育科目は、その内容により人文科学、社会科学、自然科学の三系列に分けられ、系列ごとにそれぞれ三科目以上、全体として一二科目以上の授業科目を開設するものとされていた。

大学の卒業要件は、大学に四年以上在学し、一二四単位以上を修得することである。修得単位は授業科目別に定められており、一般教育科目については、三つの系列ごとにそれぞれ三科目以上一二単位、合計九科目以上三六単位を修得し、外国語科目については、一種類の外国語の科目八単位、保健体育科目については、講義および実技四単位を修得しなければならない。また専門教育科目については七六単位以上の修得が求められていた。

このような構成をみると、日本が戦後大学改革で導入した学部教育の教育課程は、その当時のアメリカの典型的な学部教育の教育課程と形式的にかなり似ていることが分かる。修業年限はどちらも原則として四年間であり、一般教育は人文科学、社会科学、自然科学の三分野によって構成されていた。科目履修に際して必修科目とともに、自由選択科目が設けられているのも日米共通であった。

また日本でもアメリカでも、学生の多くは卒業までに卒業要件以上の単位を修得するので単純に比較できないが、日本の学生の場合、アメリカの「専攻(メジャー)」に相当する専門教育の卒業要件は七六単位以上だから、一二四単位の六一%を占めていた。三六単位の一般教育は一二四単位の二九%を占めており、これにアメリカにならって、さらに外国語や保健体育などを教養教育に含めると、その比率は三九%になる。それゆえ、実際の教育内容や授業のあり方などには違いがあるにしても、日本の大学はアメリカ・モデルの影響を強く受けて、学部教育の教育課程を改革したと考えられる。

(2)展開期(一九五六 - 一九八四年)の大学教育改革

戦後日本の大学史のなかで、一九五六年は一連の戦後大学改革が一段落し、日本独自の展開を始めた時点である。日本が一九五二年のサンフランシスコ講和条約の発効を契機に独立すると、文部省は再び大学政策への関与を強め、独自の行政主導の大学政策を進めるようになったが、大学設置基準などの公布は、そうした大学政策の変化を象徴する出来事だった。

この大学設置基準では、専門教育重視、つまり学部教育における専門職業教育重視の観点から、専門教育の基礎となる「基礎教育科目」が授業科目として新たに導入され、一般教育科目のうち八単位に限り基礎教育科目の単位で代えることができるようになった。その他に、この基準が省令として制定されて、政府の権限が強化されたのをはじめ、講座制と学科目制の区分の明確化や規定内容の細分化と数量化など、その後の日本の大学政策のあり方を大きく左右した変更が行われている。

ところが、その後の大学教育の歩みは決して順調なものではなかった。展開期にあらわれた大学教育論議をたどってみればすぐ分かるように、日本の大学教育は常に批判や非難の対象であり続けた。その背景にはいろいろな事情が考えられるが、戦後大学改革にともなう問題点に焦点を絞ってポイントをまとめてみると、次のようになる。

第一に指摘する必要があるのは、戦後大学改革が占領軍主導で、改革の条件が整わないまま短期間に遂行されたため、内容的な改革よりも制度的な改革が先行したことである。

占領軍による改革の基本方針の一つは、戦前のエリート的な大学制度を改革して、多数の者に高等教育機会を拡大することだった。旧制高等教育機関の新制大学への一元化は、「大学」という名の同格の高等教育機会を大幅に拡大した民主的な改革であり、その後の高等教育の大衆化の制度的な整備を結果的に実現した改革ということもできる。大学進学者は六〇年代以降急カーブを描いて増えたが、その主要な担い手はこのときに大学に昇格し、安上がりの大学教育を受益者負担で提供した私立大学だったからだ。しかし改革の条件が劣悪な状態で戦前の学校間格差を存続させたまま、内容よりも形式を優先して強行された制度改革は、その後の大学の発展にとって大きな足かせとなった。

第二は、戦後大学改革が明治期以降大学のドイツ・モデルにもとづいて構築されてきた日本の大学制度を、アメリカ・モデルにもとづいて一挙に変えることを目指したため、さまざまな誤解やひずみが生まれたことである。たとえば伝統的な戦前の大学観では、専門職業教育が学部教育の主要な役割だったこともあり、その後の大学改革では、新たに導入された一般教育の意義が幅広い支持をえないまま、専門職業教育の失地回復が継続して目指されることになった。

もう一つは、教育よりも研究を重視する大学教員の役割観が未だに根強く残っていることである。日本ではアメリカと違って、研究と並んで学生の教育を重視する課程制大学院がなかなか定着しなかったのも、戦前の旧制大学では研究と専門職業教育が（制度として形だけ設けられていた大学院ではなく）、学部段階で実際に行われていたことを考えれば、当然だったのかもしれない。

ただし第三に、こうした問題点の解決には、長い年月が必要なことを指摘しておきたい。アメリカでも現在の典型的な学部教育の教育課程が定着するのに、一九世紀後半から二〇世紀前半まで一世紀近い年月が必要だった。アメリカの大学は、この一〇〇年間に、それまでの伝統的な植民地時代のカレッジが提供してきた四年間の教養教育中心の教育を、事実上一、二年間の一般教育に短縮し、それに近代科学を教育する専攻（メジャー）という名の専門職業教育を加えた学部教育を構築するようになった。これはアメリカでも、一九世紀後半からドイツの大学の影響を受けて、研究の役割を大学が果たすようになったために、学部段階の教育を近代的なものに改革する必要があったからである。

ところが、植民地時代のカレッジの教養教育は、欧州の中世の教育をふまえたものだから、それを近代科学の研究を重視するドイツ生まれの近代大学の専門職業教育とつぎあわせるのは、非常に難しいことだった。そのためもあって、アメリカでは、一般教育と専攻を中心にした近代的な学部教育の教育課程を大学教育として定着させるのに、一世紀に及ぶ長い時間がかかったといってよいだろう。

(3)アメリカの学部教育の教育課程

こうした経緯で成立したアメリカの学部教育は、実際には多種多様で、大学によってかなり大きな違いがみられる。ただしアメリカの現在の典型的な学部教育の教育課程は、(1)一般教育、(2)専攻（主専攻、副専攻）、(3)自由選択（フリー・イレクティブ）の三つの要素によって構成されている（吉田、二〇一三年、四〇-四一頁；江原、一九九四年a、一七三-一七四頁）。

一般教育は幅広さ（ブレドス）を学ぶために、人文科学、社会科学、自然科学の三分野にまとめられた専門分野の科目群に加えて、西欧文明や女性研究、第三世界研究などといった、一貫性（コヒーレンス）を学んだり、総合的な理解力を修得したりするための総合科目群とか、知的な学習技能（ラーニング・スキル）の修得を目的にした英作文、基礎数学、外国語、それから体育などの科目群によって構成されるのが一般的である。

専攻は、学部卒業後の就職や大学院進学の準備として、特定の専門分野を深く学ぶ（デプス）ための科目群によって構成されている。日本の学部教育の教育課程でいえば、専門教育の科目群に相当する科目群である。この専攻には主専攻（メジャー）と副専攻（マイナー）がある。専攻で学ぶ専門分野は実に多種多様だが、次の二つに大きく区分することができる。

一つは、近代科学のなかでも基礎的な文理系（リベラル・アーツ・アンド・サイエンシズ）の専門分野、つまり人文科学や社会科学、自然科学の専門分野であり、複数の専門分野にまたがる学際研究や芸術なども含まれる。もう一つは職業との関連が深い実学的な専門分野で、法学や経営学、教育学、工学、農学をはじめ、家政学や体育学、図書館学、保健医療科学、コンピュータ・情報科学、神学など多彩な専門分野が含まれる。

学部教育を構成する三つの要素のなかで、中心に位置するのは一般教育と専攻である。学部教育に占める一般教育の比重を確認すると、学士号取得に必要な一二〇単位に占める一般教育の割合は、一九六七年には四三％だった。それが卒業要件の緩和をもたらした六〇年代後半の「学生反乱」以後しだいに減少し、一九七四年には三四％まで低下したが、八八年には再び三八％に増加している。二〇〇〇年の時点では、平均で四五％であった。

アメリカ教育協議会（ACE）が二〇一九年に刊行した海外向けの広報冊子によれば、学部教育に占める一般教育の比重は（大学のタイプや学生の専攻に応じて多様だが）、卒業要件単位数の四分の一から二分の一の間に分布しているという（ACE, 2019, p.35）。重要なのは、ほとんどすべての大学は、学生に一般教育の履修を必修として課していることだ。専攻の科目履修では、学部卒業後就職する学生は、主に職業との関連が深い専門分野の科目を履修するけれども、学術大学院や専門職大学院に進学して、より高度な専門職業教育を学ぼうとする学生のなかには、基礎的な文理系の専門分野を履修したり、狭い専門を超えてできるだけ幅広く学んだりする者も少なくない。つまりアメリカの大多数の学部学生は、卒業後社会に出て活躍するが、彼らの場合には、一般教育が教養教育として、また専攻が専門職業教育として位置づけられる。

ところが大学院に進学して、より高度な専門職業教育を学ぶ少数派の学部学生の場合、その大半は、学部卒業後就職する多数派の学部学生と同様の科目履修をして大学院に進学するが、なかには一般教育を教養教育として履修するのは同じだが、専攻でも職業との関連が深い専門分野に加えて、基礎的な文理系の専門分野を中心に幅広く学ぶ者もいる。彼らにとって、四年間の学部教育はどちらかといえば教養教育の色彩が相対的に濃い内容になる。

それゆえアメリカの大学全体についてみると、学部教育における教養教育と専門職業教育の内容や位置づけ、バランスは多種多様だが、非常に重要なのは、どの大学の学生も専門職業教育だけでなく、一般教育にせよ専攻まで含めた形にせよ、学部教育の一環として明確に位置づけられた教養教育を学んでいることである。

(4)転換期（一九八五年以降）の大学教育改革

現在の日本の大学改革は一九八四年に、「大きな政府」から「小さな政府」への転換を目指す中曽根内閣直属の審議会として設置された臨時教育審議会から始まったといってよいだろう。この審議会は戦後教育の総決算を目指して教育の全般的な改革を検討し、一九八七年までに四つの答申を公表した。その「第三の教育改革」ともいわれる改革の基本的視点は、①個性重視の原則、②生涯学習社会の建設、③国際化や情報化などの変化への対応の三つにまとめられる。なかでもとくに強調されたのは、日本の根深い病弊である画一性、硬直性、閉鎖性を打破して、個人の尊厳、個性の重視、自由・規律・自己責任の原則、つまり個性重視の原則を確立することであった。

その後三五年にわたって、大学審議会や中央教育審議会大学分科会などによって数多くの答申や報告が公表され、それらを受けてさまざまな大学政策が実施されてきたが、大学改革の大まかな方向はほとんどこの答申にもりこまれていた。それは大学改革の論議でよく使われてきた個性化や多様化、弾力化、大綱化、個別化、柔軟化、活性化などといった改革の方向を示すキーワードが、答申のいたるところにちりばめられていることにもよくあらわれている。

これらの「小さな政府」の大学政策では、政府も日本の大学全体のことを考えて改革の制度的な条件整備を進め、それまでの中央集権的な教育行政のあり方を分権化し、規制も緩和するので、それぞれの大学は政府や公的資金に頼らずに自助努力によって大学改革を行い、お互いに競争することにより大学の教育研究の質を全体として高めることを要請している。

たとえば現在の大学改革の直接の契機になった九一年の大学設置基準などの大綱化により、それまでの厳しい設置基準が緩和されたため、各大学は大学独自の教育課程を開発できるようになり、大学教育の個性化と多様化が進んだ。大学入学年齢の特例措置により、日本でも一七歳から大学に進学できるようになり、専門学校卒業者の大学への編入学も可能になった。大学院への進学や学位取得を容易にするため、大学院の制度改正も実施された。夜間大学院や昼夜開講制大学院、通信制大学院、独立大学院、専門職大学院の制度化、学部三年次からの修士課程進学の容認、専門分野による学位の種類の廃止などである。

大学教育の質的な改善を提言する答申も継続的に公表され、そうした取組を支援する施策が相次いで実施されてきた。その主要な出発点として位置づけられるのは、大学審議会の答申「高等教育の一層の改善について」（一九九七年）である。この答申では、高等教育の現状の問題点が六つに集約してまとめられ、それらをいっそう改善するための具体的な方策が、①全体のシステムのなかでの大学等のあり方、②バランスのとれた体系的な教育課程の編成、③学習効果を高める工夫、④教育活動の評価のあり方、⑤学生の流動性（選択の幅）を高める工夫、⑥高等教育の改革を進めるための基盤の確立に分けて提言された。いずれの方策もその後現在に至るまで答申や報告のなかでくりかえし指摘されてきており、大学教育の質的な改善が決して容易なことではないことがうかがわれる。

中央教育審議会の答申「学士課程教育の構築に向けて」（二〇〇八年）では、学士課程教育の充実のための具体的な改善方策が、学位授与の方針、教育課程編成・実施の方針、入学者受入れの方針の三つに分けて提言された。そのうち二つ目の教育課程編成・実施の方針で提案されているのは、①順次性のある教育課程の体系的な編成、②単位制度の実質化、③教育方法の改善、④成績評価基準の策定と厳格な適用などである。それから専門分野の違いを超えて学部教育全体に共通する学習成果を「学士力」として提示したのも、この答申の大きな特徴である。

さらに中央教育審議会の答申「新たな未来を築くための大学教育の質的転換に向けて」（二〇一二年）では、学生が生涯学び続け、主体的に考える力を修得するためには、質的転換の好循環を作り出す始点として、双方向の授業やインターンシップなどの教室外学修の充実により、学生の主体的な学修時間の増加と確保が進められる必要があることが謳われた。また学生本位の視点に立った学士課程教育へと質的な転換をはかるためには、大学教員中心の授業科目の編成から組織的・体系的な教育課程への転換が必要なことも強調されている。

(5)転換期の学部教育改革の特徴

このように進められてきた現在の日本の大学教育改革には、どのような特徴がみられるのか。学部教育の教育課程の構成を中心に、その改革状況の断面を切りとって分析した結果を要約して紹介してみよう。主に使用したデータは、文部科学省が個別大学における改革状況を二〇〇一年から毎年調査して公表している「大学における教育内容等の改革状況について」である。一九九一年の大学設置基準などの大綱化からほぼ三〇年経過したが、この分析ではそのいわば中間時点にあたる二〇〇三年から〇七年の五年間の状況に焦点をあてている（杉谷、二〇一〇年、九二-一〇二頁）。

第一に、日本の国公私立の四年制大学では、学部教育の教育課程の改革が盛んに実施されてきた。文部科学省の調査によれば、九一年以降二〇〇一年までの一〇年間に、実に九九%の大学が教育課程の改革を実施していた。その後も二〇〇三年度から二〇〇七年度の五年間に限ってみても、全大学の八七%、全学部の八一%が学部教育の教育課程の改革を実施していた。設置者別にみると、国立、私立、公立の順、また専門分野別にみると、専門職業との結びつきが強い保健、家政、教育、芸術などの学部よりも、人文社会系や理工系の学部の方が改革を実施していた。

第二に、この五年間の改革の実施に際して、教育課程の編成上の配慮事項で多かったのは、豊かな職業生活の実現を視野に入れたキャリア教育の提供（六一％）や、豊かな社会生活の実現を視野に入れた教養教育の提供（五五％）、地域社会や地元企業などの人材育成ニーズへの対応（二九％）などである。

第三に、実際の教育課程の改革における具体的な内容を、実施率の高い順に並べてみると、全体としてみれば、①科目区分に関する改革は実施されていたが、単位数に関する改革はそれほどではなかったこと、②教育課程の編成に際して教養教育については配慮していたが、教養教育と専門職業教育を四年間の間に履修できる「くさび型教育課程」を実施した大学は多くなかったことなどが指摘できる。

第四に、卒業要件単位数をみると、全大学の平均は一二七単位、学部別、つまり専門分野別では保健はやや多いけれども、専門分野間でほとんど変わらない。ただし卒業単位に占める必修単位の比率では、公立（五一％）や国立（四八％）と比べて私立（三七％）はゆるやかである。また学部別にみると、人文系（三二％）や社会系（二三％）はゆるやかだが、保健（八〇％）や芸術（五五％）、家政（五〇％）、農学（四三％）などは卒業単位に占める必修単位の比率が高いので、その意味では比較的厳格であることが分かる。

第五に、教養教育の単位数についてみると、全大学の平均は三〇単位、設置者別では国立三七単位、公立三三単位、私立二九単位であった。また卒業単位に占める教養単位の比率では、全大学の平均は二四％だが、設置者別では公立（二五％）や国立（二九％）と比べて、私立（二三％）は単位数でも比率でもゆるやかである。ただし重要なのは、教養教育の単位数でも卒業単位に占める教養単位の比率でも、専門分野間、つまり学部間では違いがみられなかったことである。

したがって大学設置基準などが大綱化された一九九一年当時と比べれば、学部教育に占める教養教育の比率は大幅に低下した。大綱化以前の学部教育の教育課程では、三六単位の一般教育に外国語や保健体育を加えると、教養教育は一二四単位の卒業要件単位数の三九%を占めていたからだ。教養教育はこの一五年ほどの間に決して重視されるようになったとはいえない。またアメリカの学部教育に占める一般教育の割合が平均で四五%(二〇〇〇年)であることと比べれば、日本の大学の学部教育は専門職業教育の色彩が相対的に濃いといってよいのである。

第六に、代表的な教養教育の内容を整理してみると、教養教育は次第に多種多様な科目によって構成されるようになった。教養教育には人文科学や社会科学、自然科学といった、それまで一般教育科目として分類されていた分野別教養教育科目や学際的・総合的教養教育科目の他に、外国語教育や情報処理教育などの共通基礎科目も含まれる。さらに近年では、初年次教育や導入教育として、大学生活や大学教育への適応支援や専門職業教育への導入を促す科目とか、建学の精神を学ぶ自校教育やキャリア教育などに関連した科目が増えており、補習教育や基礎学力の向上を目指す科目なども、教養教育の正式の科目として含まれるようになった。

4　学部教育改革の条件

それではこうした状況をふまえて、日本の大学教育、とくに学部教育の改革をどのように進めていけばよいのか。続いて学部教育改革の課題と方向を探るために、学部教育改革を考える際に考慮すべき条件を整理することから議論を始めてみることにしよう。学部教育の実質的な改革を進めるには、その全体の見取り図を明確に描いておく必要があるからである。

(1)最終的な学校教育段階としての大学教育

学部教育の改革を左右する第一の条件は、今日の大学教育は制度的に、初等教育と中等教育の次に接続する、最終的な学校教育段階として位置づけられ、その整備充実が目指されていることである。

歴史的にみると、欧州の中世に生まれた大学は、教育機関のなかで成立した順序が最も早く、すでに八〇〇年を超える長い歴史がある。次いで西欧では、この大学への進学準備教育を、少数の上層階層出身者を対象に行う中等学校が整備され、最後に一八世紀後半の産業革命以降、すべての国民を対象にした初等学校が設立されるようになった。つまり子どもの成長に対応した教育段階の順序と教育機関としての歴史的な成立の順序は逆であって、しかも初等教育と中等教育との間には大きな溝があり、連続した教育段階として位置づけられていなかったということである。

近代教育制度の歴史は、このような歴史的背景をもつ学校を子どもの成長に対応した教育段階に沿って体系的に再編成し、教育機会をできるだけ多くの人びとに開放するために、さまざまな改革を積み重ねてきた過程だとみることができる。もっとも今日でも、そうした制度改革が十分に実現している国はないといってよい。たとえば中等教育と大学教育の接続をみても、大学教育は現在でも、初等中等教育と制度的にスムーズに接続しているわけではない。

それに加えて、教育内容の面でも扱う知識の内容や質、水準などに違いがあるため、スムーズに接続しないところがある。初等中等教育も大学教育も、できるだけ正確な知識を体系的に整理して標準化し、順序立てて系統的に提供しようとする点では同じだが、大学教育では研究で生産される新しい知識、つまり決着のつかない灰色の部分を含んだ知識を扱うことにも重要な意義があるからだ。しかし今後の改革の方向としては、大学教育を最終的な学校教育段階として位置づけ、その整備充実を目指すというのが第一のポイントである。

⑵同世代の半分強を受け入れる大学教育

二つ目の条件は、現在の大学教育、とくに学部教育は同世代の半分を超える人びとを対象にしており、その改革では、彼らにふさわしい教育をどのように構築すればよいのかが課題になっていることである。

第二次世界大戦後の教育改革で成立した現行の教育制度では、日本の子どもは、小学校と中学校の計九年間の義務教育を終えれば、その後は社会的な経験を通じて、基礎学力の面でも教養の面でも、将来大人として、社会で活躍するための能力を、自立的、主体的に獲得できると想定されていた。ところが高学歴化の進んだ今日では、同世代の九八％の人びとが高校で学ぶようになり、大学・短期大学へ進む者も同世代の半分を超え、それに高等専門学校四年進学者と専修学校専門課程進学者を加えると、同世代の八〇％を超える人びとが高等教育に流入するようになった。

こうした現状をふまえて、大学の門戸を同世代の何％に開けばよいのかを、理論的につきつめて考えることはできそうにない。しかし各国の近代教育の動向を歴史的にたどってみると、日本を含めてどの国も、近代化の過程で国民国家としての統合や発展を実現するために、すべての国民に近代社会で通用する一定の基礎学力と共通の文化を内面化させる「義務教育」の定着をはかってきた。それから義務教育後の教育年限の延長も、個人と社会の双方にとって望ましいと考えられていた。

それに対して、大学教育はどの国でも基本的に、高度な専門的人材や広い意味での社会的な指導者層の育成を果たす教育機会として位置づけられている。大学の門戸も志願者にはできるだけ広く開かれるべきだとしても、すべての人びとを同じ条件で受け入れるべきだとは考えられていないのではないか。

したがって日本の大学の門戸が、今後一〇年くらいの間に、大幅に開放されることはないと予想されるが、日本の大学教育はすでに同世代の半分を超える人びとを対象にしているので、少数の学生を受け入れた伝統的な大学教育観からみれば、能力や興味・関心の面で多種多様な学生にふさわしい教育を、どのように提供すればよいのかを問われていることになる。

(3)学部教育を構成する教養教育と専門職業教育

学部教育の改革を左右する第三の条件は、日本の大学教育、とくに学部教育はアメリカと同じように、身体的には大人かもしれないが、教養の面では「半大人」の学生を受け入れ、彼らに対して教養教育と専門職業教育を行うことを主要な目的にしていることである。

アメリカの学部教育では、大学によってその取り組み方は違っても、専門職業教育と並んで、学生を教養のある成人として育成する教養教育が重視されている。卒業後社会に出て活動する大多数の学部学生は、一般教育(ジェネラル・エデュケーション)として教養教育を履修し、専攻(メジャー)として専門職業教育を履修するのが普通である。また大学院に進学して、より高度な専門職業教育を履修する少数派の学部学生の場合、その大半は、学部卒業後就職する多数派の学生と同様の科目履修をして大学院に進学するが、なかには一般教育を教養教育として履修するのは同じだが、専攻でも、職業との関連が深い専門分野に加えて、基礎的な文理系の専門分野を中心に幅広く学ぶ学部学生も少なくない。

戦後日本の学部教育も基本的に、この大学のアメリカ・モデルをベースにして発展してきたので、同じような学部教育観にもとづいていたはずだ。ただしそうはいっても、日本の多くの大学関係者にとって、そうしたアメリカ流の学部教育観は認めたくなかったのかもしれない。戦前の伝統的な大学観からみても、旧制大学の学生は旧制の高等学校や大学予科を経て一九歳で大学に入学したから、すでに立派な成人であり、彼らに専門職業教育をほどこすのが大学教員の仕事だと考えられていたからである。

もっとも多様化した学生を実際に教育している大学教員にとって、大学は「半大人」の学生を受け入れ、彼らを教養のある成人にしながら、卒業までに専門職業教育も学んでもらう場なのだという学部教育観は、今日ではどの大学でも、その実態に即した見方であり、ようやく日本の大学でも広く受け入れられるようになったといった方が正確なように思われる。目の前の学生のなかには、義務教育後に高校で三年間もよけいに学んだはずなのに、基礎学力の面でも教養の面でも、将来大人として社会で活躍するための能力を自立的、主体的に獲得できそうにない学生が結構いるようにみえるからだ。

もう一つ指摘しておきたいのは、国際比較の観点からみると、日本とアメリカの教育制度のあり方はやや例外的で、たとえば西欧の教育制度などとは次の点で違っていることである。つまり日本とアメリカの教育制度では、ある教育段階、たとえば小学校教育で理解できなかったことは中学校であらためて学んでもらい、中学校教育で学びきれなかったことは高等学校で、さらに高等学校教育で分からなかったことは大学であらためて学んでもらうというように、学習内容をそれぞれの教育段階である程度重複するようにして構成する仕組みを採用している。

それゆえ学部教育、とくに教養教育でもそれまでの学校教育で学びそこなったことを学生にあらためて学んでもらい、大学教育での学習をできるだけスムーズにしてもらうことが肝要なのである。今日の日本の教養教育が補習教育や基礎学力の向上を目指す科目、初年次教育や導入教育に関連した科目など、多種多様な科目によって構成されるようになった背景には、このような学校教育観もあるように思われる。

私もこれからは思い切って、どの大学も「正式に」これらの科目を教養教育科目に含めたらよいのではないかと考えている。この点について、アメリカでは中等教育が多様であり、大学は通常教科別の入学者選考を課さないために、大学教育を受けるのに準備不足の学生を対象にした補習教育（リメディアル教育）や初年次教育などを導入してきた（吉田、二〇一三年、五三頁；金子、二〇一三年、一八四頁）。というのも、大学教育と高等学校教育との接続はアメリカの大学にとって積年の課題であり、一般教育という名称の教養教育はこれらの二つの教育をスムーズに接続する役割も果たしてきたからである。

日本の大学でも大学設置基準などの大綱化以降、行政主導の大学改革によって大学教育の改革が進展するとともに、大学入学者選考が学生の学力を保証する関門としての力を喪失したために、教養教育は大学教育への準備教育的な役割をもつことで、その存在意義を高めてきたところがある。実際に多くの日本の大学の教養教育は、補習教育的な要素や技能の修得を目指す科目が一定の割合をもつものになってきている。かつてのアメリカと同様、今日の日本でも高等学校教育と大学教育との接続をスムーズにするために、教養教育の再構築が必要になったのである（吉田、二〇一三年、二九二頁）。その意味では、日本の大学教育でも初年次教育や補習教育などを思い切って教養教育の科目に正式に含める時期にきていると考えられる。

(4) 専門分野や進路に応じて異なる教養教育と専門職業教育の比重

第四の条件は、大学教育、とくに学部教育にとって教養教育と専門職業教育は不可欠の要素だが、これらの二つの教育の比重や内容は、学生が専攻する専門分野や卒業後に就く職業や進路によって違っていることである。

日本でもアメリカでも、大部分の学部学生は卒業後、大学院に進学しないで社会に進出する。そのため日本では専門教育、アメリカでは専攻としてまとめられる専門職業教育は、学部教育でもたくさん行われている。その内容が卒業後に就く職業や進路と、どの程度密接に関連しているのかは別にして、専門職業教育は学生が特定の専門分野を集中的に深く学ぶための教育である。

その他に教員や栄養士など、学生が在学中の専門職業教育で取得できる職業資格もたくさんある。特定の職業に就くために必要な職業資格や学位の要件は、主に職業団体や関連学協会、政府などの学外の大学関係者によって決められるが、学生は所属大学の教育課程のなかから、資格取得や受験資格で定められた資格必須科目を履修する。

アメリカでは現在、医師や法律家などの専門職向けの専門職業教育は大学院で行われているのに対して、日本ではこれまで大学入学時に学部や専攻を決め、学部教育の段階から専門職業教育を集中して行ってきた。ただし職業が要求する学歴は、どの国でも時代とともに高学歴化してきている。

アメリカで専門職が大学院教育の履修を要求するようになったのは、たとえば医師や法律家の場合二〇世紀以降のことである。また経営学修士（ＭＢＡ）が企業経営者の学位として注目を集めるようになったのは第二次世界大戦後、それも六〇年代以降のことである。さらに大学院レベルの専門職業教育で学ぶことを要求する職種も大幅に増えてきている。日本でも近年、法科大学院や経営学大学院、教職大学院などが専門職大学院として設置されたり、同じような専門職業教育が通常の大学院でも提供されたりするようになったが、未だに発展途上の段階にある。しかし日本でも今後は、大学院における専門職業教育の定着と拡充が強く求められているように思われる。

日本の戦後大学改革では、戦前の専門学部の仕組みを温存させたまま、大学設置基準により画一的で平準化した学部教育の教育課程を導入した。しかしその後、学問領域の多様化や四文字学部の開設などにより、この大学設置基準に縛られた教育課程は、学部教育の実情にあわないことが明らかになった。その意味では、九一年の大学設置基準などの大綱化は画一化や平準化をもたらしやすい設置基準の規制を緩和し、それぞれの大学や学部における学部教育を、その実情にあうように多様化して再編成するための措置であったとみることもできる。こうした動向をみると、取得する学位の種類や学部教育における教養教育と専門職業教育の比重や内容は、専門分野や職業によって違ってよいし、違うべきだと考える方が自然なのである。

(5)問われる教養教育のあり方

しかし第五に、学部教育についてみると、この約半世紀の間にアメリカでも日本でも、教養教育よりも専門職業教育の方がますます重視されるようになって、教養教育のあり方が問われている。

科学技術と経済の発展は学問の専門分化と高度化を促すため、学部教育でも専門職業教育が強化されるのは自然な流れだと考えられる。アメリカではほとんどの大学が、教養教育に相当する一般教育の履修を必修として学生に課している。その学部教育に占める比率は大学によってそれぞれ異なるけれども、教養教育を行う制度的な枠組みは確保されているといってよい。

ところが専門職業教育の強化にともない、大学教員は自分の専門分野の研究や教育にいっそう関心をもつようになった。学生も一般教育よりも専攻を重視し、しかも「専攻」という名称の専門職業教育では卒業後の就職に有利な実学系の専門分野を選んだり、職業資格の取得を目指したりする「就職第一主義」の学生が大幅に増えたため、一般教育の質が低下したり、軽視されるようになった。

日本では一九九一年の大学設置基準などの大綱化以降（すでに述べたように）、各大学の学部教育改革は「専門教育」という名称の専門職業教育の比重を高める方向に進んでいる。日本の場合アメリカと比べて大学院教育が現状では小規模なため、四年間の学部教育で専門職業教育を強化しようとするので、教養教育の居場所はますます狭くなりやすいところがある。また大多数の学生は学部卒業後社会に出て活動するから、日本の大学教育改革では当面、専門職業教育は主に大学院教育よりも学部教育で行われることを前提にして、その将来の方向を考えるのが実質的である。次世代の高学歴者の主力は数のうえでは今後も短期大学士や学士なのである。それから、これは非常に重要なことだけれども、同世代のベストの人材が大学院に進学して、彼らがあらゆる分野で将来の社会的リーダー層として活躍することが、必ずしも社会から期待されているわけではない。

(6)社会的に注目される学部教育全体の学習成果

学部教育の改革を左右する第六の条件は、学部教育を構成する教養教育と専門職業教育の境界があいまいになり、学部教育全体の学習成果が社会的に注目されるようになったことである。

一九八〇年代のアメリカでは、学部教育の全面的な見直し、そのなかでもとくに一般教育の改革を目指した政策提言が相次いで公表され、数多くの大学が実際に改革を進めた。学部教育改革、とくに教養教育としての一般教育の改革は、九〇年代以降も世紀を超えて、多くの大学や大学連合組織で、くりかえし計画されたり、実施されたりしている。しかし二一世紀の学部教育改革の特徴の一つは、学部教育全体の学習成果に対する学外からの社会的な関心が高まったことである。それはアメリカだけでなく、日本や欧州連合の大学界にも共通にみられる動向だった。

アメリカについては、全米カレッジ・大学協会（ＡＡＣ＆Ｕ）の活動を例としてとりあげてみよう（AAC&U, 2005; AAC&U, 2011; Hart Research Associates, 2016a; Hart Research Associates, 2016b; 川嶋、二〇一八年、一七-二〇頁；山田礼子、二〇一九年、八、四五-四六頁などを参照）。この協会は二〇〇五年から、ＬＥＡＰ（リベラル・エデュケーション・アンド・アメリカズ・プロミス）と呼ばれる、二一世紀のアメリカ社会にふさわしい学部教育の再構築を目指す、自由教育（リベラル・エデュケーション）を中核にした改革運動を継続的に進めている。たとえば専攻や学問的背景にかかわらず、すべての学部学生が学部教育で身につけるべき本質的な学習成果（ＥＬＯ、エッセンシャル・ラーニング・アウトカムズ）のリストや、各大学の多種多様な学部教育における学習成果の効果的な評価法（ＶＡＬＵＥ、バリッド・アセスメント・オブ・ラーニング・イン・アンダーグラデュエイト・エデュケーション）としてのルーブリック（評価基準表）などを公表してきている。

ただしここでいう自由教育は、科学や文化、社会などの幅広い知識を学ぶ一般教育と少なくとも一つの専門分野を深く学ぶ専攻によって構成されているので、この改革運動は伝統的な自由教育を重視する姿勢に変わりはないけれども、実際には現在の典型的なアメリカの学部教育の再構築を目指すものである（AAC&U, 2011, p.3）。そのうち本質的な学習成果については、その具体的な内容を、次のような四つの領域に分けて提言している（AAC&U, 2011, p.7）。

【学部教育で修得する本質的な学習成果】（全米カレッジ・大学協会、二〇一一年）

①人類の文化と物理的自然界に関する知識（科学と数学、社会科学、人文学、歴史学、言語、芸術）

②知的・実践的技能（探求と分析、批判的・創造的思考、文書と口頭によるコミュニケーション、数量的リテラシー、情報リテラシー、チームワークと問題解決能力）
③個人的・社会的責任（市民としての知識と関与 - 地域と世界、異文化に関する知識と能力、倫理的推論と活動、生涯学習の基礎と技能）
④学習の統合と応用（一般教育と専門職業教育で学習した内容の統合とより高度な達成）

この協会は植民地時代のカレッジの伝統的な教養教育中心の大学教育を基本的に重視する大学の連合組織であることもあって、専門分野の違いを超えて、学部教育全体に共通する学習成果を強調している。そのため、この学部教育で身につけるべき学習成果のリストは、ある意味では、一般教育の学習成果を整理したリストといってもよいほどである。というのは、一九九〇年代までのアメリカの学部教育論では、学部教育の目的を、次のように言語的、数学的能力から知的技能や知識、価値観を主体的に駆使する能力まで、五つに整理していたからである（江原、一九九四年a、五九 - 六〇頁）。

(1)能動的なコミュニケーションのための言語的、数学的能力
(2)西欧的、アメリカ的価値観
(3)自然と社会に関する科学的な理解
(4)特定の専門分野に関する深い知識
(5)（これらの）知的技能や知識、価値観を自ら主体的に分析・総合・応用して駆使する能力

二つのリストを比べてみると、①と⑶、②と⑴、③と⑵、④と⑸は、それぞれほぼ対応している。ところが一九九〇年代までの学部教育の目的には、「⑷特定の専門分野に関する深い知識」があったので、専攻、つまり専門職業教育と教養教育との区分がはっきりしていたが、二〇一一年の学部教育の学習成果のリストでは、専攻の位置が必ずしもはっきりしていないのである。あえていえば⑶と⑷を合わせて①にまとめたといってよいのかもしれない。

全米カレッジ・大学協会は実際に、一〇〇一校の加盟大学の学務担当副学長を対象にした二〇一五年のオンライン調査（回収率三二％）にもとづいて、八五％の大学はすべての学部学生が身につけるべき共通の学習成果を大学として設定していたことを明らかにしている。七年前の〇八年の比率七八％と比べれば七ポイントの増加である。しかしそれと同時に、多くの大学は一般教育プログラムを改革しており、五六％の大学では五年前と比べて一般教育の優先順位が高くなり、より重視するようになった。それに対して変わらないと回答した大学は四三％であり、優先順位が低くなったと回答した大学はわずか二％にすぎないのである。そして一般教育を重視する大学の一般教育プログラムでは、幅広い知識の獲得（三二％）よりも学習の統合や応用（六七％）とか応用的な学習経験（六一％）などが重視されるようになったという。

また一般教育プログラムについて、七六％の大学は明確な学習成果を設定しており（七年前より一三ポイントの増加）、六八％の大学は学生の学習成果の達成度を評価していた（七年前より一九ポイントの増加）。ただし五八％の大学は学部教育の教育課程において、一般教育プログラムと学生の専攻の履修要件は適切に統合されていると回答していたが（七年前より一〇ポイントの増加）、他方で四二％の大学は一般教育と専攻の編成には工夫して改善する余地があると回答していた(Hart Research Associates, 2016a, pp.2-3, pp.10-11, p.14)。

したがってアメリカの大学は学部教育の教育課程において教養教育(一般教育)と専門職業教育(専攻)を明確に区分しており、学部教育における一般教育の役割を重視していることが分かる。そして四つの領域に分類された学部教育で身につけるべき学習成果は、一般教育でも専攻でも学ぶことが期待されているけれども、こうしたアメリカの大学の学部教育に対する姿勢や見方は、日本の大学の学部教育改革を構想する際にもきわめて重要なことだと思われる。

日本では一般教育に代わって教養教育という言葉が近年使われるようになった。この教養教育を専門職業教育の強化が進む学部教育のなかでどのように確保し、同世代の半分を超える多様化した学生に、教養教育として何を学んでもらえばよいのかは、日本でもますます問われるようになっている。

中央教育審議会は日本の大学が授与する学士が保証する能力の内容に関する参考指針として、専門分野の違いを超えて学部教育全体に共通する、次のような四つの学習成果を提示した(中央教育審議会、二〇〇八年、一二-一三頁)。

【学部教育全体に共通する学習成果】(中央教育審議会、二〇〇八年)

①知識・理解(多文化・異文化に関する知識の理解、人類の文化や社会と自然に関する知識の理解)
②汎用的技能(コミュニケーション・スキル、数量的スキル、情報リテラシー、論理的思考力、問題解決力)
③態度・志向性(自己管理力、チームワーク、リーダーシップ、倫理観、市民としての社会的責任、生涯学習力)
④統合的な学習経験と創造的思考力

これらの能力は、日本の学士課程教育が分野横断的に、共通して目指す学習成果に着目したもので、できる限り汎用性のあるものを提示するように努めたということである。またこの参考指針は標準的な項目にとどまるものであり、各大学が実際に学位授与の方針などを定める場合には、その大学の教育理念や学生の実態に即して、各項目の具体的な達成水準などを主体的に考えていく必要があることが謳われている。

さらに（あいまいな表現だけれども）、これらの能力は教養を身につけた市民として行動できる能力として位置づけることができるという。ということは、これらの能力は専門職業教育ではなく、教養教育で身につける能力なのだろうか。それとも、日本の大学では実際には学部単位でも明確で体系的なイメージを描きにくい専門職業教育に共通する学習成果を、どの大学のどの学部でも、これらの四つの能力としてまとめることができる（そんなはずはないが）とでも想定しているのだろうか。

全米カレッジ・大学協会と中央教育審議会が提言した学習成果のリストは似通っており、大きな違いはない。違いがあるとしたら、全米カレッジ・大学協会は学部教育における一般教育の位置と役割を明示し、学部教育の学習成果をどちらかといえば従来の一般教育の学習成果の分類に沿って集約している。それに対して、中央教育審議会の提言では、学部教育における教養教育や専門基礎教育や専門教育の位置と役割、あるいは、高い教養とか専門的能力などといった重要な言葉の具体的な内容が非常にあいまいなまま、学部教育の学習成果をまとめようとしていることである。

もちろん大学のなかには、準備不足の学生が相対的に多いフリーパスの大学をはじめ、批判的思考や論理的思考などの修得を教養教育だけでなく専門職業教育の学習成果にするところがあってもいっこうにかまわないだろう。ただしその場合には、それらの能力を教養教育で学ぶ機会があっても修得できなかった学生に対する補習教育として位置づけるべきなのではないか。というのも、そうした能力の修得はなによりもまず教養教育の学習成果であり、学生はそれらを身につけていなければ、専攻する専門分野の専門職業教育の教育内容を理解して学べないはずだからである。

あるいは別の観点から、日本の大学教育でも精妙に工夫を凝らせば、たとえば問題解決能力の修得について、教養教育や専門職業教育の学部教育の段階に応じて、それぞれ異なる具体的な学習成果を設定したり評価したりすることができるかもしれない（松下、二〇一四年、二五二-二五三頁）。また日本の場合アメリカと比べて学部教育で専門職業教育を強化しようとする傾向が強いから、主に専門職業教育を通じて学生に汎用性のある知識や技能、態度などを学んでもらう方向も考えられる。というのも、専門職業教育はそれぞれの専門分野に固有の知識や技能、態度などを学生が学び、一つの確固とした視点を身につけてもらうことを目指している。そしてそうした特定の専門分野に関する学習で身につけた学習成果を他の分野や文脈で応用することこそが専門職業教育が育成する汎用性のある能力であり、大学教員の目からみれば、それをふまえて具体的な学習成果を設定したり、目の前にいる学生にふさわしい学習の支援を工夫したりすることができるからである（坂本、二〇一八年、二七-二八頁）。いずれにせよ、学部教育で学生が修得する学習成果の教育課程における位置づけや具体的な内容は、学習する学生にとっても教育する大学教員にとっても柔軟に対処できるように工夫して構築する必要がある。

(7) 近代科学の成果にもとづいた学部教育の内容

第七の条件として、学部教育の教育内容についてとくに指摘しておきたいのは、今日の大学教育では専門職業教育だけでなく教養教育も、その教育内容は主に近代科学の成果である知識や技能などにもとづいて構成されていることである。

大学教育、とくに教養教育には人間形成や価値教育をはじめ、芸術への関心とかコミュニケーション能力の育成なども含まれるので誤解されやすいが、大学教育の基本はあくまでも、近代科学の成果にもとづいた教育だということである。というのは、近代大学にとって基本的で固有の役割は、知識を扱うこと、つまり知識を発見し、統合し、応用し、教育することであり、その知識はなによりもまず近代科学の成果によって成り立っているからだ。

また大学教育、とりわけ教養教育の内容を論じるときに、書物の役割、とくに文学作品とか最良の哲学書や歴史書などをじっくり味わうことを通じて、知の基盤を作り上げることの重要性がしばしば指摘されるのは当然のことである。しかし大学教育を構成する教養教育で扱う文学作品はあくまでも、人文科学としての文学であり、文学作品そのものではない。哲学書や歴史書も人文科学や社会科学の専門分野における研究というフィルターを通して検討、吟味されてから、はじめて大学教育で使われる教材や素材になるのである。

近代科学の成果にもとづいた大学教育にはいくつもの限界や問題点がある。たとえば近代科学の性格についてみても、科学の進歩は無条件に善、つまり「よい」ことであり、人類の幸福を約束するものだという楽観的な科学観は、科学が生み出した核兵器や環境問題などにより大きな変更をせまられている。また近代科学の見方や考え方は人びとの社会生活の奥深くまで浸透したが、実際にはその成果は人類が生み出した知識や技能などのごく一部であり、日常の生活はそれ以外の、近代科学とは異質の多くの伝統や文化があってはじめて成立しているのも確かなことである。しかしたとえそうした限界や問題があるにしても、日本の大学関係者はこの問題に正面から向き合い、近代科学の成果をどのように取捨選択したり再構成したりして、学生にどのような学部教育の教育課程を提供すればよいのかを問われている。

ところで学部教育の教育課程は、それぞれの大学ごとに構築するのが基本だが、やや広い視野からみると、教養教育と専門職業教育の教育内容を大学間の違いを超えて、ある程度標準化する作業も不可欠である。文部科学省はこの問題に関連して、日本学術会議に対し二〇〇八年に、大学教育の分野別質保証のあり方について審議し、専門分野ごとに教育課程編成のための基準を検討することを依頼した。

そうした措置は基本的には、適切な選択であったと考えてよいだろう。というのも、大学教育のあり方や具体的な内容を中央教育審議会大学分科会のような政府の審議会で決めるのは適切ではないからである。日本学術会議は内閣府所管の団体ということもあり、文部科学省からある程度独立している。またすべての専門分野をカバーし、それぞれの専門分野の代表的な研究者が委員に選ばれている国際的にも珍しい団体であり、連携会員制という形で個別の学協会とも深い関係をもっている組織でもある(天野、二〇一三年、一六九-一七〇頁)。

日本学術会議は二〇一〇年に、専門分野の教育の質保証に資することを目的とした枠組みとして、教養教育を含めた学部教育の教育課程全体の質保証の観点から、専門分野別の「参照基準」を策定することを提唱した(日本学術会議、二〇一〇年、ii頁)。そして二〇一二年には経営学、言語・文学、法学の専門分野について、教育課程の芯にあたる参照基準をまとめて公表し、その後も継続してさまざまな専門分野の参照基準を策定、公表している。二〇二〇年現在、参照基準が策定、公表された専門分野は三二分野である。

これはそれぞれの専門分野にとっては、その知識や特性、構造などをあらためて体系的に整理することにつながる作業でもある。また各大学にとっては参照基準をもとに、それぞれの大学環境や学生の状況にふさわしい教育課程を具体化することができれば、大学教育の質保証を確保する一つの作業にもなるだろう。さらに今後の課題としては(近いうちに実現するかどうかは別にして)、参照基準の国際的通用性の推進、専門分野間や大学間の協働の可能性などが指摘されている。参照基準の活用が未だに低調な状況を打破して、大学教育を改善しようとする発言もみられる（山上、二〇一三年、七〇-七二頁；北原、二〇一四年、二九-三〇頁；広田、二〇一八年、四六-四七頁などを参照）。

⑻学習者中心の教育を目指す大学教育論

八つ目の条件は、大学教育のあり方を考えるときに、学習者である学生を中心に据え、彼らの自立的で主体的な学習が成立するように支援する「学習への援助」として大学教育を位置づける大学教育論が、次第に声高に主張されるようになってきていることである。別の言葉でいえば、大学教育のとらえ方は二一世紀に入ると、全体として「教育者中心の教育」から「学習者中心の教育」へ大きく変わろうとしている。さらに授業のあり方や見方でも、従来のような大学教員が学生に一方向的に知識を伝える場としての授業に加えて、グループ作業とか議論などの要素を導入して学生の積極的な参加を促し、彼らが主体的に学べるような授業や、大学教員と学生がともに作る学びの場としての授業などを構築しようとする動きもみられるようになった。

第二次世界大戦後、どの国でも高等教育が大幅に拡大して、高等教育の大衆化が進むのにともない、大学は大学教員中心の研究重視機関から学生中心の教育重視機関へ、その基本的な性格を変えつつある。研究はもちろん、大学の重要な役割としてますます重視されるようになってきているが、他方で大量の多種多様な学生を受け入れるにつれて、学生の教育の重要性も広く認識されるようになった。伝統的に研究重視の大学観が支配的だった日本でも、近年になって教育機関としての大学に対する関心がいっそう高まり、研究中心の大学観から学生の教育も重視する大学観への転換がみられる。今日では大学教育の改善は大学改革の中心課題として、どの大学でも必ずとりあげられている。

こうした大学観の転換を端的に示しているのは、一九九一年に改正された大学設置基準で、それまで初等中等教育では当然のように使われていた教育課程（カリキュラム）という言葉がはじめて登場したことである。この改正では一般教育科目や専門教育科目などの科目区分の廃止や教員数の制限の緩和、学生数の弾力化など、大学の設置基準を大幅に緩和し、それぞれの大学がその理念や目的にもとづいて、自由で多様な大学教育を実施できるようにした。しかしそれと同時に、大学教育も初等中等教育と同様に、学生の視点に立った学習の系統性や順次性などに配慮した体系的な教育課程を編成し、実施することを期待されるようになったのである。

さらにそれに加えて、大学審議会や中央教育審議会はその後、大学教育の質的な改善を提言する答申を矢継ぎ早に公表し、各大学に基礎学力や興味・関心、学習意欲などの面で多様な学生が自立的、主体的に学べるように教育方法を改善したり、学習環境を整備したりすることをくりかえし要請してきた。似たような改善方策がくりかえし提言されるのは、大学経営陣や大学教職員の努力が大いに不足しているからかもしれない。あるいは学習する学生の外形的な条件のみを整えても、彼らの学習意欲が高まるとは限らないのかもしれない。しかし大学関係者は学習者中心の教育を実現するために、学生の視点に立った大学教育のあり方の検討はもとより、体系的な教育課程の編成をはじめ、教育方法の改善や学習環境の整備などに向けて、これまで以上にさまざまな工夫を試みる必要があるだろう（広田、二〇一四年、二七六-二七七頁）。

(9) 高大接続における大学の役割

最後に九つ目の条件として、高大接続における大学の役割についてあらためて確認しておきたい。高大接続改革、つまり中等教育、とくに高等学校教育と大学教育との接続関係に関する改革の領域は大きく大学入学者選考と教育面での高大接続の二つに分けられる（本書の第二章の「2　高大接続改革の見取り図」を参照）。高大接続の課題を明らかにして、その改善をはかるには、従来の大学入学試験による高大接続関係、つまり各大学の入学者選考を接点として結びついていた中等教育と高等教育との接続関係の検討や吟味に加えて、二つの教育段階の教育のあり方、つまり教育課程や教育方法などのスムーズな接続まで考察の範囲を広げることが求められるようになった。この高大接続改革は大学側と高等学校側の双方からみることができるが、本書の第二章の後半では、とくに大学側からみた大学入学者選考の動向と課題に注目した。また第三章では、学部教育を中心に大学教育改革のあり方や条件などを検討しながら、教育面での高大接続で最も重要な改革課題である高等学校教育と大学教育の教育課程の体系的な接続の可能性を探ってきた。

伝統的な大学教育観からみれば、基礎学力やその他の能力、興味・関心、学習意欲などの面で多様化した大学入学者が円滑に大学での学習や学生生活に適応することを支援する初年次教育（導入教育）や補習教育（リメディアル教育）は、高等学校教育と大学教育のスムーズな接続をはかる大学側の主要な取組の一つである（山田、二〇一二年、二〇〇七-二〇〇八頁；山田礼子、二〇一九年、一八三-一八五、二一一-二一四頁；岩田、二〇一三年、四三、五六頁；吉岡、二〇一三年、五七-五八頁；高松、二〇一六年、五-九頁などを参照）。

推薦入試やAO入試などの特別入学者選考を経た大学入学者にとっては、入学前教育も進学先が早く決まったことで安心し、学習意欲が低下したり、学習習慣がなくなったりすることを避けるために有益な学習の機会として位置づけられる。またこれらの高大接続のための教育は、学生が大学教育で学ぶのに必要な基礎学力やその他の知識や技能などを補うだけでなく、大学で学ぶ目的や学生生活の目標などを考えたり、学習への積極的な関与や自己認識の確立に目を向けたりする機会としても期待されている。

高等学校教育と大学教育の教育課程の接続では、補習教育の役割はますます重要になってきている。学生が大学教育で学ぶのに必要な基礎学力やその他の能力を入学までに身につけていなければ、理系の専門分野を中心に、大学の専門職業教育で十分に学ぶことはできないからだ。この補習教育では、高等学校での未履修科目を提供することが多いけれども、その際に重要なのは、高校生向けの授業内容をそのまま提供するのではなく、大学教育の教育課程の一部として、高等学校で学ぶ内容を含めた新たな補習教育の授業科目を教養教育の科目として構築することである。高等学校教育に問題があるから大学教育がうまくいかないのだというのは、大学教育の改革にとって禁忌（タブー）なのである。

その他の取組として、大学進学志願者や保護者、高等学校関係者などの大学理解を促進したり支援したりする仕組みを構築することも大学側にとって重要な課題である。大学の各種情報の提供はもちろんのこと、オープン・キャンパスや出前講義などは大学における教育研究や学生生活を理解する機会の拡大や支援のための取組として、多くの大学で行われるようになった。高大接続として各大学が実際に実施してきたのはこうした高大連携事業である。しかしこれらの取組にはそれなりの意義や価値も認められるが、必ずしも期待される効果が十分みられるわけではないようだ。というのも、生徒が進学したがる大学の多くは知名度も偏差値も高い有名銘柄大学であり、そのような大学に入学するには主に受験学力を評価する大学入学試験に合格しなければならないからである。

また高大接続を効果的に進めていくためには、教育面での高大接続の関係者、とくに高等学校教員と大学教員が相互理解を深める機会を抜本的に充実することが要請されるが、実際には遅々として進まないところがあるようにみえる。さらに教育面での高大接続のうち教育方法に注目すると、大学教育でも能動的学習（アクティブ・ラーニング）をはじめ、反転授業、ＩＣＴ活用授業、問題解決学習法（ＰＢＬ）、話し合い学習法（ＬＴＤ）など、さまざまな教育方法が紹介されている。しかしこうした主にアメリカ産の大学教育改革の小道具は、もともとそれなりに有効な教育方法だとしても、日本の大学教育の場面で今後具体的にどのように扱われていくのかはきわめて不透明な状況にあるといってよいだろう。

5　学部教育改革の方向

こうした学部教育改革の動向や条件をふまえて、それぞれの大学はどのように学部教育を改革していけばよいのか。それは各大学の大学経営陣や学長をはじめとする大学管理者、それから大学教員や大学職員が学生や学外の利害関係者の希望や意向を十分にくみ上げながら実施していけばよいことで、とくに第三者の立場から具体的な提案をする必要はないのかもしれない。

ただし大学によってそれぞれ事情は違うにしても、これまでの議論をふまえて、各大学に共通する改革のポイントを中心に、いくつか個人的な感想めいた方向を整理すれば、次のようにまとめられる。主にとりあげるのは①教育課程の標準的な構成モデル、②教養教育と専門職業教育との有機的な連携の試み、③学部を起点とした全学的な学部教育の再構築、④教養教育の担当教員と担当組織の問題、⑤学習者中心の教育の推進、⑥教育も研究も重視する大学教員像の構築と定着である。

(1)学部教育の教育課程の標準的な構成

第一に、どの大学でも学部教育を改革する際には、その内容を教養教育と専門職業教育の二つに大きく区分して、教育課程の構成を考えるべきである。とくに複数の学部をもつ大学では、一二四単位分の授業科目を、一つの基準のみにもとづいて体系的に構成するのは非常に難しいので、はじめから学部教育の内容を教養教育と専門職業教育の二つに分ける方針で、教育課程の構成を考える方が実施しやすいように思われる。

しかも大多数の学生は学部卒業後、社会に出て活動するから、専門職業教育は主に学部教育で行うことを前提にして、学部教育の教育課程を構想する必要がある。別の言葉でいえば、教養教育と専門職業教育の比重や内容は、学生が専攻する専門分野や進路に応じて異なるにしても、学部教育の中心はあくまでも専門職業教育だということである。というのは今後も、短期大学士や学士などを取得した卒業生は次世代の高学歴者の主力であり、彼らが卒業後に多種多様な職業や職種に就くことを考えると、それにできるだけ関連した専門分野を集中的に深く学んで、その知識や技能、態度などを身につけることを社会から期待されているからである。

ところで学部教育の教育課程の標準的な構成についてみると、教養教育の内容を従来と比べて大幅に多様なものにすべきだと思われる。今後も教養教育の中核をなすのは、人文科学、社会科学、自然科学の三分野の基礎的な知識と技能の修得や、諸科学を超えた学際的な知識の修得、外国語や健康・スポーツなどの能力の向上であり、その意味では従来の教養教育の内容と基本的に変わりはない。

しかしそれに加えて今日では、社会の情報化に対応した「情報リテラシー」の向上や、高い倫理性や責任感をもって判断し行動できる能力の育成といった「価値教育」なども教養教育に含まれる。さらに初年次教育や補習教育なども、これからは思い切って、どの大学でも正式に教養教育に含めた方がよいと考えられる。ただし初年

表3-1　学部教育の教育課程の標準的な構成

Ⅰ教養教育
①初年次教育・補習教育科目
②教養教育科目
　分野別教養教育科目、総合的教養教育科目
③共通基礎教育科目
　語学教育科目、健康・スポーツ教育科目
　情報処理教育科目
④専門基礎教育科目

Ⅱ専門職業教育
⑤専門教育科目
⑥卒業研究

次教育科目や補習教育科目は正式の科目として単位になるが、入学前教育科目は学部教育の教育課程に含めない方がよいだろう。**表3-1**はこうした観点から、教養教育の科目編成を中心に、各大学に共通する面に注目して、学部教育の教育課程の標準的な構成をまとめたものである。

この一覧表で、専門職業教育の内容を⑤専門教育科目と⑥卒業研究の二つにしか区分していないのは、その内容が専門分野によって非常に異なるからである。なお日本の大学の学部教育は学部単位でまとめられる場合が多いので、専門職業教育の科目編成では、学部内で専門分野間の関連性や整合性などをある程度明確にする必要がある。さらに専門分野ごとの専門職業教育を編成する際には、この表では教養教育に含めている④専門基礎教育科目や、大学院における専門職業教育も視野に収めて体系的な教育課程を構成することになる。

(2)教養教育と専門職業教育との有機的な連携

第二のポイントは、教養教育と専門職業教育との有機的な連携に配慮した学部教育の改革を行うためには、それぞれの大学が自らにふさわしい連携を独自に構想する必要があることである。こうした連携は大学内だけでなく、大学間でも行うことができるが、日本の大学ではほとんどの場合、同一の大学内の連携が行われてきた。たとえば医学系や工学系といった、学部卒業後の職業との関連が比較的明確な専門分野の大学教育を提供する単科大学や、それに準ずる大学では、職業人育成のなかで教養教育をとらえ直そうという傾向が比較的強くみられる。

教員養成系や外国語系、芸術系などの学部や大学のなかには、専門職業教育自体に教養教育的要素が含まれているため、二つの教育の有機的連携がとくに必要だという見解もある。複数の学部をもつ大規模大学でも、四年一貫教育を柱にした学部教育改革を行い、学部教育を通じて二つの教育の有機的な連携を目指そうとするところが少なくない。

そうした動向も反映して、多くの大学は教養教育の授業科目の履修年次を、一回生のときだけでなく高学年次まで広げている。高学年次の教養教育の授業科目には、専門職業教育との有機的な連携をはかるために、教養教育に関する科目の発展的内容や上級外国語など、低学年次で履修した内容をさらに発展させたり、専門職業教育との関連で、より深い理解がえられたりするような科目が開設されている。

(3)学部を起点とした全学的な学部教育の再構築

三つ目のポイントは、学部を起点として全学的な学部教育の再構築を進めることである。つまり日本のほとんどの大学は、学部ごとに学生を受け入れているので、全学的に学部教育を再構築する際には、まずそれぞれの学部で、学部教育のあり方や具体的な方策などを、専門職業教育を中心に構築し、次いで各学部の教育課程に含まれる共通の要素を、全学的な教養教育としてまとめる方向で集約したり再構成したりするのが、学部教育の改革では実質的である。これはとくに複数の学部をもつ中・大規模大学にあてはまる。

人材育成の目的や学士等の学位授与の方針などは、大学全体でももちろん明確にすべきである。日本では実際に、各大学の卒業生は出身学部よりも「〇〇大学卒」として認識されてから、学部時代の専攻を問われることも少なくない。しかし学部教育改革の手続きとしては、なによりもまず学部レベルで学部教育のあり方や方策などを明確に設定する。それに連動して、教育課程の編成・実施の方針についても学部レベルで、手持ちの財源や施設設備、人的資源などを活用して実現できる方針を設定したり、授与する学位にふさわしい教育課程を具体的に作成したりするということである。

各学部では専門職業教育の担当者を中心に、自分たちが目指す専門分野の教育や職業人の育成にあたって、学生にどのような専門職業教育と、どのような教養教育、つまり基礎的な学力や幅広さと一貫性を備えた知識や技能、態度などを学ぶ教育を提供するのかを徹底的に議論して決めていく必要がある。その際に、すでに紹介した日本学術会議の策定した教養教育や専門分野別の参照基準は一つの手がかりとして、ある程度参考になるのかもしれない。それぞれの専門分野の学協会や大学連合組織などが公表する大学教育に関する方針や提言も無視できないだろう。さらに特定の基礎学力や興味・関心、学習意欲などをもって大学に入学し、自分たちの目の前にいる学生に、自分たちが構築した学部教育の内容を十分に学んでもらうとしたら、どのように教育方法や学習環境を整備すればよいのかを真剣に考えてもらうことも求められる。

そしてそれらの作業をふまえた上で、各学部の教育課程に含まれる共通の要素を全学的な議論の場にもちよって時間をかけて協議しながら、全学的な教養教育のあり方や具体的な方策などをまとめる方向で集約すれば、その大学にふさわしい教養教育と専門職業教育によって構成される、特色ある学部教育の教育課程を構築することができるだろう。それはまた教育課程にみられる学部間の重複や余計な無駄を避けることにもつながるはずである。こうしたいわば下から上に向かって進める学部教育の教育課程の再構築を強調するのは、次に述べる四つ目のポイントを念頭に置いているからである。

(4) 教養教育の授業も担当する学部所属の大学教員

四つ目のポイントとして、学部所属の大学教員は各学部の専門職業教育の授業を通常担当するが、それに加えて教養教育の授業の一部も担当してもらうのが、これからの学部教育の実質的な改革にとって非常に有用であることを指摘しておきたい。

大学教員は特定の専門分野の研究と教育がそれなりにできるから、各学部で採用されたはずである。本人が興味と関心のある研究テーマとか、学生に伝えてみたい研究内容は、専門分野のなかでは狭い領域を対象としたものかもしれないが、恐らくいずれも研究水準が高く、内容も奥深いものだと考えられる。大学教員はそうした自分にとっておもしろい研究やその成果を、学生に伝えたいから大学教員になったのではないか。しかもそれらの研究は、彼らがその専門分野の基礎をかつて学生時代に学んだからこそ、進めることができるようになったのではないだろうか。

したがって大学教員は誰でも、自分の研究や教育の背景にある専門分野の概論を、初学者である学生に分かりやすく、しかもこんなにおもしろいのだぞという前向きの姿勢で伝えられるはずである。というのも、自分が現在研究している研究テーマが本物ならば、その背景にある専門分野の概論を十分に理解しており、学生にも興味をもつように教えられるからだ。さらにそうした授業は、所属する学部だけでなく大学全体の学部教育の教育課程のなかでも、その大学が受け入れた学生にとってふさわしい教養教育の中核になる科目として位置づけられるにちがいない。

こうしてみると、どの大学教員も少なくとも一科目か二科目は、自分の専門分野の概論を、学生が興味をもって学んでみようと思わせるように教えられるように思われる。別な観点からみれば、大学教員は実は、自分の専門分野しか分からないから、あるいはたとえ社会に出ても、さまざまな分野で実践的に活躍する社会人として通用しそうにないから、大学教員になったのかもしれない。しかし彼らが自分の専門分野の基礎を、学生が興味をもって学んでみようと思わせるように教えられなければ、大学教員としての役割も果たしていないのではないか。もう少しふみこんでいえば、日本を含めてどの国の大学でも、大学教員は学生を教育するために大学に採用されており、給料はそのために払われていることが、これまで以上に広く認識されてもよいのではないだろうか。

このように学部の専門職業教育を担当する大学教員が教養教育の一部も担当する方式には、教養教育を担当する教員の配置を学部の壁を超えて全学レベルで実施できることや、大学は全学的な立場から手持ちの財源や施設設備、人的資源などを活用して、大学独自の教養教育を包括的に行うことができることなど、いくつもの長所が考えられる。この方式はまた学部教育の教育課程が学部単位に縦割りになっている日本の大学組織の特徴を逆手に取って、学部教育改革を実施しようとする考え方でもある。

ただしこの方式を採用したからといって、教養教育の担当教員と担当組織の問題をはじめ、日本の大学の学部教育改革にまつわる積年の課題が一挙に解決されるわけではない。この点については、日本の先行モデルであるアメリカの大学事情もそれほど変わりはない。たとえばアメリカの大学でも州立大学を中心に、最も普及している配分必修制の一般教育を実施する場合には、一般教育担当の教員も、一般教育として開講される科目もなく、また全学レベルの委員会方式をとるために、文理学部などが責任担当組織にならないことが深刻な問題になり、そうした状況の打開がくりかえし試みられてきた(吉田、二〇一三年、二九二頁)。

日本の大学でも改革のための特効薬があるわけではないが、この大学教員が専門職業教育に加えて教養教育の一部も担当する方式を、地道に時間をかけて改善する方向で学部教育の改革を実施するのが実質的で実現しやすいように思われる。そしてそのためには、大学教員が大学教育の改革論議に積極的に参加できる仕組みを学内に整備したり、教養教育を含めた大学教育を円滑に進めるための実施体制を工夫したりすることも強く求められる。

また大学教育の改革でも教職協働、つまり大学教員と大学職員との協働はきわめて重要であり、そのための仕組みの構築を促進する必要がある。実際の授業や教育課程の編成などは大学教員を中心に行われるにしても、教育に熱心にとりくむ大学教員が肯定的に評価される仕組みの導入など、大学教員の教育に対する士気や意欲などを高めていく制度的な装置を具体的に構想して実質的に運用していくのは大学職員の役割である。それからこの本では、大学教育のイメージを明確にするために、主に正課教育、つまり教育課程として明示された正式の教育に焦点をあてているが、課外活動やサークル活動、アルバイトなども学生の発達にとって大きな役割を果たしており、その改善には大学教員と大学職員との協働が必要不可欠なのである。

⑸大学が主導する学習者中心の教育の推進

学習者中心の教育は学習者である学生が自立的、主体的に学習できるようになるために、学習への動機づけをしたり、学習意欲を喚起したり、学習機会を整備したりすることにより、学生の学習過程を適時に、的確に支援することを目指している。第五のポイントは、そうした大学教育の仕組みの導入や改革を主導するのは学習者としての学生ではなく、あくまでもその大学に所属する大学管理者や大学教員、大学職員などの大学関係者だということである。

体系的な教育課程の編成をはじめ、実質的な大学教育改革を計画したり、実施したりするのは、大学管理者や大学教職員の仕事である。大学における教育や学習に関する研究を行い、その研究成果の大学教育への活用をはかる研究所やセンターを設置することにより、大学は現職の大学教員の教育改善を支援したり、全学で教育の問題にとりくむように大学教職員間の協働を促進したりすることができる。日本の大学院教育でも近年、大学教員を目指す大学院学生が大学教育のあり方や教授法を学んだり、実践したりする機会を設けるところがみられるようになった。教育経験の浅い新任の大学教員を対象に、学問とその学び方の両方を理解し、学習者中心の教育を実践できるように支援する体系的な研修を提供するのは、どの大学にとっても重要な課題である（ベイン、二〇〇八年、一八七‐一八八頁）。

大学教員として働いた経験がある立場からみれば、大学教育のあり方や教授法などに関心をもち、教師としての力量を高めることが今日の大学教育の現場で切実に求められているのは、十分に理解できることである。しかしたとえば大学教員が一念発起して、能動的学習、つまり議論や発表などといった学生の能動的な学習経験と、学生自身が自分の学習を自覚的に顧みようとする省察的な学習経験を含み、学生の能動的な授業参加を目指す学習活動について実践を通して学ぶために、グループワークやディベート、体験学習などをテーマにした大学教員対象のワークショップや研修会などに参加しても、自分自身の大学教育について、にわかに自信がついたり達成感を味わったりしにくいのも事実のように思われる（濱名他、二〇一三年、一六〇‐一六二頁）。

(6)教育も研究も重視する大学教員像の構築と定着

最後に六つ目のポイントとして、こうした状況を打破するのに役立つ環境づくりの一つとして、大学教員の仕事では教育も研究も重要なのだという明確な大学教員像を構築し、これまで以上に定着させる必要があることを指摘しておきたい。

研究者としての大学教員にとって、新しい知識を創造したり、真理を探究したりすることは、それ自体がワクワクするほど楽しいことである。学外の学会やマスメディアで、優秀な研究者だと評価されたいという「承認の願望」を心に秘めている者も少なくないはずだ。研究者として高く評価されれば、所属大学での昇進や他大学への移動にも有利に働くから実利的な効用もある。

しかしそれと同時に、多くの大学教員は学生の教育にも関心があり、魅力を感じているのではないか。私には残念なことに力量不足のためにできなかったことだが、授業で学生を一時間以上も魅了し続け、彼らに知的刺激と感動を与え、自分の専門分野への愛着や、より深く学びたいという欲求を植えつけ、学生が討論の場で活躍する様子を見守るのは、教育する者にとって大きな満足を与えるように思われる。

大学教育の改革を進める際には、大学教員の仕事のうち、教育と研究のバランスをどのようにすればよいのかというのは、きわめて重要な解決すべき課題である。アメリカや日本をはじめ、どの国でも第二次世界大戦後、ますます研究は大学教員の重要な仕事になったが、他方で大量の学生を受け入れるにつれて、教育の重要性もあらためて認識されるようになった。とくに日本はドイツやスウェーデン、オランダ、イスラエルなどと並んで、少なくとも意識の上では教育よりも研究を重視する大学教員が多い国だから、大学教員の仕事については教育と研究をできるだけ分離させない形で、その将来の方向を考えるべきだろう。大学教員が研究をしながら教育もいっそう充実させる方向で、教育と研究のバランスをとることを目指す改革の方が大学教員の協力もえやすく、無理がないからである(江原、二〇一〇年、四五-四九、一六六-一六七頁)。

日本の大学教員が直面している能力形成上の課題について考察した計量的な調査研究によれば、大学教員としての総合的な能力の自己評価を最も強く規定しているのは研究能力であり、教育能力がそれに続いている。大学教員の目からみると、自分自身の大学教員としての総合的な能力は自らの研究能力と教育能力によって形成されたととらえられており、研究か教育かではなく、研究も教育も重要なのである。なお大学教員の所属大学を(相対的に研究を重視する)総合研究大学と一般大学に分けてみても、同じ結果がえられたという(立石・丸山・猪俣、二〇一三年、二七四-二七五、二七九頁)。

それから学生の多様化の度合いが大きな大学、たとえば(受験すれば必ず合格するような、事実上の全入状態にある)「ボーダーフリー大学」や、(受験学習をまったく経験せずに選ばれてしまったノンエリート層を多く吸収する)「マージナル大学」では、教育と研究の両立は喫緊の課題として位置づけられている。こうした大学やその所属大学教員が教育と研究の両立を想定すること自体が、その大学における大学教育の質保証の観点、つまり学生の学習成果として定めた知識の理解度や技能の習得度などを一定以上に確保するという観点からみれば、そもそも無理があるのかもしれないという見方がある。少なくともそうした大学の大学教員の最優先事項が研究よりも教育の方にあるのは確かなことである。しかし他方で、大学教育改革に関する議論を協働して生産的な方向に発展させるためには、どのような大学の大学教員も、自分自身の専門分野における研究者であるという自覚と相互承認が欠かせないことが指摘されている(葛城、二〇一八年、一〇七、一一八-一一九頁;居神、二〇一八年、一二九、一三六-一三八頁)。

なお研究については、自らの専門分野の研究はもとより、大学教育の実践研究も研究であり、(大学院学生だけでなく）学部学生との共同研究の推進も大学教員の研究活動に含まれる。さらに学生の多様化とともに、大学教員の多様化も著しく進んでいることを考慮すると、学部教育における基礎的な実験とかゼミのレポート作成などの指導や評価なども研究の一環として位置づけることにより、大学教員の研究活動の範囲を幅広く想定しながら、教育と研究のバランスをはかる改革が求められる時期にきているように思われる。また教育と研究のどちらをどの程度優先するかは、専門分野によって違うだけでなく、個々の大学教員についてみると、採用時から退職時までのキャリアのどの時期にいるのかによっても異なっている。

こうした状況を考えると、日本の大学でも教育活動を大学教員の専門的な活動として正式に位置づけ、教員評価の項目にも主要な指標としてくみこむとともに、大学教員のキャリアのなかで研究を重視する時期と教育を重視する時期を本人の判断にもとづいて設定し、本人の意向をできるだけ尊重しながら、全学的に教育と研究のバランスをはかる方策を探るのが、現実的で有効だと考えられる。それは実はどの大学にも、つまり教育重視型大学だけでなく研究重視型大学にもあてはまることなのである（江原、二〇一〇年、一六六‐一六七頁、葛城、二〇一八年、一一八‐一一九頁などを参照）。

大学の経営や改革の観点からみても、大学教員の仕事における教育と研究の両立を重視する大学教員像の構築と定着は非常に重要なように思われる。たとえばケラーは戦略的計画（ストラテジック・プランニング）や戦略的管理運営（ストラテジック・ガバナンス）を研究するアメリカの高等教育研究者だが、一般向けの分かりやすい大学改革の一校分析を試みている（ケラー、二〇一三年、iii、八二頁）。それは小規模で、大した魅力もなく、地元の低学力層を対象とした大学から、学生が全米から入学する、美しい中規模の優良大学に変貌を遂げた、ノースカロライナ州北部にあるイーロン・カレッジの変革物語をまとめたものである。このカレッジの具体的な特徴や変革の過程、躍進の要因などはこの本の随所で触れられているが、大学教授陣が教育と研究、つまり学生の育成への関心と学術・芸術活動の活発化を両立させていることが、イーロン・カレッジの際だった特徴であることが強調されている。

第四章　大学の管理運営改革の方向

1　管理運営の改革動向

(1)大学改革と管理運営改革

この第四章「大学の管理運営改革の方向」では、大学の管理運営の改革について考察することを試みる。まず使用する言葉の意味を明確にしておこう。大学の管理運営(ガバナンス)とは、大学が教育や研究、社会サービス(社会貢献)などの社会的役割を適切に果たすために、人的・物的資源を整備・活用し、その組織を運用していく仕組みとプロセスを意味する言葉である。この管理運営には政策立案や目標設定、権限(オーソリティ)と責任(レスポンシビリティ)の行使の他、経営(マネジメント)、つまりそれらを実施するための仕組みやプロセスも含まれる。また管理運営には大きく分けると二つのレベル、つまり①大学と政府や企業などの学外の利害関係者(ステークホルダー)との関係と、②学内における大学管理者とその他の大学構成員、とくに大学教員との関係が考えられる。

全体の構成は、はじめに世界の大学における管理運営改革の動向を簡略に集約することにより、日本の大学における管理運営改革の方向を国際比較の観点から探る。主に参考にしたのは、アングロサクソン文化圏の大学に焦点をあてたマクネイの大学の組織文化モデルである（江原、二〇〇五年、二二-三二頁。他にOECD、二〇〇九年、三九-四九頁；大森、二〇一八年、二〇九-二一三頁などを参照）。続いて第二に、そうした国際的な動向をふまえて、二一世紀に入ってからにわかに動き出した日本の大学の管理運営改革の動向と課題を、国立大学を中心に設置者別に集約する。ここでは管理運営の二つのレベルのうち、主に大学と政府や企業などの学外の利害関係者との関係に注目して考察を進める。さらに第三に、大学の管理運営の改革課題として、学内における大学管理者とその他の大学構成員、とくに大学教員との関係や、日本型の実践的な大学運営組織の整備、優れた大学アドミニストレータの組織的な育成などについて、そのポイントをまとめてみたい。

ところで、大学改革のあり方を左右する社会変動にはいろいろな要素が考えられるが、この本ではとくに二つの要素、つまり①社会のグローバル化（グローバリゼーション）と市場化の進展、②国民国家の政府のあり方にみられる「大きな政府」から「小さな政府」への転換に焦点を合わせて考察を進めてきた。もう少し具体的にいえば、大学は一九七三年のオイルショック以降の五〇年ほどの間に、そうした学外の諸力の影響を受けてどのように変容し、今後どのような方向へ向かうべきなのかを、未来に希望のもてる大学像を想定しながら、できるだけ普遍的な言葉で探ってきた。

こうした学外の厳しい環境変化に対応して、大学改革では三つの基本的な方向、つまり①大学経営の健全化、②増大する利害関係者のニーズ（要求）への対応、③大学の多様化が進展すると考えられる。

これらの大学改革の方向のなかで、大学の管理運営の改革にとってとくに重要なのは、一つ目の基本的な方向としてまとめた大学経営の健全化である。大学経営が健全でなければ、その大学は倒産したり、他の大学に統合されたり合併されたりする恐れがある。かつて「象牙の塔」と呼ばれることもあった大学にも、いよいよ大学経営が重視される「大学経営」の時代が到来したのである。この「大学経営」の時代における大学の管理運営では、財政的に自立した大学経営や大学組織の合理的で効率的な管理運営が重視されるようになる。そのため大学の管理運営のあり方は、大学構成員、とくに大学教員の考え方や意思決定を重視する伝統的な同僚制的管理運営から、大学の経営責任がある理事会の理事や学長とか副学長などの上級大学管理者の権限が強い企業経営的管理運営へ変化することが期待されている。

日本の「小さな政府」による行政主導の大学政策では、八〇年代以降一貫して、各大学は自らの主体的判断と責任において、大学をとりまく環境の急激な変化に機動的に対応し、効果的運営を行っていく必要があることが謳われてきた。そのために学長のリーダーシップのもとに、適時適切な意思決定を行い、実行ができる仕組みを確立することが求められているが、そうした学長を中心とする全学的な管理運営体制の整備を目指した大学組織の再構築は、予想を超えたスピードで進められてきている。

(2)改革の世界的動向

このような「大学経営」の時代における大学組織の改革動向を国際比較の観点から体系的に理解するために、マクネイの大学の組織文化モデルを参考にしてみよう(江原、二〇一〇年、一九三-二〇三頁)。大学の組織文化とは、組織としての大学に固有で独自の価値や規範、発想の仕方や行動様式、制度的仕組み、全体的な風土や雰囲気などを総称する言葉である。各大学にとって、その組織文化は大学の歴史や従来の実績などによって形成してきた固有の資源であり、大学の個性的な発展や革新の基礎になる。

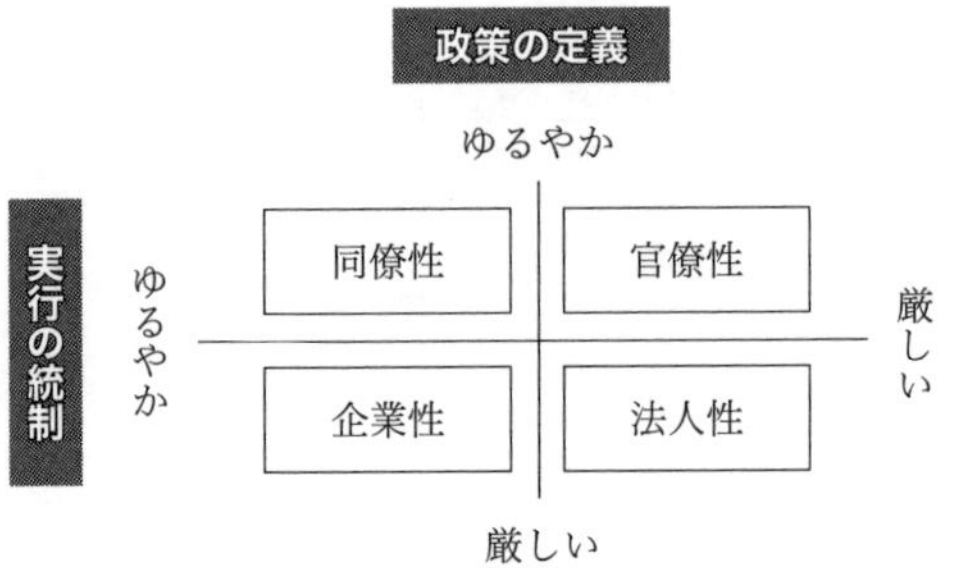

図4-1　大学組織モデルの分類

マクネイは、この大学の組織文化を二つの次元、つまり(1)大学全体の政策の定義と(2)政策の実行に対する統制に注目して、それぞれがゆるやかか厳しいかによって、同僚性（コリージャム）、官僚性（ビューロクラシー）、法人性（コーポレーション）、企業性（エンタープライズ）の四つに分析的に区分する（図4-1を参照）。

大学の四つの組織文化のうち、同僚性の組織文化は大学全体の政策の定義も、政策の実行に対する統制もあいまいでゆるやかな組織文化である。官僚性の組織文化は政策の定義はあいまいでゆるやかだが、その政策の実行に対する統制は厳しくて、所定の手続きにしたがって正確に政策を実行することが要求される組織文化である。

それに対して法人性の組織文化は両方とも厳しい組織文化である。日本の国立大学は二〇〇四年四月から国立大学法人になり、公立大学も二〇〇五年四月から順次法人化されたので、日本の国公立大学は法的な面からみると、この法人性の組織文化の特徴を強める方向に改革されたことになる。また企業性の組織文化は法人性の組織文化と同様に、大学全体の政策の目標は明確だが、民間の企業組織によくみられるように、それを実現するための手続きはゆるやかで、実施するときの場面に応じて臨機応変に変わってもよい組織文化である。

なお法人性と企業性の組織文化はどちらも大学全体の目標を重視するが、企業性の組織文化が支配的な大学では、実際に現場で活動する個々の大学構成員やグループ、プロジェクトチームなどの下位組織の意思決定や主体的な行動も非常に重視される。それはちょうど民間の企業で、権限を委譲された課長クラスのミドルマネジャーが、部下のメンバーとともに所属部署の目標を達成するために、利益の拡大という会社全体の目標を見すえながら、目の前の業務を場面に応じて柔軟に進めていく場合と同じような状況にある。そのため企業性の組織文化は同僚性の組織文化と非常に近い位置にあり、その特性を活かすには、大学構成員の意思決定や行動をどのように活性化するかが重要になる。

たとえば大学教員を例にすれば、大学の組織文化が企業性の色彩を強めたからといって、大学の管理運営への大学教員の参加は同僚性の組織文化が強かったときと比べて必ずしも減るわけではない。大学全体の最終的な意思決定や達成された成果の評価は理事や上級大学管理者によって行われるにしても、実際に現場で活躍する大学教員の意思決定の権限や実行の範囲が広がったり、強化されたりすることも十分考えられるのである。

どの大学もこれらの四つの組織文化をもっているけれども、その比重は大学の歴史と伝統や使命、リーダーシップのスタイル、学外の諸力の影響などの違いによって異なっている。同僚性の組織文化が支配的な大学のイメージを例示すれば、近代大学のモデルになった研究重視型大学であるドイツのベルリン大学、アメリカのハーバード大学やプリンストン大学などの大規模有名銘柄研究大学、教授会を中心とした大学の管理運営を行う日本の大学、とくに国立大学などがある。またどの大学も近代大学であることに変わりはないから、官僚性の要素を備えているが、具体的な大学のイメージとしては、たとえばアメリカでは私立大学よりも州政府の統制が強い州立大学で、日本では私立大学よりも国公立大学で顕著にみられる組織文化である。

三つ目の法人性の組織文化が支配的な大学のイメージを例示すれば、一九八八年教育改革法によって法人化されたイギリスの旧ポリテクニク大学とか、アメリカの公立短期大学（コミュニティ・カレッジ）など、大学の歴史が浅く、大学教員の権限が比較的弱い大学によくみられる組織文化である。さらに企業性の組織文化が支配的な大学のイメージを例示すれば、アメリカのフェニックス大学やデブライ大学などの営利大学や、日本のデジタルハリウッド大学やビジネス・ブレークスルー大学、サイバー大学などの株式会社立大学がある。

このマクネイの大学組織モデルを参考にすると、ベルリン大学を出発点とするドイツの研究重視型大学は一九世紀後半以降、日本を含めて世界的な規模で伝搬した。第二次世界大戦終結当時、近代大学の標準的なあり方を示していたのは、この大学のドイツ・モデルであり、同僚性の組織文化こそが大学組織の本質的な特徴であるとみなされていた。しかし世界の大学の組織文化は第二次世界大戦後、とりわけ「小さな政府」の大学政策が八〇年代以降各国で実施されるのにともない、全体として伝統的な同僚性・官僚性から法人性・企業性の色彩を強める方向へ大きく変化してきている。

日本における大学の管理運営改革もほぼ同様の方向を目指しているといってよいだろう。日本の大学における管理運営はこれまで、法的にも実際にも、大学教員によって構成される学部レベルの教授会を中心に行われてきた。とくに国立大学の学内の管理運営では、合意を基本にした自治的な同僚性の色彩が強い管理運営が尊重され、学長や学部長などの大学管理者の権限は限られていた。しかし二〇〇四年四月の国立大学法人化などを主要な直接の契機にして、日本の大学組織も同僚性・官僚性から法人性・企業性の色彩を強める方向へ大きく変わろうとしている。

その一〇年後に成立した学校教育法及び国立大学法人法の一部改正(二〇一四年)は、学長主導の大学の管理運営を確保するために、学校教育法の改正により副学長の職務や教授会の役割を明確化するとともに、国立大学法人法の改正により国立大学の学長選考の透明化や経営協議会への学外委員参画の拡充などをはかった法改正である。とくに教授会の役割は、①学長が教育研究に関する重要な事項について決定を行うにあたり意見を述べること、②学長および学部長等がつかさどる教育研究に関する事項について審議し、学長および学部長等の求めに応じて意見を述べることができることとされ、教授会に対する学長の権限を拡大して、大学における意思決定の主体は学長であることを強調している。

大学における管理運営に関連して、教職員研修が義務化したことにも注目する必要がある。大学設置基準等の一部を改正する省令（二〇一六年）は、大学がその教育研究活動等の適切かつ効果的な運営をはかるために、職員（事務職員だけでなく教員や学長等の大学執行部、技術職員なども含む）が大学の管理運営に必要な知識や技能を身につけ、能力や資質を向上させるための研修（スタッフ・ディベロップメント）の機会を設けることなどの義務化をはかった法改正である。この改正の施行日は各大学における研修の計画や体制整備などに要する期間を顧慮して、公布から一年後の二〇一七年四月一日に設定されたが、それ以外にも、職員研修（SD）と教員研修（FD）の位置づけや具体的な研修の内容の構想をはじめ、解決を要する課題は少なくない。なお日本の大学の管理運営では設置者別にみた大学の対応が重要なので、続いて設置者別に大学の管理運営改革の動向と課題を大まかに整理してみよう。

2　日本の大学の管理運営改革

(1) 国立大学法人化のゆくえ

「小さな政府」の大学政策の影響を最も強く受けたのは、いうまでもなく国立大学である。国立大学は法的に国立大学法人になったので、その組織文化は法人性の色彩を強める方向に大きく変わろうとしている。たとえばどの大学でも役員会、経営協議会、教育研究評議会、監事が設置され、学長や副学長などの上級大学管理者の権限が強化された。また各国立大学は六年間の中期目標・中期計画を策定し、自助努力による主体的で効率的な大学独自の大学経営をすることになった。

しかし法人化後一五年ほどの動きをみると、国立大学は依然として文部科学省の出先機関であることに変わりはないが、政府直轄の単なる「出張所」から「支店」に格上げされて、より重い経営責任を問われるようになった。各国立大学はたしかに独自の中期目標・中期計画を策定するけれども、最終的に文部科学大臣の承認をえる必要があり、国立大学法人評価委員会の評価も定期的に受けなければならない。それゆえ国立大学と学外の利害関係者としての文部科学省との関係は、あたかも私立大学の管理運営における大学と理事会との関係のようでもあり、文部科学省は従来の直接管理方式に代えて目標管理方式を採用するようになったが、全国のすべての国立大学を管理下に収める「影の理事会」の役割を放棄するつもりはまったくないようにみえる。

このように教育体制が中央集権的な日本では、国立大学間の多様性は（たとえ大学政策の実施により大学間の多様性を促進しようとしても）、今後もそれほど急速には進展しないと予想される。また日本の国立大学はアメリカやイギリスの大学のように企業性の組織文化を強めるよりも、全体として官僚性と法人性の要素を保持したまま当分の間存続し、その後次第に、企業性の組織文化を強める方向へ動いていくように思われる。

国立大学の法人化が国立大学にもたらした最も深刻な問題の一つは、大学経営の最大の基盤的財源である運営費交付金の一律削減が当初から継続していることである。科学研究費補助金の増額など各種の競争的資金の工夫により、運営費交付金の一律削減の影響はある程度緩和されているが、こうした政策が今後も長期にわたって続けば、国立大学の劣化は避けられない(大崎、二〇一四年、三九-四〇頁)。国立大学に対する運営費交付金は法人化後、毎年約一%ずつ減額を続け、一〇年間で約一〇%削減された。それだけでなく二〇一九年度の運営費交付金の算定には大きな変化があり、運営費交付金の総額は前年度と同額の一兆九七一億円だったが、そのうち全体の一〇%にあたる約一、〇〇〇億円が評価により競争的に再配分されるようになった。こうした成果配分を重視する方向は今後もいっそう強化されると予想され、その大学政策としての是非も含めて、運営費交付金のあり方を長期的な観点から抜本的に見直すことが強く要請される(林、二〇一九年、六七頁)。

運営費交付金の安定的措置と強化は国立大学にとって早急に解決すべき深刻な課題である。しかも日本の高等教育への公財政支出が少なく、OECD諸国のなかでも最低水準であることなどが、その背景にあることを考えれば、高等教育予算の拡充は国公私立大学に共通した課題でもあり、連携して正面からとりくむ必要がある。そのために高等教育の必要性に対する国民的合意の形成や国家予算の配分と運用の見直し、予算拡大の実現に向けた実効的な措置の構築などに積極的に向き合うのは、大学の教職員や国立大学協会をはじめとする大学連合組織の責任である。また各国立大学は財政状況と直面する諸問題を明らかにし、その改善に向けた具体的な提言活動を継続して主体的に行うことも求められる。そうしなければ国立大学が大学財政の主体的な裁量を拡大する余地はますます狭められてしまうにちがいない(田中・佐藤・田原、二〇一八年、四三三-四三六頁)。

それに加えて、国立大学の管理運営の仕組みについては、経営と教学を明確に区分し、法人としての機能や役割を強化することも重要な課題として指摘されている(天野、二〇〇八年、三三三-三三六頁)。国立大学では法人化の仕組みが実質的に確立していないこともあって、経営と教学の分離はきわめて不十分な状態にある。大学教員にとって大学の管理運営は本来の職務ではないにもかかわらず、多くの国立大学では実際には、大学経営について素人の大学教員が大学構成員の意向投票の結果を尊重する学長選考会議によって、法的には強大な権限をもつ理事長を兼ねた学長に選ばれ、任期付きで就任するのが一般的である。役員会のメンバーも学長の場合と同様に、素人の大学教員が任期付きで任命されることが多い。法人の中核である事務局の規模が縮小傾向にあること、大学職員の専門性や職務能力の向上をはかる職員研修（ＳＤ）が定着していないことなども大きな問題である。

なお国立大学法人の場合、それまで学長が理事長も兼ねる一法人一大学だったのが、二〇二〇年四月から国立大学法人法の改正をもりこんだ学校教育法の一部改正により、一法人複数大学制度が導入され、早速同年同月には、名古屋大学と岐阜大学が統合して、新たに国立大学法人東海国立大学機構が発足した。この機構の「スタートアップビジョン」によれば、東海国立大学機構は大学・産業界・地域の発展の好循環を創出する日本の新しい大学群モデルとして、国際的な競争力向上と地域創生への貢献を同時に達成することを目指しているという。こうした一つの国立大学法人を設立して、複数の大学を経営する方式を活用した国立大学の大学統合は他にも進行中であり、そのゆくえと首尾は大学関係者からかたずをのんで注視されている。

また国立大学法人制度は大学の自主的運営の基盤と政府の行政改革のツールという二面性をもつため実質的な運用が難しい制度だが、その制度運用を改善し、国立大学法人の真の設置者である国民の要求や要望に対応できるシステムを整備する必要がある。大﨑によれば、そうした制度運用の改善の視点は①国立大学の目標管理の改善と②新たな大学自治の構築の二つである（大﨑、二〇一一年、一六二-一六六頁）。一つ目の目標管理の改善では、中期目標・中期計画を策定する際に網羅的項目別の目標設定をいっそう重点化し、目標管理の対象を国の大学政策にとって本当に必要な事項に限定することが求められる。中期目標・中期計画の枠組みが大学の教育や研究、社会サービス（社会貢献）などの発展にとって障害とならないようにすることも重要である。

二つ目の新たな大学自治の構築で最も重要なのは、法人と大学との関係を明確にし、法人の基本戦略と大学や学部、研究科などの主体性を適切に調和させる大学の意思決定の仕組みを作り上げることである。国立大学法人法は法人の組織・運営を定めるだけで、大学の組織・運営自体は法人との関連でしか対象としていない。そのため各国立大学法人は学校教育法の枠内で、政府や社会に対して大学が主体的、能動的に対応できる基盤となる新たな大学の意思決定の仕組みを構築しなければならない。

⑵公立大学の動向と対応

国立大学が一斉に法人化され、新たな大学改革にとりくみはじめたことにともない、公立大学も法人化への対応をせまられるようになった。二〇一八年現在、公立大学は九二校、公立短期大学は一五校だが、そのうち八〇校の大学（公立大学全体の八七％）と九校の短期大学（公立短期大学全体の六〇％）は七五の公立大学法人によって設置されている。なお一法人は短期大学のみを設置しており、七法人は複数の大学と高等専門学校を設置している（公立大学協会、二〇一九年a、六頁：全国公立短期大学協会、二〇一九年、一〇〇頁）。

公立大学法人の管理運営は国立大学法人と比べると、①地方公共団体の判断にもとづく法人化であること、②法人の長（理事長）が学長になることを原則としつつも、理事長とは別に学長を任命できること、③経営および教学に関する審議機関の具体的な審議事項は定款により定める仕組みをもっていることなど、各地方の状況に応じて裁量をもたせた弾力的な制度になっている。

ところですでに述べたように、国立大学にとって学外の利害関係者である政府、とりわけ文部科学省との関係はきわめて重要だが、公立大学にとっては、それ以上に地方公共団体との適切な関係の構築が重要な課題になる。

というのも、たとえば法人化されれば、公立大学の組織文化における官僚性と法人性の比重は、一般的に国立大学よりも高くなるかもしれない。なぜなら公立大学には設置者が同じ大学の数が少なく、大学の所在地域も府県内や市内などに限られて広くないため、大学の管理運営に対する設置自治体の権限は国立大学よりも強化されやすいからだ。また公立大学は地域の税金で設置運営されているため、少子高齢化や国・地方公共団体の財政難を背景に、同一設置者内の大学の統合や学部学科などの改組再編の促進、教育研究の高度化と経営の合理化や効率化への圧力などがより急速に進むと考えられる。

運営費交付金の安定的措置と強化は国立大学と同様、公立大学にとっても重要な課題である。公立大学の財政は設置自治体からの運営費交付金や学生納付金、外部資金などによって構成されるが、運営費交付金は減少傾向にある。たとえば公立大学法人の中期計画について、運営費交付金の考え方と予算(収入)に占める運営費交付金比率に着目して分析した結果によれば、ほとんどの公立大学法人の運営費交付金比率は法人化後に段階的に引き下げられている。公立大学は運営費交付金の改善を目指して、多種多様な公立大学間の連携協力をはかるとともに、設置自治体をはじめ地方交付税を扱う総務省、それから文部科学省などとねばり強く交渉していく必要がある(清原、二〇一六年、七頁;渡部、二〇一五年、一六四-一六五頁などを参照)。

法人化後の公立大学の管理運営については、実際の制度の運用経験をふまえて、①法人化の背景として公立大学をとりまく市場的な競争環境を想定するのはもともと無理があること、②民間出身の理事長に期待された優れた企業的経営も、大学の教育研究活動のかじ取りにはそのままでは使えないこと、③制度的には公立大学法人への権限委譲が謳われているが、実際には設置自治体による統制が強いため、大学評価制度の行政費用や遵守費用のコスト増などといった法人化の負の側面がみられることなどが、公立大学協会の報告書でもガバナンスの反省として指摘されている（公立大学は実際にはひとまとめにできないほど多種多様だが、設置者である地方公共団体や大学教職員をはじめ、さまざまな大学関係者が公立大学の管理運営について実情に即して正確に理解できる枠組みを共有し、議論を深めていくことが求められる。さらにそれをふまえて、それぞれの公立大学は法人化という手段を最大限に活用し、教育研究の質の向上を目指す大学改革を自らの手によって実質的に進めるために、手持ちの資源や条件をふまえ大学の自律性をベースにした法人経営をどのように構築して実施すればよいのかを鋭く問われている。とくに「小さな政府」の色彩を強める設置自治体の公立大学政策が不明確な場合には、なおさら公立大学の側から積極的に政策を提示する必要があるだろう（たとえば奥野、二〇一六年、一一、一三-一四頁；柴田、二〇一八年、三四-三五頁；公立大学協会、二〇一九年b、「はじめに」などを参照）。

⑶問われる私立大学の管理運営

私立大学は私立学校法により学校法人が設置する学校で、所轄庁は文部科学省である。学校法人には理事会、評議員会、監事が置かれる。また大学には重要な事項を審議するために教授会が置かれているので、私立大学の組織文化は法的にはすでに法人性の特徴を備えている。ところが一九九〇年代初頭に「冬の時代」を迎えるまで、日本の大学には定員を超える多数の大学入学志願者が殺到し、大学経営が比較的安定していたため、ほとんどの大学では大学の管理運営改革はあまり真剣にとりあげられてこなかった。

私立大学の今後の課題は、学校法人の公共性を高めるとともに、主体的で効果的な大学経営を行うために、この法人性の特徴を実質的に備えた管理運営組織を整備し、各大学の理念や方針にふさわしい独自の大学の組織文化を構築することである。とくに重要なのは、法人性の組織文化と今後その比重が高まると予想される企業性の組織文化とのバランスをどのようにすればよいのかという問題である。というのもますます多くの私立大学では今後、入学者数が入学定員を下まわると予測されており、健全な大学経営がこれまで以上に強く要請されているからだ。

私立学校法改正(二〇〇四年)を契機に、私立大学は理事会や評議員会、監事を整備し、それらの権限や役割を明確にすることによって、学校法人の基本的な管理運営組織を改善したり、学校法人・理事会と教授会との関係をはじめ、大学の管理運営における学長の位置づけや大学職員の役割など、新しい学内外の環境変化に対応した管理運営の改革を進めたりすることを求められるようになった。

この私立大学の管理運営のあり方を最初に本格的にとりあげたのは、二〇一二年に経済同友会が発表した「私立大学におけるガバナンス改革」だった。その改革提言のなかでとくに注目されるのは、私立大学の管理運営では、①理事会は実質的な学長任命権を取り戻したうえで、学長の権限を強化し、学長を通して間接的に影響力を行使するという形が望ましいこと、②学長や学部長の権限を強化すること、③教授会の機能や役割を明確化するとともに、従来よりも弱体化することの三つである。これらの提言の根底には、大学の管理運営を企業の管理運営と同一視する考え方があり、学長をトップとした指揮命令系統が権限規定などによって明確になる大学の管理運営の構築が求められていた。そしてこうした考え方はすでに紹介した教授会の機能制限を法制化した学校教育法及び国立大学法人法の一部改正(二〇一四年)にも反映された(大﨑、二〇一八年、九-一一頁)。

学校法人と教学機関である大学を一つのシステムとしてとらえ、その管理運営を全体として整備することも、私立大学の管理運営改革にとってきわめて重要な課題である。日本の私立大学の管理運営ではこれまで、理事会が大学経営を担当し、学長以下の大学管理者や大学教員が教学を担当するという、経営と教学とを相互に独立した事項としてとらえる見方があった。ところが近年のように「大学経営」の時代になると、理事会の業務に教育や研究、社会サービスなどに直結した教学問題も含めて、戦略的な大学経営を立案、実施すべきだという考え方が強まってきている。しかし重要なのは、教学問題の管理運営では教学側、とくにそれらの活動を直接担当する大学教員の考え方を尊重して、周到に対処する必要があることである。理事会と教学側の双方向的な連携協力関係がなければ、つまりトップダウンだけでも大学は動かないし、ボトムアップだけでは大局からの的確な判断は難しいので、大学の管理運営はうまくいかないからだ。

私立大学の管理運営に関連した制度改革として、二〇一九年の私立学校法一部改正により、認証評価結果をふまえた中期計画の作成が私立大学法人、つまり私立大学や私立短期大学を運営する文部科学大臣所轄の学校法人に義務づけられ、評議員会の機能の充実も求められることになったことにも注目しておこう。その背景には、学校法人制度の根幹である理事会や評議員会、監事がその役割を十分に果たしていないという現状認識がある。私立学校法一部改正の基になった学校法人制度改善検討小委員会の報告書「学校法人制度の改善方策について」(二〇一九年)の提言によれば、今後の制度見直しの方向性として、中長期計画の策定の推進、「私立大学版ガバナンス・コード」の策定の推進、役員の責任の明確化、理事・理事会や評議員会、監事の機能の実質化などが想定されている。

こうした私立大学の管理運営の改善と強化を求める近年の大学政策は、一方で学校法人と大学の自主性や自律性が最大限に尊重されるのが原則であることを謳いながら、他方でその改善と強化を国の政策として進めるという色彩を大幅に強めている。しかし大学改革を促進するために大学の管理運営を改革する主体はあくまでも私立大学の側にあり、各大学はその理念や方針にふさわしい独自の大学の組織文化を構築することが求められる。またたとえば日本私立大学協会や日本私立大学連盟などが「私立大学版ガバナンス・コード」を試みに提示しているように（もっともこの試み自体が私立大学にとって意義のあることなのかどうかは、別の問題として検討する必要があるけれども）、大学連合組織がその役割を強化して実質的に多種多様な私立大学の改善を側面から支援することも強く望まれる（高祖、二〇一八年、二六-二七頁；高祖、二〇一九年、六二-六三、六五頁）。

ところで学生納付金収入が収入の大半を占める日本の私立大学の経営にとって、学生確保は最も重要な課題の一つである。そのため各大学の入学定員充足率は大学経営の改善度を示す指標として使われることが多い。この大学の入学定員充足率は一般的に、大学の規模が大きいほど、また選抜性（偏差値）が高いほど高くなる。しかし東京大学大学経営・政策研究センターが二〇一〇年に実施した「大学事務組織の現状と将来―全国大学事務職員調査」のうち、私立大学分を対象にした分析によれば、これらの二つの条件を統制しても、大学の管理運営や組織風土、人事制度は大学の経営状態に影響を及ぼしているという（両角・小方、二〇一一年、一六九-一七二頁）。

より具体的にいえば、私立大学の管理運営では、理事会や教授会などのパワーバランスが適切な場合、つまり①大学の理事長が創設者あるいはその親族（オーナー理事長）ではなく、②理事のなかに大学職員出身の理事（職員理事）がおり、③教授会自治が強い場合に、入学定員充足率でみた大学の経営は改善される傾向がある。ただしこれは、たとえばオーナー理事長の存在そのものが問題だというわけではなく、学内のさまざまな立場の人が意見を反映させることができ、チェック機能が働くような、開放的な大学の管理運営がみられる大学は経営状態がよいということである。

また大学の組織風土については、①業務がしやすい環境で、②大学教職員の間に信頼関係があり、③大学の経営方針が共有されている場合に、入学定員充足率は高くなる。さらに適切な人事が実施されているか否かは、大学の経営状態の維持や改善には直接関係していないが、仕事のやりがいや継続性といった大学職員のモチベーション(やる気)の向上には一定の効果があることが明らかにされた。

私立大学における大学の管理運営(ガバナンス)の大学経営に対する影響を分析した研究として、山崎らが二〇一二～一三年に実施した「大学経営効率化に関するアンケート調査」のうち、一二六校の私立大学を対象にした分析にも注目してみよう(山崎・宮嶋・伊多波、二〇一八年、ⅳ‐ⅴ、一七一‐一七三、一七八頁)。分析の結果が示しているのは、理事会と大学執行部が大学の理念や教育目標、中長期的な計画を共有し、経営と教学の方向性が整合していることが、大学の経営力、つまり大学の目的や目標に向けて政策や事業などを進めていくのに重要であることである。

学長がリーダーシップを発揮できる仕組みや組織風土があることも、①学習支援や就職支援、経済的支援などの学生支援、②自己点検・評価や第三者評価による改善とか教員研修(ＦＤ)や職員研修(ＳＤ)の実施などといった大学の内発的な改善活動、③危機管理や情報管理、業務管理といった教育研究以外の管理運営の効果を高める要因になっているという。さらに学長がリーダーシップを発揮できる仕組みや組織風土があることは、私立大学の大学組織を総合的に評価する指標であり、各大学の大学経営の有効性を測る指標として設定した収容定員充足率にも有意に影響している。なお補足的に実施された九校の私立大学の経営層(理事、事務局長、事務局次長)に対するインタビュー調査によれば、学長のリーダーシップを発揮する仕組みには、学長裁量の予算の設置、学長を中心とした政策策定・執行の組織や会議・委員会の設置などがある。

こうした法人と教学機関、とくに学部教授会との連携協調をはかる組織の整備は、実際には私立大学だけでなく、どの大学にとっても緊急に解決すべき重要な課題である。たとえば両角は近年の私立大学の管理運営改革の動向をたどって、大学改革を推進するために必要なことを、①大学教員の責任ある経営参加や当事者意識の向上をはかる仕組みを考える、②理事長や学長をはじめ大学経営陣に対する大学の管理運営に関する研修を充実する、③大学に関する情報公開や社会への発信をいっそう進めるの三つにまとめているが、これらは設置者に関係なくどの大学にもあてはまることである(両角、二〇一九年a、一八-一九頁;両角、二〇二〇年、二三八-二四一頁)。

さらに理事会と教学側との間に信頼関係と相互信頼にもとづく協調関係を確立するためには、法令遵守(コンプライアンス)と正当な手続き(デュー・プロセス)の二つを実質的に定着させて、大学における意思決定過程を透明化する必要がある。それから理事長や学長といった大学経営陣は、その職務にふさわしい能力を備えているだけでなく、大学のどの構成員の声にも耳を傾け、耳障りなことでも聞くことのできる広い心をもち、誰に対しても公平に対応することを、これまで以上に求められているように思われる。

3　管理運営の改革課題

(1)大学の管理運営に不可欠な同僚性の組織文化

それでは日本の大学における管理運営の改革課題は何か。そのポイントを三つにまとめてあらためて整理してみよう。三つのポイントとは、①どの大学も自分の大学にふさわしい同僚性の要素を確保した大学の管理運営の仕組みとプロセスを構築すること、②そのために日本の大学にとって適切な日本版の実践的な管理運営組織を整備すること、さらに③そうした大学の管理運営組織を運用する優れた大学アドミニストレータを組織的に育成することである。

　第一に、世界の大学の組織文化は全体として、同僚性・官僚性から法人性・企業性の色彩を強める方向へ大きく変化してきている。しかし同僚性の組織文化、つまり学外の諸力に対する大学の制度的自律性と大学の自治を重視し、個人や学科の意思決定を尊重する同僚性の組織文化は、大学の革新や発展にとって不可欠の要素である。大学や大学人の自主性や主体性を奪ったり抑制したりする大学政策や大学の管理運営では学問的生産性は活性化しないので、その見直しが強く求められているのである(有本、二〇二〇年、三〇〇-三〇一頁)。

　というのも、大学がその固有の役割である知識の発見・統合・応用・教育を十分に果たすには、社会における大学の制度的自律性がある程度確保される必要があるからだ。知識の発見と統合では、専門分野の研究者や学生が学外や学内の圧力や制限を受けずに自由に活動できなければ、専門分野の発展に役立つ優れた成果を生み出すことはできない。

　知識の応用も大学経営陣の判断や方針とか、政府や企業などの限られた学外の利害関係者の要求に従うだけでは、かたよったものになる恐れがある。知識の教育も学生が将来活躍するのに役立つ知識を中心に行われる必要があるから、その内容をどのようにするのかは、その知識が現在必要なのかどうかだけでなく、専門分野と社会のあり方に関する長期的な展望にもとづいて決められるべきである。しかも大学教育では初等中等教育と比べて、より不安定な知識、つまり知識の発見や統合の展開に応じて否定されたり覆されたりする契機を含んだ知識を扱うところに教育的な価値がある。そしてそれだからこそ、授業における大学教員の教育の自由や学生の学ぶ自由が求められると考えられる。

　また大学は基本的に専門分野に自律性をもたせる分権的な組織編成によって成り立っているが、大学における革新は多くの場合、学科や学部、研究所、センターなどの下位組織で生まれる革新であり、それが積み重なって大学全体が変わってきた。さらに研究についてみると、たとえば独創的な研究というのは、その生まれた時点では常に少数派であり、実際には一人で発見したり証明したりするからこそ、独創的な研究として評価される。先端的な研究にとりくんでいる研究者は所属する大学や国内の同業者ではなくて、世界の少数の人びとと競争している場合も少なくない。しかも独創的な研究が専門分野の学会で認められるためには、しかるべき研究者の少なくとも一人が認めればよい。その時点の主流派の研究上のマニュアル、つまりパラダイムとは違うことを発見して、はじめて画期的な研究といわれるし、それは多くの場合、個人やきわめて少数の人びとの研究成果なのである。

このように同僚性の組織文化は、大学の革新や発展にとって不可欠な要素である。もちろん大学の組織文化に占める同僚性の比重や内容は大学によって異なるが、どの大学にとっても、自分の大学にふさわしい同僚性の要素を確保した大学の管理運営の仕組みとプロセスを構築することが求められている。

ところで大学をとりまく学外の環境が厳しくなり、大学の組織文化に法人性や企業性の要素が浸透すると、同僚性の居場所はますます狭くなることが予想される。日本の大学における管理運営改革では、この同僚性の組織文化をどのように確保すればよいのか。日本の大学が今後解決すべき課題や方策を探るために、近年のアメリカの大学における管理運営改革の動向をたどってみよう。

(2)増加した大学の管理運営における大学教員の権限：アメリカの事例

アメリカの大学における管理運営は基本的に、理事会の理事や大学管理者と大学教員を中心に学内の管理運営組織を通じて行われている。歴史的にみると(やや込み入った説明になるが)、アメリカの大学では、理事と学長や副学長などの上級大学管理者の権限が法的にも実際にもきわめて強く、そのリーダーシップにより学外の諸力に対して大学の制度的な自律性を確保してきた。大学教員はそのなかで学科（デパートメント）を学内の自律的な存在として確立することにより、大学の管理運営に対する権限や影響力を強めてきた。とくに第二次世界大戦後、高等教育が大衆化した時期には、大学で扱う知識の担い手である大学教員の実質的な権限も強化されて、大学の管理運営の分権化が進んだ（江原、一九九四年a、一八四-二四九頁；ACE, 2007, pp.11-13, pp.27-32; 江原、二〇一〇年、二一六-二二二頁などを参照）。

その結果、アメリカの大学における管理運営のあり方は大学によって違うけれども、一般的には分離管理型の管理運営、つまり大学教員と大学管理者の権限を問題領域によって分離し、大学教員は教育や研究などの教学に関する事項、大学管理者は予算の決定や大学管理者の選任などの全学的な事項について意思決定の権限をもつ管理運営の仕組みが、アメリカの大学で広く受け入れられるようになった。というのもそれは、一方で大学管理者がそれまで行使してきた権限を認めながら、教学関係の事項については大学教員の比較的独立した権限を確保できるので、当時のキャンパスの実情を反映した大学教員の参加形態だったからである。

しかし教学関係とその他の問題領域を実施の際に明確に区分できないこと、権限を問題領域によって分離して管理することが全学レベルの合意形成を阻害するように作用しやすいことなど、この方式の問題点が明らかになり、六〇年代後半から権限共有型の管理運営が新しい参加形態として注目を浴びるようになった。

アメリカの多くの大学には通常、学内の全学的な管理運営組織として評議会や協議会、全学教員委員会などが設けられている。その主要メンバーは専任の大学教員と大学管理者によって構成される。教養カレッジのような小規模大学ではすべての大学教員が参加することが多いけれども、大規模大学ではしばしば学科やカレッジを代表する委員が選任される。また職権上の資格で出席する大学管理者は学長や副学長、学部長の他に、経理部長や学籍担当などの管理職員である（Cardozier, 1987, p.116）。その他に場合によっては学生や大学職員、非専任の大学教員などの代表も重要な大学の構成員として参加するが、彼らはどちらかといえば脇役の地位にある。アメリカの大学教員は六〇年代後半以降、こうした全学的な管理運営組織の権限を強化して、所属する大学の全学的な方針や政策の意思決定に対する影響力を強めようとした。その動向や変化の方向を分析するために、フロイドは大学教員の全学レベルの組織的な意思決定への参加形態を、分離管理型（セパレート・ジュリスディクション）、権限共有型（シェアード・オーソリティー）、共同参加型（ジョイント・パーティシペーション）の三つに区分している（Floyd, 1985, pp.11-17; 江原、一九九四年a、二〇〇-二〇二頁）。

分離管理型は大学教員と大学管理者の権限を問題領域によって分離し、大学教員は教学関係、大学管理者はその他の問題領域について権限をもつ参加形態であり、第二次世界大戦以降六〇年代前半まで、理念的にも実際にもアメリカの大学で広く受け入れられていた。それに対して、権限共有型は問題領域によって実質的な責任の所在は異なるにしても、ほとんどの領域で大学教員と大学管理者が権限を共有する参加形態であり、共同参加型はこの権限共有型の修正版ともいえるもので、大学教員と大学管理者を中心にその他の大学構成員も加えた評議会の運営方式として、八〇年代以降、その導入がはかられるようになった参加形態である。

六〇年代後半から七〇年代前半にかけて、分離管理型から権限共有型への転換を促す数多くの文書や報告書が公表された。そのうちアメリカ大学教授協会（AAUP）が一九六六年に、アメリカ教育協議会（ACE）、大学理事者協会（AGB）と共同で公表した「大学の管理運営に関する声明」は、大学の管理運営における大学教員の役割として、権限共有型の管理運営が望ましいことを高らかに提言した歴史的な文書である。

この共同声明のポイントは、大学の管理運営に対する大学教員の権限や影響力をさらに強化することを目指していたことである。つまり一方で理事や学長とか副学長といった上級大学管理者の最終的な意思決定の権限を受け入れるが、大学教員が大学教員自身の身分や教育プログラム、研究といった教学関係の事項について主要な責任をもっていることを正式に認めただけでなく、大学全体の目標設定や計画、予算、大学管理者の選任といった全学的な方針や政策の意思決定にも、大学教員が理事や大学管理者と共同して参加することの重要性を表明したのである。

こうした議論でよく使われる共同統治（シェアード・ガバナンス）という言葉に含まれる具体的な内容や当事者の範囲は論者や立場によって多様である（たとえば江原、二〇一〇年、二二〇頁、二八四頁の注4；福留、二〇一三年、五四-五五頁；ボック、二〇一五年、六三、七四頁；AGB, 2017, p.3; 両角、二〇一八年a、四九二頁；中島、二〇一九年、八九-九〇、一六五-一六六頁などを参照）。そのうちここでは、次のような大学理事者協会（AGB）の最新の定義をあえて紹介しておこう。というのも、大学理事者協会は大学の理事会の理事、つまりアメリカの大学における大学の管理運営で歴史的にも実際にも最も大きな権限があり、上級大学管理者や大学教員、さらにその他の大学構成員の管理運営への参入に警戒心がある理事の利害関係を代表する大学連合組織だからである。

共同統治とは、さまざまな大学構成員（伝統的には理事会の理事や上級大学管理者、大学教員、それから場合によっては大学職員や学生などを含む）が大学の政策や手順に関連した意思決定を行っていく過程を意味する言葉である。共同統治がうまくいけば、大学におけるリーダーシップや意思決定の質は向上し、大学のビジョンや戦略的目標を達成する能力は強化され、共同統治の参加者全員による最善の考えが大学の直面する課題に対して効果的な影響を及ぼす可能性が高まるという（AGB,2017, p.3）。

大学の管理運営の分権化に対して保守的な立場に立つ大学理事者協会も、共同統治はアメリカの大学が維持し強化すべき本質的な構成要素だと認識しており、上級大学管理者や大学教員との共同統治をいっそう進めることを支持している。ただしアメリカにはほぼ四千校を数える多様な大学があるから、各大学の共同統治の実践は多様であり、唯一の成功モデルがあるわけでもない。また共同統治の主な当事者は理事、学長、大学教員の三つのグループであることを想定している(AGB, 2017, p.11)。なおシェアという動詞の日本語訳としては「分担する」よりも「共有する」の方がこの場合適切である。それから共同統治の議論は主に非営利大学を対象としており、営利大学を含めないことが多い(たとえばボック、二〇一五年、七五頁の注(ii)を参照)。

このように共同統治はアメリカの高等教育を理解するのに重要な言葉だが、そのアメリカでも七〇年代後半以降、大学をとりまく学外の環境が厳しくなると、大学の組織文化は全体として、法人性・企業性の色彩をいっそう強める方向へ移行し、大学経営を効率的で効果的なものにするために、大学の管理運営は大学管理者主導で再び中央集権化し、理事や大学管理者の権限強化がはかられるようになった。たとえばすでに紹介した大学理事者協会は一九九六年に、一方で共同統治をアメリカの大学制度の長所として支持しながら、学長がより効果的で強力なリーダーシップをもつ必要があることを提言した報告書を公表した。大学管理者と大学教員を中心とした共同統治も当初に予想したほど普及しなかった。また多くの大学では、大学管理者主導で、企業の管理運営をモデルにした戦略的計画や競争的な経営、強力な大学管理者のリーダーシップなどが導入されるようになった。

したがってアメリカの大学の管理運営改革では、共同統治をいっそう進めて、大学教員が大学の大部分の問題領域で理事や大学管理者と完全に共同して全学的な意思決定を行う方向を目指すよりも、大学教員と理事や大学管理者の権限を問題領域によって分離する、従来の分離管理型の管理運営を改革して、両者の権限の適切なバランスをはかる方向を目指しているといってよい。

(3)浸透した共同統治の考え方と仕組み

こうしたアメリカの大学における管理運営改革の動向の一端を、コーネル大学高等教育研究センターが二〇〇一年に実施した全米規模の「二〇〇一年大学管理運営調査」の結果によって確かめてみよう(Kaplan, 2004, pp.199-204; 江原、二〇一〇年、二二二-二二五頁;ボック、二〇一五年、八〇-八二頁などを参照)。

この調査では、全学的な大学の管理運営への大学教員の参加状況を五つの選択肢、つまり①決定(ディターミネーション)、②共同(ジョイント・アクション)、③諮問(コンサルテーション)、④討議(ディスカッション)、⑤なしに区分して尋ねている。そのうち最初の二つ、つまり①大学教員による最終的な意思決定と②理事や大学管理者と大学教員との共同による意思決定の二つは、大学教員が共同統治、つまり理事や大学管理者と権限共有型の管理運営をしていることをあらわしており、大学の管理運営における大学教員の役割が非常に大きいことを示している。したがってこれらの二つの回答を合計した比率をみることによって、大学教員の目からみた全米の四年制大学の管理運営における共同統治の実施状況を確かめることができる(Kaplan, 2004, p.182, pp.293-294 の note 10; 江原、二〇一〇年、二二四頁の表7-2、二八四-二八五頁の注5)。

この比率に注目すると、二一世紀初頭の二〇〇一年の時点で、大学教員の権限は教育課程(カリキュラム)の内容の決定(九〇%)や学位取得要件の設定(八八%)、授与する学位の種類(七四%)といった教育や研究などの教学に関する事項に集中していた。また大学教員自身に関する事項、つまり専任教員の採用(七三%)や終身在職権の決定(六八%)といった大学教員の地位とか、評議会や全学委員会等の委員の選任(七九%)や大学の管理運営における大学教員の権限の決定（六二％）といった大学教員の組織編成に関する事項でも大学教員の権限は大きい。その反対に、大学教員の権限が小さいのは、大学の建物や施設設備の建設計画（八％）とか、短期予算計画（一六％）や大学教員の個別給与の決定（一八％）などといった全学的な財政関係の事項である。大学管理者の選任に関する権限では学科長（五三％）と学部長（三〇％）との間に違いがみられる。なおこうした傾向には大学のタイプによってそれほど大きな違いはない。

ところで一九七〇年以降の三〇年間の変化で最も重要で注目する必要があるのは、大学の管理運営に関するほとんどすべての問題領域の意思決定で大学教員の権限が増加して、共同統治の考え方や仕組みが（問題領域によって濃淡はあるが）浸透したことである。とくに増加したのは専任教員の採用（三一％→七三％）や終身在職権の決定（三五％→六八％）をはじめ、学科所属の教授陣の相対的規模、学部長や学科長の選任、大学教員の組織編成に関する事項である。もっとも全学的な財政計画と財政政策における大学教員の権限も七〇年代以降増加したが、五％前後から一八％前後に増加した程度なので、この領域における大学教員の権限の増加はごくわずかにすぎない。

ところが教学関係の領域、つまり教育課程の内容の決定（八三％→九〇％）や学位取得要件の設定（八三％→八八％）、授与する学位の種類（七二％→七四％）といった、従来の伝統的な分離管理型の管理運営でも大学教員の意思決定の権限が非常に大きかった問題領域では、この三〇年間にとくに変化は起きなかった。それから大学教員は大学管理者の権限が圧倒的に大きかった問題領域である大学の建物や施設設備の建設計画の意思決定（七％→八％）には、三〇年前と同様ほとんど関与していないから、分離管理型の管理運営の基本的な仕組みは変わっていないといってよいだろう。

⑷共同統治の二つの事例：カリフォルニア大学とスタンフォード大学

このような共同統治の内実を探るために、二つの代表的な大規模有名銘柄研究大学に注目してみよう。一つは公立のカリフォルニア大学(UC)、もう一つは私立のスタンフォード大学であり、どちらもアメリカの大学のなかでは学術水準が高く、大学単位で構成される大学教員組織である評議会の実質的権限が大きな大学として位置づけられる。なおこれも大規模有名銘柄研究大学の事例だが、ボックも自分自身が学長として経験したハーバード大学での学部教育改革に関する二つの出来事を詳細に紹介している(ボック、二〇一五年、七五-八〇頁)。またコロラド大学ボルダー校の事例研究は、教員評議会を通じた大学教員の全学的な大学の管理運営への参画(共同統治)をはじめ、アメリカの大学管理職の実際を具体的に描いて、大学の管理運営改革の方向を探っている(吉永、二〇二〇年、四七-五〇、五四-五五頁)。

カリフォルニア大学の共同統治の伝統は、最終的な大学政策の決定権限は大学の理事会が保有するが、教授陣が大学の運営や経営に関する責任を共有するという考え方である。この共同統治の特徴は二つある。一つは評議会が全学的な組織だということである。評議会を通した議論は全学レベルで一つの方向性を導くことになるため、部局ごとの利害が存在する場合でも、各レベルの議論を通して最終的な調整や妥協がはかられ、全学レベルの合意形成がはかられていることになる。

もう一つは共同統治における意思決定はあくまでも学長や副学長などの上級大学管理者と「共同」で行われるのであって、大学教員の見解が最終的な決定を導くわけでないことである。つまり教学に関する評議会の決定は大学全体にとって重い意味をもつけれども、予算や戦略的計画策定などの教学以外の事項については、評議会の意見表明はあくまでも学長を中心とした大学執行部に対する助言や勧告なのである。なお共同統治の欠点として、最終決定に至るまでに膨大な時間と労力を要し、機動的な意思決定には不向きであることが常に指摘されているという。また同じ共同統治という言葉を使いながら、その実質的な中身は同じ研究重視型大学の間でも、それから違うタイプの大学の間でも大きく異なることにも留意する必要がある(福留、二〇一三年、五四、六〇-六一頁)。

二つ目のスタンフォード大学についてみると、約一、五〇〇人の大学教員で構成される教授陣は五五人の代表からなる全学教員評議会(アカデミック・カウンシル)によって代表され、この評議会には七つの委員会(大学院教育、学部教育、研究、入学、学費援助等)が設置されている。

スタンフォード大学の管理運営における教授陣の地位は過去においては弱かった。しかし今日では教授陣の発言権は大きく、大学の方向策定に大きくかかわっているので、学長は教授陣の支持なくして大きな改革を実行することはできない。教授陣と衝突が続けば学長はリーダーシップを発揮できないからである。そのため学長をはじめ大学経営陣は、まずニーズ評価委員会を設置して、学部や学科の意見やアイデアをボトムアップで吸い上げ、大学全体のビジョンとプランを作り、それを学部・学科へと下ろすという、ボトムアップとトップダウンの両方の流れによって、学内のコンセンサスと幅広い支持を獲得し、その上で強いリーダーシップによる大学改革を実行するという(ホーン川嶋、二〇一二年、二〇-二三頁)。

(5)権限共有型の管理運営の今日的意義と効用

今日のアメリカの大学の管理運営では、理事や大学管理者によって全学的な方針や政策が基本的に決められ、大学教員をはじめ他の大学構成員はこれまで以上にその実現に寄与することを要求されるようになった。しかし他方で、全学的な方針や政策を実現するための具体的な意思決定や実行は実際に現場で活躍する大学教員や教授陣によって行われるため、彼らの意思決定の権限や実行の範囲は広がったり強化されたりしたのである。

また大学の管理運営では、意思決定の内容が合理的で適切であるだけでなく、それらの意思決定が正当な手続きで行われたものとして大学構成員に受け入れられると、円滑に実施されやすいところがある。その点では、共同統治は同僚性の色彩が強く、理事や大学管理者と大学教員が共同して協議し、両者による正式の合意にもとづいて大学の全学的な意思決定を行う仕組みなので、その意思決定のプロセスは正当なものだとみなされ、両者の利害関係や期待も一致しやすい。そのため多くの大学では、理事や大学管理者の権限強化をはかるとともに、大学教員との協調や信頼関係を想定した共同統治の考え方や仕組みがいっそう導入されるようになったと考えられる(Birnbaum, 2004, pp.12-15)。

このようにアメリカの大学が厳しい学外環境や財政状況に対処するために、従来の分離管理型の管理運営を改革して、より合理的で効果的な仕組みとプロセスを構想するだけでなく、大学の中核的な価値を軽率で性急な行為によって損なわないために、同僚性の色彩が強い共同統治の考え方や仕組みを巧みに活用してきたのは、理事や大学管理者と大学教員の権限の適切なバランスをはかる方策として、きわめて実質的で意義のある試みであったといってよいだろう。共同統治については賛否両論があり、具体的な実施状況も実際には多様だが、大学をとりまく状況に応じて、その意義や効用をあらためて検討したり吟味したりすることが、大学の管理運営に携わる者にとって重要なのである(Crellin, 2010, pp.73-74, p.80)。

別のいい方をすれば、大学の管理運営の二つの方式、つまり欧州の中世大学以来の長い伝統をもち、同僚性の色彩が強い大学教員による大学の管理運営と、理事や大学管理者主導による近代的な大学の管理運営とのあいまいな組み合わせは、アメリカの大学にとって必要不可欠な伝統と革新のバランスをもたらす精妙な装置でもあったといってよいだろう。

アメリカは「小さな政府」の大学政策の影響が顕著にみられ、大学の組織文化に占める法人性や企業性の比重が非常に高い国の一つである。しかしそのアメリカの大学でも、中央集権的な大学の管理運営を円滑に行うために、大学構成員、とくに大学の教育研究活動に直接従事する大学教員の意思決定の権限や実行の範囲を広げてきた。そうした動向は日本の大学における管理運営改革を構想する際にも、非常に重要な視点を提供しているように思われる。

4　実践的な管理運営組織の整備

⑴日本の大学にふさわしい実践的な管理運営組織の整備

日本の大学における管理運営改革の二つ目のポイントは、日本の大学にとって適切な日本型の実践的な管理運営組織を整備することである。

日本の大学における学内の管理運営はこれまで、大学教員によって構成される学部レベルの教授会を中心に行われてきた。とくに国立大学の管理運営では、合意を基本にした自治的な同僚性の管理運営が尊重され、学長や学部長などの大学管理者の権限は限られていた。そのため一九八〇年代以降の行政主導の大学政策では、大学をとりまく環境の急激な変化に対応して効果的な大学経営を行うために、各大学が学内の管理運営組織を改革し、学長のリーダーシップのもとに、全学的な大学の管理運営を実施できる仕組みとプロセスを整備することが要請されるようになった。大学教員の考え方や意思決定を過度に重視し自治的な同僚性の色彩がきわめて強い大学の管理運営を、大学の経営責任がある理事会の理事や学長とか副学長などの上級大学管理者の権限が強い大学の管理運営へ改革することが目指されてきたのである。

こうした理事や上級大学管理者の権限が強く、法人性や企業性の組織文化が支配的な大学の管理運営の仕組みとプロセスは、今後も一般論として、日本の大学における学内の管理運営にいっそう深く浸透して定着することが望まれる。しかしそれと同時に、アメリカの大学における共同統治の動向をみても分かるように、個人や学科の意思決定を尊重する同僚性の組織文化は、大学の革新や発展にとって不可欠な要素であり、それをどのように確保すればよいのか、日本の大学にふさわしい管理運営組織の整備が求められている。

ところで大学の管理運営改革の論議では、大学は民間企業の管理運営組織を参考にした改革を実施する必要があることがよく主張される。しかし企業組織の改革で評判になった革新的な組織形態を導入したからといって、その大学の管理運営が効率化するわけではない。またどの国の大学改革をみても、唯一で最適な大学の管理運営のあり方が確立しているわけではないから、各大学はその歴史や制約条件をふまえて独自のあり方を工夫し、状況の変化に応じて漸次的に合理的で効果的な管理運営組織の仕組みやプロセスを構築していくことになる。それゆえ誰もが納得する日本の大学にふさわしい管理運営組織のモデルを提示することは、もとよりできない相談だけれども、いくつか考慮すべき条件について整理してみよう。

(2) 日本的経営と大学の管理運営

第一に、実践的な管理運営組織の整備に対する基本的な考え方についてみると、日本の大学は同じ日本の近代組織の一つとして、日本社会にそれなりに定着して機能してきた企業組織の日本的経営の特徴を考慮し、それをベースにした日本型の実践的な大学管理運営組織の整備を目指すべきだろう。

日本的経営とは、日本企業に特徴的な考え方や経営慣行を総称する言葉である。日本的経営の特徴としてよく指摘されるのは、終身雇用制、年功賃金制、企業別労働組合の他、集団的意思決定、稟議（りんぎ）制、新規学卒一括採用などである。一九九〇年代に日本経済のバブルが破裂すると、この日本的経営は国内外で評判を著しく落としたまま現在に至っている。しかしこの間に企業組織をはじめ、日本の近代組織が劣化したのは事実だとしても、日本の組織の本質的な部分を維持しながら、日本社会にとって望ましい経営をしていくにはどうすればよいのかを考えるのが組織論にとっては重要であり、それは大学の管理運営組織の改革論議にもあてはまることである。

たとえば多くの日本の企業人はコア人材の長期雇用を未だに大事だと考えているとしたら、それを日本の組織の本質的な部分の一つとしてとらえ、その是非と改革の方向を考察することが求められる。また円滑な組織運営のためにはタテのヒエラルキーを単純なものに維持しておくことや、重要なポストに決断のできる人材を配置することが肝要だとしたら、目新しいだけの最新の組織デザインに過剰な期待を抱いて追いかけるよりも、そうした観点から組織の現状を冷静に分析し、現実的な管理運営組織の仕組みやプロセスを構想する必要がある（沼上、二〇〇三年、一一-一二頁；沼上、二〇〇四年、二九三-二九四頁）。

コア人材の長期雇用を重視するということは、人材育成の観点からみれば、将来経営管理職に就く人材を内部で育成し昇進させていくことを基本的に意味する。しかも少人数ではなく、ある程度の数のコア人材を育成する場合には、彼らをまず「現場」に近い場所に配属する必要がある。大学でいえばたとえば各学部の業務を担当する学部事務室などに配属し、数年にわたって競わせながら複数の上司による評価を加え、育成しながら選抜することになる。

組織で働く者は日々の仕事を通じて学び、周囲の人びとからえられる賞賛や批判をふまえて自らを修正しながら成長していく。そのためコア人材の育成にとって現場を重視したり、日常の業務に就きながら行う職場内訓練（ＯＪＴ、オン・ザ・ジョブ・トレーニング）を重視したりするのは適切なことだが、それに加えて、彼らが事業全体を考える余地を与えられたり、事業全体を見渡す仕事を任されたりする機会を提供することにも配慮しなければならない（沼上、二〇〇四年、二九五-二九七頁：沼上、二〇〇九年、三二八-三二九頁）。

(3)大学組織の特性

第二に、大学組織の特性についてあらためて整理しておこう。すでにくりかえし指摘しているように、大学は基本的に専門分野に自律性をもたせる分権的な組織編成によって成り立っている。大学における革新は多くの場合、学科や学部、研究所、センターなどの下位組織で生まれる革新であり、それが積み重なって大学組織全体が変わってきた。それゆえ実践的な管理運営組織を整備する際には、全学レベルの将来計画の策定や実施を円滑に進めるための仕組みやプロセスの構築ももちろん重要だが、それに加えて学部や研究科などを基本的な組織単位にした将来計画の立案や実施、さらにそれらの個別の活動を積み上げて全学的な将来計画を立案したり実施したりするための仕組みやプロセスの構築にも留意すべきである。

また実質的な大学の管理運営を実施するためには、大学全体の理念や目標を理解するとともに、改革の基礎になる手持ちの人的・物的資源や条件の状況が分かる（はずの）ミドルマネジャー、つまり各学部や研究科などの執行部と、全学組織を構成する各部局の部次長クラス、あるいは課長クラスまで含めた中級大学管理者の権限を強化して、彼らが責任のある改革を状況に応じて柔軟に遂行できる仕組みを構築する必要もあるだろう。日本的経営ではミドルマネジャーがトップとボトムの間をつなぐ「ミドルアップダウン・マネジメント」が機能して、彼らが会社を支えているところがあるが、大学組織にも同じような仕組みを導入して、大学経営陣が彼らの声に耳を傾けたり、実質的な業務量や果たすべき役割に見合うような処遇改善をはかったりすることが求められるのである（中原、二〇一四年、二四九頁）。

大学組織の二つ目の特性は大学が基本的に非営利組織だということである。大学は初等中等学校や保健医療機関、刑務所などと同様に、公共的なサービスを提供し、政府の公的資金の支援を受ける機関として近代社会にくみこまれて発展してきた。しかも重要なのは、「小さな政府」の大学政策が今後さらに進展して公的資金の援助が大幅に減少しても、政府が大学への関与を放棄することは決してないし、大学も公的資金が投入されなければ存続できないことである。その意味では大学はもともと経済的に自立した私的企業とは違った社会的役割と組織的特性をもっていることを、大学の管理運営組織の改革論議では常に想起する必要がある。

アメリカは大学の組織文化に占める法人性や企業性の比重が非常に高い国の一つであり、営利大学も学校数でみると、この三〇年ほどの間に急速に伸びている。しかしそのアメリカでも、受け入れ学生数でみれば、その比率は小さく、しかもパートタイム就学を希望する年配の成人学生などの非伝統的学生を数多く受け入れている。したがって大学関係者の目からみれば、伝統的な非営利の大学は依然としてアメリカ社会にとって最も重要な人材育成装置であり、しかも営利大学と共存できると考えられている（ブレネマン他、二〇一一年、一一 - 一五頁）。

というよりもアメリカの大学では、経済原理を本来入れるべきではない大学の世界にそれを導入することで弊害ばかり生じているという指摘も少なくない。たとえば大学は研究やスポーツに限らず、さまざまなキャンパスでの活動を金儲けに変えようとしているが、必ずしも利益は出ていないのである(宮田、二〇一二年、二七五、三一八頁)。また近年の連邦政府や州政府の政策のなかで大学政策の優先順位は決して高くはないけれども、非営利の高等教育機関への財政援助の意義はある程度大学政策に反映されている。日本の大学における管理運営組織の改革でも、こうした非営利組織としての大学の管理運営のあり方をどのようにすればよいのかが正面から問われる必要があるだろう。

5 「大学経営」の時代における大学アドミニストレータの育成

(1)大学アドミニストレータの構成と役割

それでは、このような特徴をもつ大学の管理運営を実践する人材、つまり大学アドミニストレータの育成についてはどのように考えればよいのか。日本の大学における管理運営改革の三つ目のポイントとして、大学アドミニストレータの組織的な育成に注目してみよう。大学アドミニストレータとは、幅広い見識や専門的知識をもち、学生や企業、政府などといった学内外の利害関係者のさまざまなニーズ(要求)や大学をめぐる厳しい環境を十分に理解し、自分の大学の管理運営の長所を生かして、大学の発展にとって何が求められているのかを考えたり、実行できたりする人材である。なおここでは、日本語としてややなじみが薄く違和感もあり、まだ用語として定着していない「大学経営人材」とか、いろいろなイメージが張りついているため誤解を生みやすい「大学管理者」という言葉に代えて、「大学アドミニストレータ」という造語を使用して議論を整理してみることにしたい。

日本の場合、従来の国立大学や歴史と伝統のある私立大学をはじめ、多くの大学では、学内の管理運営は主に大学教員出身の大学管理者が行ってきた。ところが研究や教育の面で優れている大学教員だからといって、必ずしも管理運営の能力があるわけではない。今後も大学教員は大学アドミニストレータの主要な供給源であり続けると予想されるが、大学の管理運営に対する関心や潜在能力がある大学教員の選出や処遇、研修方法などを確立する必要がある。

それに加えて今後は、幹部職員や大学職員の中核になる正規職員には、日常の大学運営の業務現場で、管理運営の能力を発揮することがますます求められるようになる。というのも彼らの多くは大学教員と違って、大学の管理運営を学問上の専門分野にとらわれることなく、公平かつ広い視野で眺められるので、大学内部の資源獲得競争、つまり学内政治の激化に前向きに対処することができる。しかも大学職員はフルタイムで大学の管理運営に参加でき、大学教員のようにそれを「雑務」として軽視する必要もないため、勤務先の大学にとって的確で良質な大学経営を行う人材として期待できるからである（山本、二〇一二年、一三四‐一三五頁）。

さらに大学職員は大学教育と同じように、大学の管理運営の面でも大学教員と協働して活躍することがいっそう要請されるようになってきている。大学職員が大学としての意思決定の場面に正式な会議の構成員として参画することは少ないかもしれないが、大学職員の働きがなければ大学の管理運営ができないことは、大学教職員にとってよく知られたことである（中井、二〇一九年、八八‐九〇頁）。ところが日本ではこれまで、学内外を問わず、幹部職員をはじめ、管理運営の力量がある大学職員を組織的に育成する仕組みはきわめて不十分だった。大学教員を対象にした教員研修（FD、ファカルティ・ディベロップメント）に加えて、大学職員を対象にした職員研修（SD、スタッフ・ディベロップメント）が、日本でも近年注目を集めるようになったのは、こうした背景があるからだ。

なお大学アドミニストレータの育成について考える際に、大学の学長や理事長が所属大学での自らの経験（成功経験が多いけれども）にもとづいて公表した著作や大学論のなかには、望ましい大学アドミニストレータ像や優秀な大学アドミニレータの具体的な資質や条件はもとより、そうした人材を育成するための優れたアイデアやヒントが含まれているものも少なくない。それは国公私立の設置者の違いとか所在地域や大学規模の違い、あるいは有名無名を問わず、どの大学のタイプにもみられることである。東日本大震災後の復興支援にとりくむ東北の三校の国立大学を取材した中井浩一の『被災大学は何をしてきたか』などをはじめ、大学のさまざまな活動を学内外の当事者や関係者が丹念にたどってまとめた数多くのドキュメンタリーのなかにも、予想を超えた貴重な考え方や実践事例をみつけることができるだろう（中井、二〇一四年）。

それから大学職員が個人的な実務経験と事実に即して積み上げた大学論には、大学アドミニストレータの組織的な育成に関する説得力のある議論も多くみられる。たとえば一〇〇校を超える大学を訪問し、理事長や学長、事務局長、部課長などへのインタビューにより各大学の戦略経営の実際をまとめた記録は迫力があり、力量のある大学教職員の育成や教職協働による改革推進なども含め、大学の管理運営改革に関心のある者にとって示唆に富む情報を提供している（篠田、二〇一六年）。しかし私はこの一五年間ほど、所属大学や大学連合組織が実施する教員研修や職員研修に従事してきたが、その限られた実践経験からみても、大学アドミニストレータを育成する研修事業にはいくつもの課題が山積しており、日本の大学にふさわしい研修として定着するには、しばらく時間がかかるように思われる。またさまざまな研修プログラムが次々と開発され、試験的に実施されているけれども、いずれも発展途上の段階にあることを強く感じている。

(2)大学アドミニストレータ育成の現状とゆくえ

それゆえ試論的な発言しかできないけれども、先行研究にも学びながら、大学アドミニストレータの組織的な育成について感想めいたコメントをいくつか加えてみたい。はじめに日本では大学アドミニストレータの組織的な育成は必ずしも十分には行われていないことを確認しておこう（東京大学大学院教育学研究科大学経営・政策研究センター、二〇一五年、四、六頁；王・両角、二〇一六年、二一、二六頁；両角、二〇一八年b、一二頁；両角他、二〇一八年、九九頁；両角、二〇一九年b、一二‐一三頁などを参照）。

「大学上級管理職の現状と将来展望に関する調査」（二〇一五年）は全国の国公私立大学の上級管理職（学長や理事長、副学長、理事、事務局長および担当職以上にある者）を対象に、大学における上級管理者の意思決定などの実態と彼らの意識を明らかにすることを目指した調査である（調査対象者四、〇八二名、回収率二四・〇％）。その調査結果によれば、所属大学の実態について、「大学経営を背負っていく人材が学内職員の中で育っている」と思っているのは三六％、「大学経営を背負っていく人材が学内教員の中で育っている」と思っているのは三〇％にすぎないので、大学の管理運営を現在担っている者の目からみると、所属大学の将来の大学経営を担う人材は十分には育成されていないととらえられている。

それだけでなく彼ら自身が経験した大学の管理運営に関する教育や研修の状況をみても、そうした教育や研修をとくに受けたことがない者は四七％もいる。また（複数回答を集計した比率なのでやや不安定な数値だが）、教育や研修の機会で多いのは外部機関（二七％）や学内（一四％）などであり、大学院レベルで経営学修士などの学位を取得したり、大学の管理運営に特化した教育や研修を通算一年以上受けたりした経験がある者は六％にすぎない。さらに大学職員や学外出身者と比べると、大学教員や研究者出身の大学管理者には大学の管理運営に関する教育や研修を経験していない者が多い。それから学長や理事長のようなトップマネジメント層には副学長や理事などに比べて経験のない者が多く、とくに学長の五九％は教育や研修を受けた経験がないのである。

大学アドミニストレータの組織的な育成の主な対象は大学教員、大学職員、外部人材の三つのグループに大きく分けられる。また大学アドミニストレータは理事長や理事、学長、副学長などの上級大学管理者と、ミドルマネジャー（中級大学管理者）、つまり各学部や研究科などの執行部と全学組織を構成する各部局の部次長、課長などの二つに区分してみよう。大学教員は今後も（すでに述べたように）大学アドミニストレータの主要な供給源であり続けると予想されるが、将来の大学アドミニストレータ育成の観点からみると、大学職員の組織的な育成が中心になると考えられる。学外から上級大学管理者として就任することが多い外部人材については、主に就任後の研修機会のあり方が問われることになる。さらに雇用条件に注目しただけでも、大学教員や大学職員、外部人材はもとより、大学アドミニストレータも非常に多様な人びとによって構成されているが、ここでは組織的な育成の大まかな枠組みについて考えてみることにしたい。

なお日本の大学の管理運営改革では、法人と教学機関である大学を一つのシステムとしてとらえ、その管理運営を全体として整備することが望まれるが、法人と大学との関係は（法令上はともかく実際には）設置者や大学によって多様であり、必ずしも明確ではないのが現状である。そのためここでは、学長や副学長などといった大学幹部の大学管理者と法人の理事長や理事などをあわせて上級大学管理者としてまとめている。別の言葉でいえば、大学経営陣という方が正確で分かりやすいかもしれない。それから大学教員と大学職員は、上級大学管理者向けの研修では一緒に参加することもあり、初任者研修で最初の顔合わせをするのは有益なのかもしれないが、初任者研修からミドルマネジャー（中級大学管理者）向けの研修までは原則として、それぞれの職務にふさわしい研修機会を別々に設ける方が（とくに大学職員にとって）実質的で効果的な研修が実施できるように思われる。

大学教員の組織的な育成　大多数の大学教員は一般的に、大学卒業後大学院で特定の専門分野を学んで修士や博士の学位を取得してから就業する。大学教員の主な役割は学生の教育と専門分野を中心とした研究であり、大学の管理運営に関心がある者は必ずしも多くない。学部長や研究科長、執行部の大学管理者のポストなどに就任しても、ほとんどの場合その任期が終了すれば大学教員の職務に復帰する。アメリカの大学のように、学長や副学長などの上級大学管理者を目指して大学間を移動する仕組みが制度的に定着していないこともその背景にはあるだろう。大学教員向けの初任者研修や教員研修（ＦＤ）も大学教育の改善に集中しているところがある。

しかし大学教員のなかから将来の優秀な大学アドミニストレータを育成するためには、教育と研究に加えて大学の管理運営にも興味や関心があり、大学アドミニストレータとしての資質や潜在能力もある大学教員をどのようにして見出し、彼らをどのように処遇したり、適切な研修機会をどのように提供したりすればよいのかなど、その望ましいあり方を検討して、彼らが参加しやすい方策や仕組みを目にみえる形で構築する必要がある。教務系の大学業務の管理運営には大学教員の参加も当然求められるから、大学教員向けの初任者研修や教員研修（ＦＤ）では、そうした内容を中心に大学の管理運営に関する研修項目も含めるべきである。

大学職員の組織的な育成　大学職員の専門性や職務能力の向上をはかる職員研修（ＳＤ）は（自己啓発を別にすれば）、職場で仕事を通じて行われる能力開発としての職場内訓練（ＯＪＴ、オン・ザ・ジョブ・トレーニング）と、職場から離れて行われる能力開発としての職場外訓練（ＯｆｆＪＴ、オフ・ザ・ジョブ・トレーニング）の二つに大きく分かれる。後者の職場外訓練はさらに①個別大学による研修、②各種団体が行う研修、③大学院教育の三つに分けられる。二つ目の各種団体には国立大学協会や公立大学協会、日本私立大学連盟、日本私立大学協会などの大学タイプ別の大学連合組織の他、大学行政管理学会などの学協会、大学コンソーシアム京都のような地域をベースにした大学連合組織などが含まれる。

③大学院教育については、東京大学や桜美林大学など、大学職員等を対象とした大学院教育を提供しているところもあるが、大学職員に求められる職務の多様化と高度化にともない、専門性や職務能力の向上を目指して、関連する専門分野の大学院で学ぶ大学職員も少なくない。なおアメリカやイギリスのようなアングロサクソン文化圏では、大学アドミニストレータの育成において大学院教育が比較的重視されているのに対して、日本ではとうてい定着しているとはいえないのが現状である。しかし日本でも（個人的な立場からみると）、不振気味の企業人向けの経営学大学院（ビジネススクール）と同様、大学アドミニストレータの育成ももっと大規模に大学院レベルで行われるようになるべきだと思われる。というのは系統的な学習と実践の試行はどの職業分野でもきわめて有用だと考えられるからだ（大学コンソーシアム京都ＳＤ研修委員会、二〇一九年、二–五頁；ＩＤＥ大学協会、二〇一七年などを参照）。

大学院卒が多く就職までの修学年限が相対的に長い大学教員と比べて、大学職員には大学卒業後直ちに就業する者が多い。そのためもあってか大学職員として採用後（大学によってかなり濃淡はあるが）、段階的に成長して大学職員にふさわしい能力を身につけるためにさまざまな研修が提供されてきた。多様化し高度化した職務に対応した専門別研修や業務別研修、課長補佐や課長、部次長などといった管理職に対応した職位別研修などである。大学職員が大学アドミニストレータとして必要な能力を学ぶ成長の機会として、彼らを学内委員会などに正式メンバーとして参画させたり、政策立案のための企画部門などに参画させたりする大学も少なくない。

大学職員が大学の管理運営業務に必要な能力を身につけるには、職場外訓練の研修以上に、職場内訓練の業務を通じた学習が重要であるという。またそうした職場内訓練では、部下の業務を適切に設計して割り振り、業務を通じた学習を促進することができる課長職の育成がとくに緊急の課題として求められている。その他に（実際には大学によって対応は多種多様だが）、大学教員と大学職員が所属大学の目標を共有して協働しながら仕事を進める教職協働をはじめ、大学の管理運営責任がある上級大学管理者に対する大学職員の支援体制や、研修と人事制度との関連なども含めた大学の管理運営のあり方を明確にしなければ、大学職員を対象にした大学アドミニストレータの組織的な育成を実質的に進めることはできないだろう。各種団体が行う研修や大学院教育のあり方や具体的な内容や方法なども、そうした文脈のなかで構想したり試行したりする必要があるように思われる（中島、二〇一一年、二八二-二八三頁；両角、二〇一八年b、二一-一三頁；両角、二〇二〇年、三一八-三二〇頁；島田、二〇一七年、五七-五八頁；志磨、二〇一七年、二〇-二一頁；福島、二〇一〇年、五三-五五頁；小出、二〇二〇年、五三頁；山本、二〇一三年、一〇三-一〇四頁などを参照）。

上級大学管理者の組織的な育成　大学アドミニストレータの育成では、学長や理事長、副学長や理事などといった上級大学管理者を対象にした組織的な育成の整備も、近年関心を集めるようになった。上級大学管理者向けの研修は（自己啓発を別にすれば）、主に職場外訓練を通じて行われる。日本の個別大学による研修は所属大学によって多種多様であり、大学院教育でも（政策研究大学院大学や東北大学などの試みを除けば）、とくに上級大学管理者の育成に特化した系統的な研修課程は提供されていないので、ここではとりあえず、各種団体が行う研修の状況に注目してみよう。

上級大学管理者向けの研修の様子を、主に各種団体のウェブサイトに掲載された資料や電話やメールによるヒアリングなどにより収集して整理した共同研究によれば、日本の上級大学管理者研修の特徴は、①研修は国公私立の設置者別に行われているが、研修内容はいずれも基本的な知識とか、大学政策や大学経営の動向と事例の共有が中心であり、講演テーマや講演者なども共通していること、②主流は講演型だが、参加者がグループワークをするような研修も増えてきていること、③国公立大学の研修では需要に応じて、上級大学管理者向けの初任者研修、副学長や理事などの職位別研修などが増えてきているが、大学の管理運営の仕組みが多様な私立大学の研修では、参加者資格があいまいな研修も多く、研修内容も国公立大学ほど画一的ではないこと、④学部長を対象にした研修はほとんどないことの四つにまとめられる(両角他、二〇一八年、一〇九頁)。

大学の管理運営責任がある上級大学管理者の組織的な育成は日本の大学における管理運営の重要な改革課題だが、その組織的な育成の定着をはかるには、なによりもまず上級大学管理者の基本的な属性をはじめ、各大学の管理運営で果たしている具体的な役割や実務の内容、職位別の育成の仕組みなどの実態を系統的に整理して解明することが求められる。また大学アドミニストレータの組織的な育成の観点から、大学教員や大学職員、外部人材の(大学アドミニストレータとしての)資質や潜在能力の特徴や違い、それぞれの組織的な育成の相互関連や整合性などが研修の具体的なレベルで明らかにできなければ、日本の大学の管理運営にとって望ましい上級大学管理者の組織的な育成も十分にはイメージすることができないだろう(山本、二〇一三年、一〇三‐一〇四頁；両角、二〇一八年b、一六‐一七頁；両角他、二〇一八年、一〇九‐一一〇頁；両角、二〇一九年b、五五‐五六頁などを参照)。

⑶求められる自発的参加を基本とした自律型キャリア開発

ところで、このような大学アドミニストレータの育成で求められるのは、大学教職員の自発的参加を基本とした自律型キャリア開発である。というのも大学の管理運営では、トップダウンの意思決定だけでは大学は動かないし、ボトムアップの意思決定を積み上げただけでは全学的な観点からみた的確な判断は難しいため、大学教職員の参加と合意形成を促す双方向的なリーダーシップが求められるからだ。教職員が大学の管理運営に必要な知識や技能を身につけ、能力や資質を向上させるための教職員研修（スタッフ・ディベロップメント）が二〇一六年に義務化された。しかしそうした強制的で他律的な要請により、大学アドミニストレータの組織的な育成はかえって形骸化することが予想されるから、見当違いの法改正といってよいだろう。

また大学教育の使命が社会で活躍する自律した人間の育成にあるとしたら、大学という職場で働く大学教職員自身もその意味を理解し、自らの仕事を通して自律的に生き生きと活躍している様子を、学生に具体的なモデルとして示すことが大切であり、大学も社会との調和や社会貢献を通して働きがいを感じることができる活躍の場の一つのモデルとして、その環境整備をはかる必要があるだろう（たとえば岩田、二〇一三年、二一七-二一八頁を参照）。それゆえ大学の管理運営では、自律した個人のモチベーション（やる気）に主に依拠しながら、その個人のキャリア開発を支援するとともに、組織の目標達成のためのさまざまな具体的な実践を行うことが求められる（肥塚、二〇一〇年、八七-八八頁；大場、二〇一一年、二六八頁）。

興味深いことに、企業をはじめ日本の多くの組織の人材育成でも、組織が個人のキャリアに最終的な責任をもたない代わりに、個人も自律的にキャリアを開発し、組織はそれを支援するにとどまる、という組織と個人の関係が注目されるようになってきている。組織の成長と発展のためには個人のキャリアをできるかぎり支援することが、組織の成果を向上させる鍵になると考える組織が増えてきているからである。

そのため経営学の分野では一九九〇年代以降、「学習する組織」や「教育する組織」などをキーワードにした組織変革論が注目されるようになった。学習する組織（ラーニング・オーガニゼーション）とは、環境の変化に対応して、自ら新たな知識や技能、態度などを獲得したり生成したりする仕組みを備えた組織を意味する言葉である。厳しい環境変化に対応して組織が生き残るには、組織として学習できることが重要なのである（高間、二〇〇五年、一五〇‐一五一頁）。

この言葉が世界的に流布される直接の契機になったのは、一九九〇年に刊行されたセンゲの『学習する組織』である。センゲによれば、学習する組織は、人びとが絶えず、心から望んでいる結果を生み出す能力を拡大させる組織であり、新しい発展的な思考パターンが育まれる組織、ともに抱く志が解放される組織、ともに学習する方法を人びとが継続的に学んでいる組織である。

学習する組織の核心にあるのは認識の二つの変容、つまり①自分自身が世界から切り離されているとする見方から、つながっているとする見方への変容と、②問題は組織の「外側の」誰かとか何かが引き起こすものだと考えることから、いかに私たち自身の行動が自分たちの直面する問題を生み出しているのかに目を向けることへの変容である。その意味では、学習する組織は、いかに私たちの行動が私たちの現実を生み出すのか、そして私たちはいかにそれを変えられるのかを継続的に発見し続ける場でもあるという（センゲ、二〇一一年、三四、四八頁）。

ティシーとカードウェルが執筆した『リーダーシップ・サイクル』（二〇〇四年）は、「教育する組織をつくるリーダー」という副題をもったリーダーシップ論であり、勝利する組織は教育する組織であると主張する（ティシー・カードウェル、二〇〇四年、二三‐二四、五八、六三、五〇〇‐五〇二頁）。教育する組織（ティーチング・オーガニゼーション）

とは、全員が教え合い、全員が学び合う双方向の教育と学習が日常活動のなかにきめ細かく織り込まれている組織を意味する言葉である。この教育する組織はおもしろく、楽しく、働きがいのある場所であり、そこで働く者の頭脳をフルに生かし、チームの勝利に貢献させることができる。具体的な組織のイメージを描くために例示されているのは、プロ・スポーツチームやオーケストラなど、非常に要求度が高く、規律はあるが、働く者が創造性をそれなりに自由に発揮することができる組織である。

民間の企業組織の場合、その最終的な目標は利益ある成長を続け、価値創造を継続することである。そのためには組織はその規模効果を活かしながら、すばやく顧客に価値を提供しなければならないが、それができる企業は、エネルギーにあふれ、何をすべきかをすばやく判断し、いちいち上からの指示を待つことなくそれを実行できる優秀な人材を備え、しかも彼らのベクトルが合っているような企業である。そして教育する組織は、組織の全階層で双方向の教育と学習を進めていくことにより、そうした人材を育成したり活躍させたりすることができる組織なのである。

学習する組織も教育する組織も双方向の教育と学習を重視するが、それは単に研修を行えばよいのではなく、日常業務の場が同時に教育と学習の場ともなっているのかどうかが組織づくりの鍵を握っている。しかも一部の社員だけを「次世代経営幹部研修」と称して教育しても、組織が持続的な成長を果たす上での効果は疑問であり、それに参加しない人びとのリーダーシップの育成にも努めなければ、研修の効果は期待できないという。そしてこうした双方向の教育と学習を重視する人材育成の方法は、日本的経営を支えてきたコア人材育成の方法、とくにＯＪＴでの教育や一部の特定社員に限られない教育といった、日本の企業が長年にわたって実践してきた日常業務を通じた社員の教育とも重なるところがある。

経営学の分野では近年、このような人材育成の方法がアクション・ラーニングとしてまとめられ、大きな関心を寄せられている。アクション・ラーニングとは、実際の経営上の課題に対して、学習者が自分自身で解決策を考え、実行・検証・問題解決を行うことで、個人や組織として学習し、組織的な成果を生み出す過程を意味する言葉である。このアクション・ラーニングでは、学習者は受け身の学習ではなく、学習内容と現実問題との乖離を解消し、経験を通して行動の変化を起こすような能動的な学習を行うことを期待されている（高間、二〇〇五年、一五九‐一六〇頁）。

ところでこうしたアクションと学習を結びつけた経験学習は、実は大学教育でも積極的な導入がはかられ、サービス・ラーニングやプロジェクト・ベースト・ラーニング（PBL）、コーオプ教育などといった大学外・授業外・教室外での実際のアクションをとりいれた教育実践が広く行われるようになってきている（河井、二〇一二年、一三五頁）。大学改革では、将来の予測が困難な流動的な社会に向き合って、将来の社会で活躍することが期待されている学生を育成する大学教育実践だけでなく、大学教職員の研修や大学組織の変革でも、こうした能動的な学習の機会が強く求められているのである。

このような観点から、大学教職員の自発的参加を基本とした自律型キャリア開発を構想したり、実施したりするには、さまざまな課題に対処する必要がある。たとえば各大学はその歴史と伝統、大学をめぐる状況などに応じて、自分の大学にとって望ましい大学アドミニストレータのイメージを明確にすべきだろう。大学アドミニストレータは大学教員からも大学職員からも採用されるが、その比率や活動の範囲にはある程度の違いがあるはずである。また人材の育成方法も八割方は同じだと思われるが、まったく同じではないはずだ。さらに学習するのは組織の個々のメンバーではなくて、組織そのものであることも常に忘れるべきではないポイントである（大場、二〇一三年、一六二-一六三頁)。

それから日本の大学の管理運営は今後、これまでよりも中央集権化する必要があるのは間違いないように思われる。しかしそれと同時に、大学教員の教育研究面での主体的裁量を尊重したり、大学職員と学生を含めた大学構成員の意思決定ルートへの公正な参加方式を構築したりすることも非常に重要な課題である。大学構成員の意思や要求を尊重する観点から大学の管理運営の問題を考えるときには、大学教員や大学職員の意向ももちろん重要だが、学生の全学的な意思決定への参加ルートにも目を配る必要がある。とくに日本では今後学生人口が長期にわたって減少するが、そうした厳しい経営環境のなかで、大学教育やキャンパスの施設設備の改善などといった学生向けの大学改革を効果的なものにするには、大学にとって直接の利害関係者である学生の意向や要望をこれまで以上に考慮する必要があるだろう。

第五章　大学評価の展開

1　日本の大学評価制度の仕組み

(1)事前規制から事後チェックへの転換

本書の準備のために大学改革に関する文献をみていたところ、この第五章「大学評価の展開」でもとりあげる認証評価制度の第三期が開始された前年の二〇一七年の時点で、この制度に対する社会の関心が薄く、マスメディアもほとんど報道していないことを記した文献をいくつかみつけた(たとえば佐藤、二〇一七年;横山、二〇一七年などを参照)。認証評価の当事者なのか報道人なのか、あるいはその他の利害関係者(ステークホルダー)なのか、その立場によって論調や評価に違いはあるにしても、いずれも認証評価制度の不人気な背景や理由とともに、その見直しの方向や将来的な課題などが紹介されている。こうした冷ややかな見方はたしかにその通りで、個人的にも賛同する指摘が多いけれども、大学評価が大学改革を進める上で重要な位置を占めているのも間違いないことなので、この第五章ではそれらの議論もふまえて、あらためて日本の大学評価のあり方について検討してみることにしよう。

大学評価とは、大学などの高等教育機関で行われるさまざまな活動の実態を、関連した情報や資料をできるかぎり科学的な手続きで収集・分析して明らかにするとともに、それらの活動の意義や価値、問題点などを判断したり評価したりして、その成果を実践的に活用することを意味する言葉である。この日本語の「大学評価」に近い意味をもつ英語は「アカデミック・エバリュエーション」だが、「ユニバーシティ・エバリュエーション」も使われることがある。

評価そのものは高等教育にとって不可欠な活動であり、学生や大学教員の個人的な評価には長い歴史がある。また大学評価は高等教育研究のテーマの一つとして、日本でも一九七〇年代後半から一握りの研究者を中心に行われてきた(たとえば天城・慶伊、一九七七年；慶伊、一九八四年)。しかし大学評価が日本の大学関係者の関心を広く集めるようになったのは、一九九一年の大学設置基準などの大綱化で、大学の自己点検・評価の実施と公表がすべての大学が「努めなければならない」課題として明記されてからである。

それまで日本の大学は大学設置基準などによって厳しく規制されていたが、このときから規制が緩和され、大学教育の教育課程(カリキュラム)の構成などを自由に決めることができるようになった。ところがそうすると、同じ学位でもその内容や水準に違いが出てきたり、手を抜くところが出たりする恐れがあるため、各大学にはその教育研究水準の向上をはかり、大学の目的や社会的使命を達成するために、教育研究活動などの状況について自己点検・評価し、継続的に改善していくことが努力義務として要求されたのである。

その後、大学審議会の答申「二一世紀の大学像と今後の改革方策について」(一九九八年)や中央教育審議会の答申「大学の質の保証に係る新たなシステムの構築について」(二〇〇二年)などをふまえて、学校教育法が二〇〇二年に改正され、大学評価はよりいっそう強力な法的裏づけをもつ制度として日本の高等教育に導入された。大学の自己点検・評価の実施と公表はすでに一九九八年に義務化され、それに加えて大学や学部等が選任する学外者による外部評価がもりこまれ、第三者評価、つまり当該大学の教職員以外の者による検証も努力義務になっていた。しかしこの改正にともない、これらの大学評価はより上位の法令である学校教育法で規定されることになった（学校教育法第一〇九条）。

またすべての大学（短期大学と高等専門学校を含む）は認証評価、つまり文部科学大臣の認証を受けた評価認証機関による評価を受けることも、新たに義務づけられた。それに先だって、国立学校設置法の改正（二〇〇〇年）により、学位授与機構を改組した大学評価・学位授与機構が、国立大学を主な対象にした評価の情報収集・提供や調査研究を任務とする国立の評価機関として創設された。なおこの機構は二〇一六年には国立大学財務・経営センターとの統合により、大学改革支援・学位授与機構として発足している。さらに二〇〇四年に法人化した国立大学の場合、各大学は六年間の中期目標と中期計画を策定するが、その実績を国立大学法人評価委員会に報告して、評価を受けなければならない。こうした評価の仕組みは法人化した公立大学の場合もほぼ同じである。

しかも国立大学の場合、二〇一〇年にはこの第一期の実績評価にもとづいて、各大学に対する第二期の政府の運営費交付金、つまり国が交付する毎事業年度の運営費の金額も決定された。それに加えて二〇一六年から始まる第三期の運営費交付金の配分では、「機能強化経費」が設定され、各大学はその強みや特色、社会的役割を考慮して分類される三つの「重点支援枠組み」のなかから一つを選定して独自の目標と戦略を提出し、その評価結果にもとづいて、各大学から拠出された財源（毎年度約一〇〇億円）の再配分を受けるようになった。さらに二〇一九年には大学間の比較ができる共通指標も導入され、運営費交付金の一〇％を占める約一、〇〇〇億円が、評価結果にもとづいていっそう競争的に配分されることになった(林、二〇一九年、六四頁;林、二〇二〇年、一二頁)。

このようにみると、「小さな政府」、つまり政府の権限を縮小し、国民の自助努力や市場競争の原理を重視する、現在の日本の政府による行政主導の大学評価政策は、大学設置基準などによる厳しい「事前規制」から、改革の成果を問う「事後チェック」も重視する方向へ大きく変わってきた(江原、二〇〇五年、七、三五頁)。政府が規制を緩和して、大学の自助努力を促し、市場競争の原理を導入すると、政府の権限は弱まるようにみえる。しかし実際には学校教育法にもとづく大学評価制度の導入などにより、政府の権限はかえって強化されることになったのである。

こうした一連の政策の進展は、それが大学にとって「上からの」外圧であり、しかも大学評価そのものが多くの大学関係者にとってなじみのない未知の課題でもあったために、大学側に混乱がみられたり、受け身的な対応を示したりするところも未だに少なくない。「評価疲れ」の声もあちこちから聞こえてくる。アメリカやイギリスなどと比べると、形式的な評価が支配的で、市場競争の原理が働きにくい日本では、大学評価もなかなか根づきにくいのかもしれない。しかし大学評価が大学の教育研究水準の向上をはかり、その目的や社会的使命を達成するために重要な役割を果たすのは疑いのないことであり、日本の大学にふさわしい大学評価、とくに大学の自己点検・評価を中核とした大学主導の大学評価を実質的に定着させるのは、日本の大学改革にとって十分意義のあることである。

この章では、そうした観点から、日本の大学評価制度の仕組みや特徴をまとめるとともに、大学主導の大学評価にとって最も重要な大学の自己点検・評価の改革課題と今後の大学評価の改革の方向を整理する。

(2)大学評価の分類と構造

日本では現在、どのような種類の大学評価が行われているのか。大学評価では、何を(評価の対象)、どのように(評価の方法)評価するのかという技術的な問題も大切だが、よりいっそう重要なのは、誰が(評価の主体)、何のために(評価の目的)評価するのかを理解することである(江原、一九九四年b、二二八頁)。ここでは、四つの要素のうち後者の二つ、とくに評価の主体に注目して、日本の大学評価制度の仕組みを整理してみよう。

評価の主体は、①行政機関(政府、とくに文部科学省や地方公共団体など)、②第三者組織(大学基準協会や大学改革支援・学位授与機構、日本技術者教育認定機構、その他の関連団体や大学連合組織など)、③大学(大学や短期大学、高等専門学校などの高等教育機関)、④その他(マスメディア、民間の評価会社、企業や政党、納税者としての市民、高校関係者、受験産業などの学外の利害関係者、保護者と学生など)の四つに区分する(**表5-1**)。

このうち④その他に含めた評価主体も広い意味での第三者組織である。各大学にとっては、それらの大学評価の方が学生確保や大学のイメージ形成のために重要かもしれないが、ここで

表5-1　大学評価の分類

①行政機関…………	評価の主体は政府、とくに文部科学省や地方公共団体など。大学の設置認可にともなう設置評価、法令による大学評価の実施要求、国立大学法人評価、競争的な公的資金配分政策など
②第三者組織………	評価の主体は大学基準協会や大学改革支援・学位授与機構、日本技術者教育認定機構、その他の大学連合組織など。機関別評価、専門職大学院の専門分野別評価、薬学教育や医学教育などの専門分野別評価など
③大　学……………	評価の主体は大学や短期大学、高等専門学校などの高等教育機関。大学の自己点検・評価など
④その他……………	評価の主体はマスメディア、民間の評価会社、企業や政党、納税者としての市民、高校関係者、受験産業などの学外の利害関係者、保護者と学生など。大学ランキング、入試偏差値、学生の卒業後の進路状況など

は、公共財としての高等教育を公的な組織として評価する組織と区別して、④その他に分類している。またこれらの評価主体は利害関係者（ステークホルダー）、つまり大学が行う教育や研究、社会サービス（社会貢献）といった諸活動に対して利害関係をもつ人びとや組織としても位置づけられる。

こうした大学評価の分類を採用するのは、各大学が教育研究などの状況について自主的に分析・評価し、その成果を自己改革のために実践的に活用する自己点検・評価を中核にした大学評価制度を定着させることが、日本の大学改革にとって重要だと考えるからである。

国際比較の観点から大学をとりまく学外の大学評価制度についてみると、日本と同様に、主に政府による設置認可によって大学の質の向上をはかってきた欧州連合（EU）の国ぐにをはじめ、どの国の政府も国民国家の枠組みを前提にして、自国にふさわしい大学評価制度を構築することを目指している。しかし大学評価の形態としては、多くの政府は直接個々の大学を評価するのではなくて、政府から一定の距離を置いて独立性を保った学外の第三者組織による大学評価を制度として導入し、各大学の自主的な自己点検・評価を促進したり、方向づけたりする仕組みを構築しようとしている。それはアメリカで発達してきた仕組み、つまり連邦政府や州政府の権限が相対的に弱く、主に地域別適格認定協会や専門分野別適格認定協会が第三者評価の役割を果たす大学評価制度をモデルにしたものである（江原、二〇一〇年、二四二-二四三、二八五頁）。

2　評価主体別にみた大学評価の改革動向

(1)強化される行政主導の大学評価

はじめに行政機関が評価主体である大学評価に注目してみよう。政府行政当局主導の大学評価として代表的なのは、大学の設置認可にともなう大学評価である。文部科学省は大学設置・学校法人審議会（大学設置分科会）に委嘱して、大学設置基準などを適用した大学の設置評価を行っている。

大学設置基準は一九五六年に、大学基準協会の「大学基準」（一九四七年）に変更を加えて、文部省令として制定された。それまで文部省（現文部科学省）は大学・学部・学科の設置認可にともなう事前審査の評価基準として、民間団体の大学基準協会が会員資格審査用に制定した大学基準を使っていたが、独自の基準を制定して大学の設置認可行政の権限を強めたのである。

その後、高等専門学校設置基準（一九六一年）や大学院設置基準（一九七四年）、短期大学設置基準（一九七五年）なども文部省令として制定された。これらの設置基準を適用した設置評価が大学のあり方に大きな影響を及ぼしてきたのはよく知られている。大学は設置基準、とりわけ形式的で画一的な数量的基準を満たすために躍起となり、膨大な事務処理に忙殺された。この厳しい「事前規制」は、九一年の大学設置基準などの大綱化を契機に大幅に緩和されてきているが、大学の設置認可にともなう設置評価が文部科学省によって行われていることに変わりはない。

二つ目の政府行政当局主導の大学評価は、法令によって大学評価の実施を各大学に要求したことである。この要求は九一年の大学設置基準などの改正で大学の自己点検・評価の実施と公表を努力義務として明記することから始まった。その後一〇年間の間に次第に強化され、二〇〇二年の学校教育法の改正により、大学評価はよりいっそう強力な法的裏づけをもつ制度として日本の高等教育に導入された。

それは各大学に大学評価の実施を要求するものであって、政府行政当局自体が個別の大学を対象とした大学評価を直接実施するわけではない。しかし各大学はその教育研究などの状況について自己点検・評価を行い、その結果を公表するとともに、第三者評価、とりわけ文部科学大臣の認証を受けた認証評価機関による認証評価を受けることを求められるようになった。

その他に、国立大学法人評価も主要な行政主導の大学評価の一つである。国立大学はすべての大学を対象とした前述の認証評価とは別に、文部科学省に置かれた国立大学法人評価委員会による評価も受けている。この評価には各事業年度の業務実績に関する年度評価と、六年ごとに行われる中期目標・中期計画の業務実績に関する評価(四年度終了時と中期目標期間終了時)があり、その評価結果は次期の中期目標・中期計画や予算措置に反映される仕組みになっている。なお国立の高等専門学校も文部科学省に置かれた独立行政法人評価委員会による評価を受けており、法人化した公立大学も地方公共団体に置かれた地方独立行政法人評価委員会による評価を受けている。

国立大学法人評価は、国立大学が評価結果の情報公開により学外の社会的な評価を受けるとともに、それをふまえて教育研究活動などの自己改善に役立てるという意味では、すべての大学を対象に行われる認証評価と共通するところがある。しかしそれは政府による定期的な「事後チェック」の仕組みの一つであり、しかも中期目標・中期計画の達成状況が次期の予算措置に反映されるので、政府以外の学外の第三者組織が実施し、必ずしも公的資金の配分とは連動しない認証評価とは趣旨が異なる大学評価である。そのためこれらの二つの大学評価の役割や実施方法などを、大学評価をめぐる状況の変化に応じて整合的に整備することは、国立大学だけでなく、すべての大学にとっても重要な課題である（合田、二〇〇四年、八-一〇頁；舘、二〇〇五年、五-六頁；戸澤、二〇一一年、二五-二七頁；林、二〇二〇年、二六-二九頁などを参照）。

(2)大学評価としての競争的な公的資金配分政策

文部科学省は競争的な公的資金配分を行うさまざまなプログラムを実施しているが、これも行政主導の大学評価の一つとして位置づけられる。二〇〇二年から実施された「二一世紀COEプログラム」は、国公私立大学を通じた大学間の競い合いを活発化することにより、日本の大学に世界最高水準の研究教育拠点を学問分野ごとに形成し、国際競争力のある大学づくりを推進することを目的とした事業である。この「世界的研究教育拠点の形成のための重点的支援―二一世紀COEプログラム―」という長い正式名称をもつ事業は、投入された公的資金が少ない割には個別大学のレベルにおける大学改革の進展に大きな影響を与えたといわれている。

その成果をふまえて、「グローバルCOEプログラム」が事実上第二期のCOEプログラムとして二〇〇七年から開始された。このプログラムの特徴は「選択と集中」であり、二一世紀COEプログラムと比べると、採択件数は半数強に絞り込まれたが、一件あたりの年間配分額は約二倍になった。その結果、それまでも研究費の配分で優遇されてきた旧制帝国大学系大学への集中がいっそう進むとともに、地方国立大学や私立大学の採択件数は大幅に減少した。

教育面に力点を置いた競争的な公的資金配分政策についてみると、文部科学省は各大学が実施する教育改革の取組のなかから優れた取組（GP）を、第三者による公正な審査にもとづいて選定して、重点的に財政支援するとともに、その取組について広く社会に向けて情報提供を行うことにより、他の大学が選定された取組を参考にしながら教育改革にとりくむことを促進し、大学教育改革を進めようとした。GPというのは優れた取組(グッド・プラクティス)の略称であり、大学教育の質向上を目指す個性的で特色のある優れた取組や政策課題対応型の優れた取組などを総称する言葉として使われている。

GPを支えるプログラムとして最初に導入されたのは、これも長い正式名称をもつ「特色ある大学教育支援プログラム」であり、二〇〇三年から五年間実施された。このプログラムは二〇〇四年から「特色GP」と略称され、ほぼ同様の目的をもった支援プログラムとして、「現代的教育ニーズ」(現代GP)や「専門職大学院形成」、「社会的ニーズに対応した医療人教育」などに特化した事業が相次いで実施されるようになった。また二〇〇八年から特色GPと現代GPを発展的に統合した「質の高い大学教育推進プログラム」(教育GP)が新しく開始された。これらのGPは二〇〇九年から「大学教育・学生支援事業」のテーマA「大学教育推進プログラム」として実施されたが、行政刷新会議による事業仕分けの結果二〇一〇年に廃止された。

なおその後、二〇一三年に設置された「国公私立大学を通じた大学教育改革の支援に関する調査検討会議」において、このGP事業は大学の組織的な教育改革の取組のなかから特色ある優れた取組を審査・選定し、大学間で共有することをはじめて可能にした画期的な政策として総括され、二〇一四年度予算案では、大学教育再生加速プログラム(AP)が新規に計上された。さらにこの枠組みによって、地(知)の拠点整備事業(COC)や地(知)の拠点大学による地方創生推進事業(COC+)、スーパーグローバル大学創成支援事業(SGU)なども実施されている。

こうした競争的な公的資金配分政策は各大学の大学教育改革の実践を実際に左右したともいわれるが、他方で競争を通じて「選択と集中」を進める政策は必ずしも合理的ではないとか、申請要件を満たさないと申請自体ができないために、大学側が「政府の方針」を学習し、結果的に同じような案件が選定される傾向があるなどといった批判もみられる。その大学教育に対する実質的な影響を実証的に評価したり検証したりすることも、今後の重要な課題である（松宮、二〇一八年、八九-九〇頁）。

ところで「小さな政府」の大学政策では、文部科学省自体も予算を獲得するために、こうした競争的な公的資金配分政策を積極的に立案、実施する必要にせまられている。また文部科学省は「行政機関が行う政策の評価に関する法律」（二〇〇一年）にもとづいて、その政策を自ら評価する政策評価を実施している。大学評価はこのような行政改革に連動して、アカウンタビリティ（説明責任）や情報公開とともに導入されたものである。

とくに文部科学省の競争的な公的資金配分政策の導入の背景には、文部科学省自体の予算が継続的に削減されるので、予算獲得のために有効なさまざまなアイデアを生み出す努力を大学側にも要求するところがある。しかし明確な将来展望がないまま、パッチワークのように個別の事業をつぎあわせても、日本の高等教育の発展にとって望ましい成果はえられないだろう。

(3)第三者組織による大学評価の義務化

評価主体別にみた二番目の大学評価である第三者組織による大学評価は、各大学の教職員以外の者による大学評価を総称する言葉である。ただしここでは、同じ第三者組織による大学評価でも、四番目のその他にまとめたマスメディアや民間の評価会社、企業や政党、受験産業などの学外の利害関係者などによる大学評価ではなく、政府から一定の独立性を保った学外の公的な第三者組織による大学評価に注目する。

こうした第三者組織による大学評価は、第二次世界大戦後の大学改革の一環として大学基準協会が一九四七年に創立されたときに日本の高等教育に導入されたが、二〇〇二年の学校教育法改正を契機に、日本の大学関係者の間でにわかに大きな関心を集めるようになった。というのは、この改正により二〇〇四年四月から政府行政当局以外の学外の公的な第三者組織による大学評価が制度として導入され、すべての大学は七年以内に一度、専門職大学院は五年以内に一度、認証評価、つまり文部科学大臣の認証を受けた認証評価機関による評価を受けることを義務づけられたからだ。それから認証評価以外にも工学や医学、薬学、獣医学、看護学などの専門分野で第三者組織による専門分野別評価が実施されるようになった。

認証評価には、①機関別評価、つまり当該大学の教育研究、組織運営、施設設備などの総合的な状況についての評価と、②専門職大学院の専門分野別評価、つまり当該専門職大学院の教育課程、教員組織等その他の教育研究活動の状況についての評価の二種類がある。そのうち専門分野別評価については、専門分野ごとに評価機関を認証することが想定されている。したがって専門職大学院を置く大学は、機関別評価の他に、その専門分野別評価を受ける必要がある。また専門分野別評価は当面、専門職大学院から開始されたが、将来的には他の課程でも義務化されると考えられる。

こうした認証評価を行う認証評価機関は、①認証評価を適確に行うに足りる大学評価基準と評価方法を定めていること、②認証評価の公正かつ適確な実施を確保するために必要な体制が整備されていること、③評価結果の公表・報告前に、評価結果に対する大学からの意見の申立ての機会を付与していること、④認証評価を適確かつ円滑に行うに必要な経理的基礎を有する法人であることなどの条件を備えている必要がある。

二〇二〇年現在、機関別評価を行う認証評価機関として文部科学省から認証された機関は、大学・短期大学の評価を行う大学基準協会、日本高等教育評価機構、大学・短期大学基準協会、大学・高等専門学校の評価を行う大学改革支援・学位授与機構、大学の評価を行う大学教育質保証・評価センターの五機関である。また専門分野別評価は専門職大学院のうち法科大学院の専門分野別評価を行う認証評価機関として日弁連法務研究財団、大学改革支援・学位授与機構、大学基準協会が認証されている。その他に経営分野と知的財産分野では大学基準協会とABEST二一、会計分野では国際会計教育協会、助産分野では日本助産評価機構、臨床心理分野では日本臨床心理士資格認定協会、ファッション・ビジネス分野では日本高等教育評価機構、情報、創造技術、組込み技術、原子力分野では日本技術者教育認定機構（JABEE）、環境・造園分野では日本造園学会など、一七の専門分野別評価を行う一三の認証評価機関が認証されている。

⑷問われる認証評価機関による大学評価の有効性

認証評価のうち、機関別評価は二〇一八年から第三期がスタートし、専門職大学院の専門分野別評価を行う認証評価機関も次第に増えてきている。ところで第三者組織としての認証評価機関による大学評価には、大学政策として性急に実施されてきた経緯もあり、その導入当初からいくつもの問題点や課題が指摘されてきた。またその実施の過程で認証評価の具体的な実施体制や大学評価基準、評価結果の公表などの見直し作業も行われてきたが、第二期開始前後までの議論の主なポイントは、次の四つに大きくまとめられる（江原、二〇一〇年、二四八-二五〇頁；戸澤、二〇一一年、一五-二〇、二五-二七頁；板東、二〇一三年、一一頁；瀧澤、二〇一三年、四六、四九頁などを参照）。

第一に、認証評価が目指す大学評価の目的があいまいなことである。認証評価機関はそれぞれ個別に認証評価の目的を掲げているけれども、改正された学校教育法には認証評価の目的が明記されていないのである。とくに問題なのは、大学評価制度における大学の設置認可と認証評価との関係が不明確なことだ。行政主導の大学評価政策が、大学設置基準などによる厳しい「事前規制」から、改革の成果を問う「事後チェック」も重視する方向へ転換することを目指しているとすれば、認証評価はそれぞれの認証評価機関が定めた大学評価基準にもとづく評価であり、しかもそれは、すでに設置認可された大学が設置基準を満たしているかどうかをあらためて評価するものではない。政府行政当局以外の学外の公的な第三者組織による大学評価は、大学連合組織や大学関係者などの主体性にもとづいた自主的な評価であることに意義があるからである。

それゆえ認証評価は適格認定、つまり設置認可された大学がその教育研究などの水準を自主的に向上させ、日本の大学として、あるいは国際的通用力のある大学としてふさわしい状況にあるのかどうかを評価する大学評価として、大学評価制度のなかに明確に位置づけられる必要がある。たとえば大学基準協会はこうした観点にもとづき、第二期の二〇一一年から、大学が自ら点検・評価を行い、その結果を大学改革に結びつけ、大学の質を自ら保証することができる内部質保証システムを学内に構築し、それを有効に機能させているかどうかを重視する新たな評価システムをスタートした(工藤、二〇一三年、四一頁)。

第二に、認証評価には現行の法令上、機関別評価と専門職大学院の専門分野別評価があるが、後者の専門分野別評価については、多種多様な専門分野に応じて、評価対象の専門分野を大幅に拡張するとともに、専門職大学院だけでなく、二〇一九年より新たに創設された実践的な職業教育を行う専門職大学・専門職短期大学・専門職学科の課程や、既存の大学院の修士課程や博士課程、さらに学士課程や短期大学士課程など、他の課程を対象にした専門分野別評価を整備することが要請される。

日本の認証評価はアメリカで発達してきた地域別と専門分野別の適格認定協会の仕組みを主なモデルにして構

築されたが、アメリカ流に改革を進める方針を今後も採用するのならば、専門分野別評価をいっそう拡充して整備することが求められる。また認証評価を実際に運用する過程で、機関別評価と専門分野別評価をどのように整合的に実施すればよいのか、その基本的な方策を確定していくことも重要な課題である。たとえば専門職業教育は学部教育でも大学院教育でも行われるので、教員組織や教育課程の編成などの認証評価を整合的に実施する体系的な方策を具体化する必要がある。

第三に、日本の認証評価は複数の認証評価機関による多元的な評価を特色としており、それ自体は望ましいにしても、大学評価基準や評価方法などをある程度標準化することが求められる。それは機関別評価と専門分野別評価のどちらについてもいえることである。とくに複数の認証評価機関が同種の対象を評価する場合には、少なくとも、それぞれの認証評価機関が設定する大学評価基準の最低水準をゆるやかな形で標準化する必要がある。そうしなければ評価結果はもとより、大学評価制度自体の信頼性や妥当性、有効性が国内外で著しく損なわれる恐れがあるからだ。

大学評価基準や評価方法などの標準化については、必ずしも認証評価を主要な業務とはしていない公的な第三者組織による大学評価との調整も要請される。たとえば一九九九年に設立された日本技術者教育認定機構（ＪＡＢＥＥ）は、工農理系学協会と連携して大学の工農理系の教育プログラムが国際的に通用する知識と能力を身につけた技術者を育成しているかを審査し認定する非政府組織である。この機構は技術者教育認定の世界的枠組みであるワシントン協定などの考え方に準拠した評価基準で審査している。それから高等教育質保証機関国際ネットワーク（ＩＮＱＡＡＨＥ）や欧州高等教育質保証協会（ＥＮＱＡ）などが試みる、大学評価に関する情報交換や情報共有活動への対応も求められるだろう（堀井、二〇一六年、一六四‐一六六頁）。

社会のグローバル化に対応して、世界の国ぐには地球規模の経済社会で活躍する人材の育成を目指すようになり、国境を越えた教育基準や質保証の標準化を進める動きもみられる。ただし最終的には、どの国もそれぞれ独自に質保証の基準を定め、相互に認証するあり方が支配的になっている。また教育の質保証に活用される尺度や基準自体も教育情報の爆発的な増加のなかで多様化したり個別化したりしているが、こうした教育基準や質保証に関する評価主体の自律性や多様性を尊重する評価のあり方は、今後も基本的に重視されるべきである。そして一方で評価基準や評価方法のゆるやかな標準化を進めながら、この評価主体の自律性や評価における多様性を尊重することは国民国家間だけでなく、国内の大学間や大学のタイプ間の標準化にもあてはまることなのである(米澤、二〇一八年、七七三頁; 広田、二〇一九年、一九四-一九五頁)。

第四に、このような方向で第三者組織による大学評価を整備拡充するためには、多大な物的・人的資源が必要であることも指摘されている。適切な財政基盤と人員体制が整備されなければ、認証評価機関は遅かれ早かれ形骸化してしまい、公的な第三者組織としての自律性を確保できなくなる。また質と量の両面で必要十分な評価者を早急に育成することも強く要請される。さらに日本の大学にふさわしい第三者組織による有効な大学評価の構築は、それぞれの認証評価機関の特色と長所を生かしながら、時間をかけて行う作業であることを、多くの大学関係者が共通に理解するようになることも非常に重要なことである。

これらの問題点や課題に加えて、その後も二〇一八年からスタートした第三期の認証評価のあり方や具体的な運用などを中心に、認証評価に関するさまざまな問題点や課題が指摘されている。なかには重複するところも少なくないため、すでにまとめた四つのポイントに沿いながら主要な論点を要約してみよう(早田、二〇一六年、一五八-一六一頁; 早田、二〇一七年、四-五、七-八頁; 黒田、二〇一七年、二三-二六頁; 前田、二〇一九年、一八-二〇頁; 工藤、

二〇一九年、四三-四六頁；林、二〇二〇年、一四-一六、一九、二六-二九頁；奥野、二〇二〇年、四六-四八頁；野田、二〇二〇年、三七-三九、四一-四五頁などを参照）。

第一に、認証評価が目指す大学評価の目的は（これまでの経過をたどって整理してみると）、①大学として求められる基本的要件の充足状況を確認し最低限の質を保証すること、②教育活動を中心とした各大学の改善や改革を支援すること、③評価結果の公表などを通して社会への説明責任を果たすことの三つに大きく分けられる。そのうち第一期と第二期で実際に主にとりくまれたのは、一つ目の大学の質保証、しかも法令適合性、つまり学校教育法や大学設置基準などに適合しているかどうかという法令遵守のチェックが中心だった。それは形の上では、それぞれの認証評価機関が定めた大学評価基準にもとづく、大学としての適格認定のための自主的で自律的な評価活動であるにしても、実際には文部科学省による設置認可後の各大学の法令遵守の状況を政府に代わってチェックする作業であった（早田、二〇一七年、四-五頁）。

しかしその後の大学評価政策の変更や関連法令の改正、認証評価機関の対応などを反映して、第三期の認証評価では、日本のすべての大学は三つの方針、つまり卒業認定・学位授与の方針（DP、ディプロマ・ポリシー）、教育課程編成・実施の方針（CP、カリキュラム・ポリシー）、入学者受入れの方針（AP、アドミッション・ポリシー）とともに、内部質保証、つまり大学における教育研究活動等の見直しを継続的に行う仕組みを認証評価の重点評価項目として大学評価基準にもりこみ、その実質化をはかることをあらためて求められることになった（工藤、二〇一九年、四三頁；野田、二〇二〇年、三九頁）。

こうした認証評価が定着すれば、それが目指す大学評価の三つの目的も遅かれ早かれ実現するのかもしれない。もっとも、そのための具体的な作業は認証評価機関にとっても受審する大学にとっても多大な時間とエネルギーを要請することになる。とりわけ各大学にとって、三つの方針をふまえた内部質保証の全学的なあり方と具体的な実施行程を図式やガイドラインとして構想することはできるかもしれないが、実際にそれらを動かせるような仕組みを学内に構築し、すべての大学構成員、とくに大学教職員にその実施への参加と協力を要請するのは、どの程度現実的で実現できることなのか、大いに疑問なところがある。

第二に、専門職大学院や専門職大学などの専門分野別評価では、該当する大学院や大学が一つしか設置されていない専門分野でも、その専門分野に対応する認証評価機関が必要になるが、認証評価機関の立場からみると、そうした仕組みの設置への対応は組織体制の面でも財政基盤の面でも厳しいことが指摘されている。それは複数の大学院や大学が設置されている場合も同じで、学生募集を停止するケースがあるなど、さまざまな経営上の問題があることに変わりはないという。

機関別評価と専門分野別評価の整合的な実施も引き続き不鮮明なままである。たとえば機関別評価において、全学や学部・研究科、教育プログラム、大学教員などのレベルごとに、教育研究活動などの専門分野別評価を、どの程度、どのような形で実施すればよいのかはあいかわらず不透明である。各大学が積年の「評価疲れ」を過去の愚痴として解消し、その教育研究活動などの改善や改革に役立つ大学評価にとりくむには、いくつものハードルを乗り越える必要があるように思われる(前田、二〇一九年、二〇頁;工藤、二〇一九年、四四頁などを参照)。

第三に、複数の認証評価機関による多元的な評価を特色とする日本の認証評価では、大学評価基準や評価方法などをある程度標準化することが求められる。すでに述べたように、それぞれの認証評価機関が設定する大学評価基準の最低水準がゆるやかな形で標準化されなければ、評価結果はもとより、大学評価制度自体の信頼性や妥当性、有効性も確保することはできないからだ。それに加えて、各大学の教育研究活動、とくに各大学が提供する大学教育が水準を満たしていることを、学外の利害関係者に目にみえる形で広く知らせるのも重要な解決すべき課題である。日本の大学評価では認証評価以外にも、国際通用性の観点から工学や医学、歯学、薬学、獣医学、看護学、助産学などの専門分野で第三者組織による専門分野別評価が実施されてきた。また日本学術会議による分野別参照基準の構築も試みられているが、そうした学外の第三者組織による大学評価の成果や評価方法を活用して、各大学の大学教育の水準を保証する仕組みを工夫することも、そうした方策の一つとして考えられるのかもしれない（野田、二〇二〇年、四二-四三頁）。

大学教育質保証・評価センターは二〇一九年に公立大学協会によって設立され、国公私立大学（短期大学を除く）を対象とする認証評価機関として文部科学省から認証された。短期大学基準協会は二〇〇五年に短期大学を対象とする認証評価機関として文部科学省から認証されたが、二〇二〇年にはさらに大学の認証評価を行う認証評価機関としても認証され、それにともない法人名を大学・短期大学基準協会に変更している。日本が主要なモデルにしたアメリカの大学評価では、全米に六つある地域別適格認定協会が大学全体を評価の対象とする機関別評価を行うため、協会同士は直接の競合関係にはない（ただし専門分野別適格認定では日本と同様に、複数の協会が申請校をめぐって競合する場合がある）。

それに対して日本の認証評価では、複数の認証評価機関により多元的な評価が行われている。日本の大学が設置者別や地域別にみても、あるいは学生の能力や興味・関心、卒業後の進路状況などの面からみても、驚くほど多種多様なことを考えると、それ自体は望ましいことである。それは公立大学に特有の課題、たとえば①大学の規模や学部構成、地域との関わりなどで多様な公立大学が多いこと、②機関別の認証評価と大学法人の業務実績を評価する法人評価の役割分担を明確にする必要があることなどを背景に、公立大学協会が大学教育質保証・評価センターの設置にふみきったことにもよくあらわれている（奥野、二〇一六年、一一-一三頁；公立大学協会・公立大学の在り方に関する検討会議、二〇一七年、一三頁；奥野、二〇二〇年、四六頁などを参照）。

今後の当面の課題は、行政主導ではなくあくまでも大学が主体的に、大学評価基準や評価方法などを多様な実態に即して周到に検討し、ある程度標準的だが弾力的な運用もできる質的観点や量的指標を、分かりやすく目にみえる形で構築することだろう。その際には大学関係者、とくに大学教職員だけでなく、学生の学習成果に関心がある学生自身や雇用者などの利害関係者に議論への参加を幅広く呼びかけることも重要になる。

第四に、第三者組織による大学評価の拡充にとって、認証評価機関の財政基盤や人員体制の整備、適切な評価者の確保と育成は依然として懸案事項のままだけれども、それと並んで（大学評価の進展にともない）、受審する大学側の学内における大学評価の実施体制の整備も注目されるようになった。各大学は自己改革に役立つ独自の自己点検・評価を中核にした、実質的な大学評価の仕組みをどのように学内に構築するのか、大学評価の組織的な役割や権限をどのように大学の管理運営のなかに位置づけるのかといった問題について、具体的な対応を求められている。

(5)定着するか大学主導の大学評価

評価主体別にみた三番目の大学評価は大学が評価主体の大学評価である。その中核には、各大学が行う大学の自己点検・評価が位置する。学校教育法の第一〇九条によれば、大学は、その教育研究水準の向上に資するため、当該大学の教育研究、組織運営、施設設備といった教育研究などの状況について自ら点検と評価を行い、その結果を公表するものとされている。この大学の自己点検・評価の実施と公表は九一年の大学設置基準などの大綱化にともない、大学の設置認可による「事前規制」の緩和とひきかえに努力義務となり、さらに九八年には義務化された。

その後の実施状況をみると、どの大学も教育研究などの状況について、なんらかの自己点検・評価を行い、その結果を報告書やインターネットなどのメディアを通じて公表するようになった。しかし導入後三〇年を経ても、点検・評価の実施手続きや結果の活用をはじめ、大学の自己点検・評価の明確な仕組みや運用方法などが確立されたとは、とうていいえないのが現状のように思われる。

たとえば自己点検・評価はもともと、大学で行われる教育研究などの実態を明らかにするとともに、それらの意義や価値、問題点などを判断したり評価したりして、その結果を自己改革のために活用し、教育研究水準を向上させることを目的にしている。ところが現状把握のために自己点検を試みたものの自己評価までには及ばない場合とか、点検・評価の結果を自己改革のために効果的に活用できない場合がよくみられるのである。

こうした議論で近年よく使われるＰＤＣＡ（Plan-Do-Check-Action）のマネジメントサイクルの考え方に即していえば、大学の自己点検・評価は①計画、②実施、③点検・評価、④改善の四段階のうち、三つ目の点検・評価の段階にあたる。大学の教育研究などの管理運営では、最後の改善を次のステップの計画に結びつけて、大学の教育研究水準を継続的に向上させる仕組みを構築することが求められることになる。

ところが実際には、大学関係者のなかには大学評価に直接従事する担当者も含めて、ＰＤＣＡを一面的にしか理解していない者が少なくない。またＰＤＣＡの普及と拡散は日本の行政界全般で広くみられたことなので、文部科学省が大学改革の小道具の一つとして注目したのは、あるいはごく自然な成り行きだったのかもしれない。しかしいったん大学政策にくみこまれると、まもなく形骸化してＰＤＣＡの実施自体が目的になり、計画（Ｐ）と評価（Ｃ）だけが肥大化したＰｄＣａに変わってしまったという（佐藤、二〇一九年、九七、一三九-一四〇頁）。それからほとんどの大学では四つの段階のどれもが試行錯誤の状態にあり、マネジメントサイクルの仕組み自体が定着していないようにもみえる（山田、二〇一三年、五四-五六頁、山田、二〇一七年、五三頁などを参照）。

　ＰＤＣＡのメリットの一つは、目的を明確にして品質特性（管理項目）を決め、それらの変動を左右する諸条件の要因分析を行うことにより、改善効果の大きな要因や問題を特定して、目的の達成にとって望ましい改善を実現することにあるとすれば、すべての自己点検・評価項目にＰＤＣＡを機械的に適用するのは無意味なことである。大学教育の質向上をはかるには、たとえば学生の学習成果を左右すると考えられる教育課程やシラバス（講義要項）、学生向けに履修要項をまとめた学生便覧などの具体的な取組を、大学教育の方針に照らして適切かどうかを自己点検・評価し、その改善に実際に結びつけて変えていくことが求められるのである。

　またＰＤＣＡサイクルの期間は半期単位、一年単位、数年単位などのように、自己点検・評価項目の内容によって異なること、ＰＤＣＡの四段階を実質的に遂行する学内の責任主体や組織、その権限や具体的な手続きなどが、自己点検・評価項目の内容によって大きく違うことなどに留意することも求められる。とくに外形だけを整えた形式的な自己点検・評価の実施を避け、大学の教育研究水準を実質的に改善して向上させるためには、学内の管理運営における組織的な権限の配置、つまり理事会の理事や学長とか副学長などの上級大学管理者を含めた大学経営陣の権限と、大学の管理運営のミドルマネジャーの権限、つまり各学部や研究科などの執行部や全学組織を構成する各部局の部次長、あるいは課長クラスまで含めた大学管理者の権限を明確にして、彼らが責任のある改革を状況に応じて柔軟に遂行できる仕組みを構築する必要がある（本書の第四章「大学の管理運営改革の方向」の「4　実践的な管理運営組織の整備」を参照）。

これらのことを考えると、自己点検・評価の仕組みの改革と定着を手がかりにして大学の教育研究水準の向上をはかるのは（決して容易な作業ではないけれども）、どの大学にとっても重要な解決すべき課題だといってよいだろう。それでは、こうした大学主導の大学評価を定着させるにはどうすればよいのか。続いて日本の大学にふさわしい大学の自己点検・評価の仕組みを構築するために、その改革課題を近年の日米の先行研究も参照しながら整理してみよう。

3　大学の自己点検・評価の改革

(1) 大学評価の意義や効用の共有

大学主導の大学評価が実質的に定着するためには、まず第一に、大学の自己点検・評価を含めた大学評価の意義や効用を、大学管理者や大学教員、大学職員、学生などの大学構成員が広く共有する必要がある。

評価の主体に注目すると、日本の大学評価制度は各大学が行う大学の自己点検・評価を、学外の第三者組織による大学評価や行政機関による大学評価、その他のマスメディアや企業や高校関係者などの利害関係者による大学評価が重層的にとりまく構造になっている。各大学は政府による大学設置基準などを適用した設置評価により設置認可された後、自主的に教育研究などの状況について点検・評価し、その結果を公表するとともに、政府から一定の独立性を保った公的な第三者組織による認証評価を定期的に受けることを義務づけられている。

それ以外に、国立大学や法人化された公立大学は中期目標・中期計画の業務実績に関する法人評価も受ける。またどの大学も、政府の競争的な公的資金をはじめ、企業や同窓会組織などから外部資金を獲得しようとすれば、その都度、独自の評価基準によって評価されることになる。学生確保や大学のイメージ形成のためには、マスメディアやさまざまな利害関係者による大学評価への対応も非常に重要である。

大学の自己点検・評価は、こうした大学評価制度のなかで中核に位置づけられる。というのは大学評価の目的はなによりもまず、大学の教育研究などの状況を改善したり改革したりして、その質の向上をはかること、つまり大学の機能である教育と研究、さらに社会サービス（社会貢献）をより優れたものにすることにあるからだ。どのような組織や制度についてもいえることだが、その機能を十分に発揮させるには、自己点検・評価を常に行い、その成果を自己改革のために活用する必要がある。

とりわけ大学は学問の自由の理念にもとづく自治的な教育研究機関だとみなされているので、大学評価、とくに大学の自己点検・評価は大学自体にとって重要な権利であるとともに責務でもある。というのも、自治は自主的な軌道修正の仕組みを内蔵した組織や制度に対して社会が認めるものであり、それによってはじめて、大学は外部からの干渉や介入に対して自律性を確保できると考えられるからである。

今後は大学の自助努力がますます求められ、大学教育の質や大学の個性をめぐって、大学間の競争はいっそう厳しくなると予想される。そうした大学にとって厳しい時代の流れに対応するためにも、過去に対する反省と現状の点検・評価は不可欠である。どの大学もそれぞれ固有の理念や目的をもっており、私立だけでなく国公立も含めて、どの大学にもユニークな建学の精神や独自の使命があるはずである。そうした基本的な理念や目的をふまえて、実現可能な未来を自ら描けなければ、その大学に対する将来のイメージはきわめて暗いものになってしまうにちがいない。

高等教育の大衆化は日本でも実に多種多様なキャンパスを生み出したが、その実態は他大学だけでなく自分の所属する大学についても、恐ろしいほど知られていない。公的な大学情報や友人や知人を通してえられるインフォーマルな情報は、事実の半面しか伝えないことが多い。しかし大学構成員はその大学環境に精通し、自分の位置や役割を正確に知らなければ、そのもてる力量を十分に発揮することはできないのである。

もっともこうした大学評価の意義や必要性を全学の大学構成員が共有するためには、いくつもの障害を乗り越えなければならない。たとえば一九九一年の大学設置基準などの大綱化にともない、大学の自己点検・評価の実施と公表がすべての大学にとって努力義務になってからすでに三〇年近く経過したにもかかわらず、大学のなかには、学問の自由の理念が学部や学科、専攻、講座の利己主義を助長し、その既得権の擁護のために大学の自己点検・評価や大学改革が進めにくいところも少なくないようだ。

国立大学における機関別認証評価の経験については、大学評価・学位授与機構（現大学改革支援・学位授与機構）が第一期（二〇〇五〜二〇一一年度）と第二期（二〇一二〜二〇一八年度）の終了時点でそれぞれまとめたアンケート調査の総括報告書がある（大学評価・学位授与機構、二〇一三年、一三-一四頁；大学改革支援・学位授与機構、二〇二〇年、一三-一五頁）。その分析結果によれば、第一期でも第二期でも、機関別認証評価を受けたほとんどの対象校は自己点検・評価を行ったことを肯定的に評価しており、「教育研究活動等について全般的に把握することができた」（九六％→九五％）、「教育研究活動等の今後の課題を把握することができた」（九三％→九三％）と回答していた。なお（　）内の％は前半が第一期の回答比率、後半が七年後の第二期の回答比率であり、受審した国立大学はいずれもきわめて高い肯定的な評価をしていた。

ところが「自己点検・評価を行うことの重要性が教職員に浸透した」（五〇％→四七％）、「教育研究活動等を組織的に運営することの重要性が教職員に浸透した」（四三％→四二％）と回答したところは両時期とも半数以下であった。しかも七年間の間に回答比率はやや減少して停滞気味だから（統計誤差の範囲内だが）、たとえ自己点検・評価を実施しても、自己点検・評価や教育研究活動等の組織的な運営の重要性は、学内の一般の大学教職員にはそれほど浸透しなかったのである。それは自由記述の意見でも確認されている。

さらに問題なのは、これらのどちらかといえば肯定的な回答は、学内でも認証評価などの大学評価に直接関係している大学構成員の評価だということである。一般的なイメージを描いてみれば、大学教員のなかにはたしかに大学改革や認証評価に関心がある者もいるかもしれないが、そうした大学教員は圧倒的に少数派であり、教育研究活動のうち自分の研究にはそれなりに関心があっても、学生の教育に大いに関心があるとは思えない大学教員も少なくないのである。さらに学内の評価の主体として大学管理者や大学教員の他に、大学職員や学生を含めるのかどうかも大きな問題である。

しかしいずれにせよ、そうした障害を一つずつ除きながら、自主的な改革を進めることによってのみ、それぞれの大学は独自の方向を見出すことができるように思われる。

⑵大学の自己改革に役立つ独自の自己点検・評価の構築

第二に、大学の自己点検・評価を学外から要請されるさまざまな大学評価と連動させ、その準備を進めることも兼ねた評価活動として位置づけ、自分の大学にふさわしい仕組みを整備する必要がある。

各大学は今後、学外の公的な第三者組織や行政機関による大学評価、マスメディアや企業、高校関係者、入学志願者の保護者といった利害関係者による大学評価など、多種多様な大学評価に対処することを求められている。これらの大学評価はいずれも多大な時間とエネルギーを要する作業だから、その都度個別に対処すれば、大学にとって過重な負担になったり、準備作業が重複したりしやすいため、「評価疲れ」をもたらすことになる。

そうした状況を避けるためには、大学の自己点検・評価にとって不可欠な評価項目を大学の置かれた状況に応じて確定するとともに、さまざまな大学評価で使われている評価項目を比較検討して、どの大学評価にも共通に含まれ、しかも自分の大学の改革にとって意味のある重要な少数の評価項目を抽出し、それらを中核にした汎用性の高い大学の自己点検・評価の仕組みを構築する必要がある。

その際のポイントは、大学評価に使えそうな種々雑多な評価項目や評価指標を満載したデータベースを構築するのではなく、あくまでも大学の自己改革のために活用できる評価項目や評価指標を厳選し、日常の教育研究などの活動を分かりやすく、目にみえる形で評価する作業を積み上げていくことである。それらを根拠資料（エビデンス）として活用するのが大学の自己点検・評価の基本なのである。というのはこうした大学独自の自己点検・評価活動は、学外のさまざまな大学評価への準備として役立つだけでなく、政府の競争的な公的資金をはじめ、企業や同窓会組織などから外部資金を獲得する際にも、それまでの実績を示す成果として活用できるからである。

(3)実質的な学内実施体制の整備：ＩＲ（機関調査）の可能性

第三の課題は、大学の自己点検・評価の実質的な実施体制を学内で整備することである。

ほとんどの大学は大学の自己点検・評価を実施する学内の全学的な組織として、自己点検・評価委員会や自己評価委員会、あるいは教員研修（ＦＤ）も含めた自己点検・評価・ＦＤ委員会などといった委員会を設置してきた。複数の学部をもつ大学では、学部や研究所などの部局レベルの委員会を設置しているところも少なくない。大学教育の改善や支援を主な目的とした大学教育センターを設置する大学も徐々に増えており、学生による授業評価をはじめ、大学教育の評価を中心とした大学評価を実施している。

また多様な評価活動を効率的に遂行する全学的な組織として、評価企画室（名古屋大学）や経営情報分析室（愛媛大学）、大学評価情報室（九州大学）を設置した大学もある。たとえば九州大学の大学評価情報室（現ＩＲ室）は、大学教員の自己点検・評価や第三者評価の基礎資料の収集を目的とした教員データベースである「大学評価情報システム」や、学内に散在する評価データの効率的な収集・蓄積・活用を目的とした「大学評価ポータル」などを運用している（高田、二〇一一年、三六‐三七頁）。

それに加えて、日本の大学改革の議論では近年、アメリカの大学で普及しているＩＲ（機関調査、インスティチューショナル・リサーチ）も大学評価と密接に関連した活動として注目されるようになった。ＩＲとは、機関の計画立案、政策形成、意思決定を支援するための情報を提供する目的で、高等教育機関の内部で行われる調査研究を指す言葉である。この調査研究は実践志向が強く、ＩＲの実践は主として、どれだけ大学の運営に貢献できたかという観点から評価されるところに特色がある。

ＩＲの実践の内容や形態は大学によって多様だが、次の三つに大きく分類される。第一は外部評価への対応業務を重視したＩＲであり、認証評価や国公立大学の法人評価などの導入を契機に、大学評価室などの名称の組織を設置した大学もある。第二は大学の経営活動の改善を重視したＩＲであり、大学の計画策定や財務管理などの経営面での改善が期待されている。第三は教学ＩＲ、つまり大学の教育活動の改善を重視したＩＲであり、学生の学習成果などの調査研究により教育課程や各種の教育プログラムの質保証や改善を支援することが期待されている（中井・鳥居・藤井、二〇一三年、一六‐一七頁）。

こうしたＩＲを担当する組織の設置は二〇一〇年代半ば以降急激に増加した。その直接の契機の一つは、文部科学省による競争的な公的資金配分政策でＩＲの充実や活用を促したことである。たとえば私立大学等改革総合支援事業の採択では、ＩＲ担当組織の設置の有無が考慮されたり、国立大学改革強化推進補助金（総合支援型）では、ＩＲの機能強化のための公募支援が行われたりしている（沖、二〇一七年、二七、三〇頁；浅野、二〇一七年、九七頁）。

ちなみに一、一〇五校の大学・短期大学を対象に二〇一九年に実施された大学のＩＲに関する全国調査（回収率四一・三％）によれば、全体の七六％がＩＲを行う組織を設置していた。大学の設置率は国立九二％、公立四〇％、私立八四％、短期大学の設置率は公立四〇％、私立六九％であった。なおＩＲ担当組織のうち七三％は新規に設置され、二六％は既存の組織にＩＲの機能を付与する形で設置された。その活動の範囲は（複数回答）、通常業務に加えて関与している業務をあわせれば、教育の質保証（成績や学修成果等の分析）九〇％、認証評価・第三者評価への対応八一％、外部への情報公開のための情報の作成七八％、入試選抜の検証六七％、エンロール・マネジメント六四％と、きわめて多様な業務に及んでいる（清水、二〇一九年、二一－二二頁）。

ところでＩＲ担当組織やＩＲの業務に従事するＩＲ担当者などの活動については、先行するアメリカの大学でもさまざまな課題や問題が指摘されている。たとえばＩＲの業務のなかでは、学内外への報告業務や適格認定への対応などのような決まりきったルーティン業務が多く、大学やＩＲ担当組織にとって重要な調査研究を行う時間が制限されてしまうことや、ＩＲの分析結果が学内の政争のために適切に活用されない場合があること、ＩＲが大学の管理運営や計画策定のプロセスと有機的に結びついていないことなどが指摘されている（ハワード、二〇一二年、二六四頁）。

ＩＲとＰＤＣＡなどのマネジメントサイクルとの関連も一筋縄ではいかない複雑な問題を抱えている（本田、二〇一二年、二一－二二頁）。大学のタイプや歴史的背景、組織文化などの違いによって事情は異なるけれども、アメリカの大学でも一般的に、IRが全学的な計画立案や政策形成、意思決定を支援するのに有益な情報を的確に提供するのは決して簡単なことではない。カレッジやスクール、あるいは学科の場合も、IR担当組織の役割は自己点検の実施や報告書作成などの支援にとどまることが多く、それらの組織的な意思決定にまで関与するケースは少ないという。学内の各部署からIR担当組織に対して情報提供の要請はたくさんあるにしても、提供した情報がどの程度有効に活用されているのかについての検証はあまり行われないようである。

それでは日本の大学では、どのようにして大学の自己点検・評価の実質的な実施体制を学内で整備すればよいのか(ハワード、二〇一二年、三三一-三三三頁;本田、二〇一一年、二三-二四頁;金子、二〇一六年、一八-二一頁;沖、二〇一七年、三四頁;浅野、二〇一七年、一〇五頁;中井、二〇一八年、三頁;鳥居、二〇二〇年、一三五-一三七頁などを参照)。

大学のなかには二〇一一年から認証評価の機関別評価が第二期に入ると、その対応作業に一応の目処がついたためか、大学評価担当の組織や人員などを縮小させたところもみられた。また大学評価を担当する委員会や部門を設置して形式を整えれば、大方の問題は解決するはずだと考える大学も依然として少なくない。しかし大学の機能である教育と研究、社会サービスをより優れたものにするには、自己点検・評価を常に行い、その成果を自己改革のために活用する仕組みを構築することは不可欠なのである。

今後の方向としては、各大学はなによりもまず、大学の使命や歴史的背景、大学のタイプ、学内の組織文化などをふまえて、独自の大学評価のあり方を確立する必要がある。たとえ大学評価担当の組織を設置しても、その学内における位置づけや目的が不明確なため、データ収集に支障がある大学も多く、期待される業務を遂行できないまま衰退してしまう恐れもあるからだ。その際にとくに重要なのは、大学経営陣や大学の管理運営に従事するミドルマネジャーの権限をはじめ、学内の管理運営における組織的な権限の配置を明確にするとともに、そうした仕組みのなかに大学の自己点検・評価の役割や権限を明確に位置づけることである。

そのうえで、大学の自己点検・評価の実質的な実施体制を学内で整備するために、ＩＲ担当組織を新設したり、自己点検・評価委員会や大学評価室といった全学の既存の組織をベースにして、その高度化をはかったりすることになる。なお組織の長は、理事や教学担当副学長といった全学的な意思決定の権限を有する者であることが望ましい。そうすることにより、大学の自己点検・評価を中核にした大学評価は全学的な取組であることが学内に周知されやすくなる。また大学評価で扱う情報のなかには、大学経営上重要な大学の内部情報として学外に公表できないものも含まれるが、そうした情報の取捨選択を過不足なく適切に行うことも強く求められるからである。

日本の大学では大学組織が基本的に学部別に編成されているため、全学的な組織が学部教育の教育課程に直接関与するのは容易なことではない。それだけでなく大学教育の実態を調査すること自体も、学部の立場からみれば学部の教育のあり方を批判し、主権を侵害するものだととらえられやすいところがある。しかしこうした全学的な組織を中心にして、学部や研究科、それから全学の事業企画や教務、学生、財務などを担当する部署で活動するＩＲ担当者との連携を推進すれば、大学の将来計画や政策をある程度考慮しながら、より現場の状況を反映した調査研究を実施したり、学内の直面する課題や問題の改善や改革を支援したりすることができるのではないか。

ＩＲを担当する人材の育成も今後の重要な課題である。ＩＲ担当者は大学に関する基礎的な知見や社会統計学（定性的・定量的）の手法を身につけ、実践的な調査研究を実施したり、分析結果を所属大学の改善や改革に結びつけたりすることができる力量を求められる。それに加えて学内でＩＲの業務を円滑に進めるために、各種の事業やプロジェクトの運営や関連部署間の調整などを進める能力も要請されるだろう。小規模大学や大学経営が不安定な大学にとっては、ＩＲ担当者の育成や雇用を進めにくいのも事実である。しかし日本ではようやく大学アドミニストレータを育成する大学院課程やさまざまな専門研修が開設されるようになった段階であり、人材育成プログラムをいっそう充実させることが望まれる。

⑷教育評価を重視した評価項目の体系化

第四に、大学の自己点検・評価は大学の教育研究水準の向上に資するために行われるが、当面は大学教育を改善し、教育の質を保証するために、大学教育の評価に特化して評価項目を体系化し、その定着をはかるのが望ましい。

大学評価にはさまざまな評価項目がある。たとえば大学基準協会が行う第三期の機関別評価の評価項目をみると、大学の理念・目的や内部質保証、教育研究組織、教育課程・学習成果から大学運営・財務まで多岐にわたっている。しかし大学評価が各大学の理念や使命、目的に即して行われることや、第三期の認証評価ではとくに内部質保証、つまり大学における教育研究活動等の見直しを継続的に行う仕組みを重点評価項目として大学評価基準にもりこみ、その実質化をはかることが求められるようになったことも反映して、評価項目は教育評価を中心に構成されている。専門職大学院や専門職大学などの専門分野別評価では、教育評価はよりいっそう重視されている。

大学評価では教育評価と並んで、研究評価も重要な評価項目である。しかし教育が所属大学の学生を直接の対象にしたローカルな活動であるのに対して、大部分の研究は学内で行われるにしても、その評価は基本的に学外や国外の研究者集団によって行われるため、研究はどちらかといえば、大学の枠を超えて評価されるという意味でコスモポリタンな活動である。したがって大学の自己点検・評価では、研究評価は施設設備や管理運営などの評価と同様に、大学教育の改善や質保証と関連した活動を対象とした評価項目群の一つとして位置づけられる。

こうした教育評価の重視は、認証評価機関の主要な先行モデルである、アメリカの地域別適格認定協会や専門分野別適格認定協会が設定した評価項目の構成にもよくあらわれている。とくに一九八〇年代以降、アカウンタビリティの考え方が浸透すると、適格認定では入学者の特徴や既存の資源、教育研究組織、施設設備などのインプット面よりも、学生が在学中に獲得した学習成果（ラーニング・アウトカムズ）が重視されるようになった。また産業界や州政府などの学外の声にも応えるために、適格認定協会は大学に対して大学教育の質を継続的に改善することを要求するようになった（Rice, 2006, p.17）。大学評価は大学の機能である教育と研究、さらに社会サービスをより優れたものにするために行われるが、どの大学にとっても最も重要なのは大学教育を改善し、教育の質を保証することだからである。

日本の大学は今後、教育重視型大学と研究重視型大学の二つのタイプに大きく分化するが、実際にはどちらのタイプの大学にも、多種多様な特色のある大学教育を提供するところが増えると予想される。とくに教育重視型大学のなかには、大学の規模が比較的小さく、社会的な知名度もそれほど高くないけれども、大学の長所や持ち味を生かして、その大学に最もふさわしい適所をえようとする「隙間（ニッチ）」志向の大学が数多く生まれると考えられる。

大学の自己点検・評価は、そうした大学の理念や使命、目的に沿って大学教育を改善し、教育の質を保証するために、教育評価に焦点を合わせ、その関連で学内の他の諸活動を体系的に点検・評価できるように評価項目を選定したり、整備したりすべきである。

(5)学生の学習成果を中核にした教育プログラムの評価

第五に、こうした教育評価に焦点を合わせた大学の自己点検・評価では、評価の主な対象を専門分野や専攻、あるいは課程が提供する教育プログラムにし、その成果を評価する際には、学生の学習成果、つまり学生が在学中に大学教育を受けることにより直接獲得した知識や技能、態度などを評価する指標を中心に評価指標を設定する必要がある。

これまでの日本における大学教育の評価では、主に大学全体と個別の授業を対象にした評価が行われてきた。しかし評価結果を大学教育の改善に活かすためには、大学全体の大学教育の評価ももちろん重要だが、それだけではあまり役に立ちそうにない。個別の授業を対象にした学生による授業評価の結果も、それだけでは必ずしも十分ではない。というのは、履修の責任を全面的に学生にまかせることが難しい現状を考慮すると、個々の授業が学生の立場からみて効果的になったからといって、その大学の大学教育の質が全体として向上するわけではないからだ。それゆえ評価結果をさらなる改善に結びつけて、大学教育の質を継続的に向上させる仕組みを構築するためには、専門分野や専攻、あるいは課程における教育活動を対象にした大学教育の評価がきわめて重要になる。

なおそうした教育プログラムの評価では、学生の学習成果の評価を中心に評価指標を設定する必要がある。というのも、教育学の立場からみると(本書の第三章の「1　大学教育改革の見取り図」で展開した学部教育の改革論議の際にもすでに指摘したように)、学習そのものはあくまでも学習者自身によって行われるが、教育とはそうした学習への動機づけをしたり、学習意欲を喚起したり、学習する機会を準備したりすることにより、学習者の学習過程を適時に、的確に支援することを意味するからである。

このような観点からみると、各大学はその理念や使命、目的に沿った大学教育の目的を、すべての学生が達成すべき学習成果として公的に明示し、彼らがそれらの成果を実現するのを支援するために、適切な教育課程（カリキュラム）を編成したり、教育方法や教育研究組織、その他の施設設備などを整備したりする立場にある。そして学生の学習成果と学生の学習に対する大学側の支援を定期的に点検・評価し、その結果を次の大学教育の改善や改革に結びつける仕組みの構築は、どの大学にとっても不可欠なのである。

ところで学生の学習成果の分類や具体的な評価指標は、大学の事情に応じていろいろ想定することができる。ここではアメリカにおける学生の学習成果の評価方法を主に参考にした試論的な試みを、ごく簡略に整理して紹介してみよう（山田、二〇一二年、四七-五〇頁；松下、二〇一七年a、九九-一〇二頁；松下、二〇一七年b、二〇-二二頁；山田礼子、二〇一九年、一〇二-一〇八、一一五頁などを参照）。

松下によれば、学習成果の評価は少なくとも、①直接評価と間接評価、②量的評価と質的評価、③機関レベル・プログラムレベル・科目レベルの評価という三つの分類軸で整理できるという（松下、二〇一七年b、二〇頁）。一つ目の分類軸の直接評価とは、学生が大学教育を受けることにより直接獲得した知識や技能、態度などの評価を意味する言葉である。これに対して間接評価とは、大学教育を受ける学生の学習成果につながる学習過程の評価、つまり学生の大学や教育プログラムへの期待度や満足度、学生の学習行動や生活行動、自己認識などの評価を意味する言葉である。

二つ目の分類軸の量的評価と質的評価の違いは、基本的には評価データが量的か質的かの違いである。量的評価では測定や評価の客観性が重視され、客観テストや質問紙調査などがよく使われる。評価対象は集団または個人であり、選抜や組織的な教育改善などのために用いられる。それに対して質的評価では主観的な要素も重視され、測定や評価の信頼性や妥当性に留意する必要があるけれども、個々の学生の学習や指導の改善のための情報をえるのに適している。三つ目の分類軸は学習成果の評価を実施するレベルに注目した分類である。第三期認証評価の機関別評価で強調されている内部質保証の仕組みに引きつけてみれば、大学・学部や研究科・個々の授業といったレベルや、卒業認定や学位授与の条件・学部や研究科の教育課程・個々の科目やシラバスなどの分類を想定することができるだろう。

これらの三つの分類軸のうち、ここでは、具体的なイメージを最も描きやすい直接評価と間接評価に注目して、その特徴を整理してみよう。重要なポイントは、学生の学習成果の評価、つまり学生が在学中に獲得した知識や技能、態度などを評価する際には、それらの直接評価による評価結果を使用するのが基本だが、それとともに学習過程の評価としての間接評価による評価結果をくみあわせることによって、学生の学習効果は実情に即して、より正確にとらえることができるということである(**表5-2**)。

直接評価の評価指標　直接評価の評価指標に含まれるのは、大学教員が科目ごとに実施する単位認定のための中間試験や学期末試験、レポートやプロジェクトの評価、科目履修の前後に実施する試験などである。標準化や数量化が比較的難しい学生の学習成果、たとえば卒業研究や卒業論文、卒業試験、実技や芸術作品、価値観や態度などの評価も直接評価の評価指標に含まれる。それから教育課程が職業資格と密接に関連している医学や薬学、看護学などの専門分野における国家資格試験の実績も直接評価の評価指標に含めるべきだろう。学習成果を質的に評価するために、学生ごとに学習成績や活動記録、学習の過程などをまとめた学習ポートフォリオ(ラーニング・ポートフォリオ)や、学習成果の水準のめやすを数段階に分けて記述することにより学生の達成度を判断するルー

表5-2　学習成果の評価指標（直接評価と間接評価）

直接評価の評価指標
科目ごとの中間試験や学期末試験、
レポートやプロジェクトなどの評価、
卒業研究や卒業論文、卒業試験、
実技や芸術作品などの評価、
価値観や態度などの評価；
国家資格試験の実績；
学習ポートフォリオやルーブリックの評価など；
学力試験、標準試験（学部教育、教養教育、専門職業教育）；
大学院進学試験（GRE、MCAT、LSAT）など

間接評価の評価指標
標準型学生調査（CSS、CIRP、NSSE）、
日本版標準型学生調査（JCSS、JFS、JJCSS）；
学生による授業評価；
企業などの雇用者調査；
卒業後の進路（大学院進学率や卒業後の就職状況など）；
入学学生の卒業率、留年率、転学率など

ブリックなども同様である。

この他に各種の学力試験や標準試験も直接評価の評価指標として使われる。これらの評価指標は日本の大学教育ではこれまで、英語能力試験として使われるTOEICやTOEFLなどの標準試験を除けばほとんど普及していない。しかしアメリカでは近年、大学や専攻、課程などを単位にした共通の学力試験の作成と実施を試みる大学もみられるようになった。またアメリカ国内の大学教育を対象とした、大学間での比較を可能にする標準試験の開発も進んでいる。Collegiate Learning Assessment（CLA）は学部教育の学習成果全般を測定するために開発された標準試験である。大学教育は大きく一般教育（教養教育）と専門職業教育に分けられるが、たとえばCollegiate Assessment of Academic Proficiency（CAAP）やMeasure of Academic Proficiency and Progress（MAPP）などは、学生が大学の一般教育で学んだ成果を測定する標準試験である。

それと対照的に、学生が専門職業教育で学んだ成果の測定は主に科目を担当する大学教員によって行われることが多

く、大学間の比較が可能な標準試験は専門分野別にいろいろ開発されているが、必ずしも代表的な標準試験が定着しているわけではない。ただし大学院進学志望者に課せられるGraduate Record Examination(GRE)やMedical College Admission Test(MCAT)、Law School Admission Test(LSAT)などは、学生が一般教育と専門職業教育によって構成される学部教育(学士課程教育)で学んだ成果を測定する標準試験として分類してもよいかもしれない。

間接評価の評価指標　間接評価の代表的な評価指標は、学生を調査対象にした質問紙調査やインタビューなどによってえられる、学生の大学や教育プログラムへの期待度や満足度、学生の学習行動や生活行動、自己認識などに関する調査結果にもとづいて作成される評価指標である。こうした学生調査は学生の卒業時だけでなく、入学時や一年次終了時、上級学年在学時にも行われ、卒業後に卒業生追跡調査として実施されることもある。

この種の標準型学生調査のなかでアメリカの大学で広く利用され、その分析結果が大学教育の改善にも活用されているのは、カリフォルニア大学ロサンゼルス校高等教育研究所が開発した大学生調査(CSS)や新入生調査(CIRP)、インディアナ大学ブルーミントン校中等後教育研究センターが運営管理している全米学生調査(NSSE)などである。日本では日本版標準型学生調査として、日本版大学生調査(JCSS)や日本版新入生調査(JFS)、さらに短大生調査(JJCSS)が開発され、継続的な調査が進められている(山田、二〇一二年、五三-五四頁;山田礼子、二〇一九年、一一五頁)。

なお学生による授業評価もこの間接評価の評価指標の一つとして位置づけられる。また間接評価の評価指標は学生だけでなく、卒業生を受け入れる企業などの雇用者をはじめ、大学教育の利害関係者を調査対象にした、学生の学習成果に関する調査からもえられる。さらに学生の卒業後の進路、つまり大学院進学率や卒業後の就職状況なども、大学や専攻、課程などを単位にした間接評価では重要な評価指標である。日本ではまだあまり話題にならないが、アメリカの大学のなかには、入学学生の卒業率や留年率、転学率などを重視するところも少なくない。

教育プログラム評価の課題　大学の自己点検・評価では今後も、学生の学習成果による教育プログラムの評価はいっそう重視されるようになると見込まれるが、解決すべき問題や課題も少なくない。たとえば学生の学習成果は直接評価と学習過程の評価としての間接評価を適切にくみあわせることによってとらえることができるのは間違いないにしても、さまざまな評価指標を具体的にどのように設定し、それらをくみあわせてどのように測定したり、分析したりすればよいのかは別の問題であり、実現するまでには多大な作業が求められる。

また学生の学習成果の評価指標には個人単位で収集するものが多いけれども、それらを課程や専攻、あるいは学科や学部などの組織単位でみた学習成果の評価指標に的確に変換しなければ、大学教育の改善にとって有効な分析結果をえることはできない。さらにそうした学習成果を教育課程や教育方法、施設設備などといった学生の学習に対する大学側の支援体制と関連させて評価するとしたら、誰がどのような権限と責務にもとづいて実施するのかをはじめ、さまざまな課題に対処する必要があり、よりいっそう多くのエネルギーが求められることになるだろう。

大学教育の目的や学生の学習成果には、それぞれの大学の事情によって独自のものがあるから、評価指標は基本的にできるだけ多様であることが望ましい。教育は研究と比べると、所属大学の学生を直接の対象にしたローカルな活動であることを考慮すれば、各大学がその大学教育の改善にとって最も適切な評価指標を、大学での実践をふまえて独自に開発するのはきわめて重要なことである。しかし政府や企業などの雇用者をはじめ、学外の利害関係者からは個別の大学を超えたレベルで、ある程度標準化された客観的な評価指標の開発も望まれている。つまり学生の学習成果を大学間の比較ができる標準試験や世界共通の標準試験などによって評価することが強く求められており、学内と学外からの二つの要請の間でどのようにバランスをとればよいのかが鋭く問われているのである。

(6)学部の自己点検・評価を基礎にした全学の大学評価

第六に、大学評価では全学レベルの大学評価が基本だが、実質的な大学評価を定着させるためには、なによりもまず学部や研究科を基本的な組織単位にした自己点検・評価を実施し、その評価結果を集約した上で、それらを積み上げて全学的な評価結果をまとめる方式が実施しやすいように思われる。これはとくに複数の学部や研究科をもつ中・大規模大学にあてはまることである。

日本の大学は伝統的に、類似した専門分野をまとめて設置した学部を基礎に編成されており、大学の管理運営も大学教員によって構成される学部レベルの教授会を中心に行われてきた。現在の行政主導の大学改革では、各大学は国公私立を問わず、理事長や学長を中心とする全学的な管理運営の仕組みを確立することを求められているけれども、こうした伝統的な仕組みは依然として根強く残っている。

教育評価では評価の組織単位を専門分野や専攻、あるいは課程が提供する教育プログラムにするのが望ましいが、大学教育の教育課程の構造や内容も実際には、主に学部や研究科レベルで調整されたり編成されたりしてきた。なかには学部教育の教養教育のように、全学的な観点から編成されるものもある。しかしその場合も、各学部が共通して学生に履修を求める科目を中心に科目編成を集約した上で、全学的な統一性と学部レベルの独自性を確立する方式が実施しやすいように思われる。

　また実際には同じ学部内の大学教育も専攻や課程などによって多様だが、学部レベルで評価指標や評価基準をある程度標準化できなければ、学部や全学的な大学教育の目的をふまえた教育評価を実施したり、その評価結果を次の大学教育の改善に結びつけたりすることはとうていできないだろう。さらに学外の大学評価、たとえば認証評価で機関別評価と専門分野別評価をともに受けることになるとすれば、学部レベルの自己点検・評価を積み上げて全学的な大学評価を構築する方が、大学評価の整合性や体系性、要素間の相互連関性などの見通しもはるかに立てやすいように思われる。

　なおこうした評価活動にとって重要なのは、大学職員や学生に評価活動への積極的な参画を求めることである。たとえば教育評価についてみると、大学教員は大学教育を直接担当しており、教育課程の編成や新しい教育プログラムの開発や改善などに対する権限と責務があるから、その評価活動でも中心的な役割を果たすのは当然のことであり、今後も彼らの参加をいっそう促す必要がある。

　しかし大学教育を円滑に進めるには、教学関係をはじめ、図書館や学生部などさまざまな部門の大学職員の実質的な支援も求められる。大学職員は大学教育の実施状況を大学教員以上に熟知していることも少なくないから、どの大学でも、彼らの評価活動への責任ある参画を積極的に進めるべきだ。大学の自己点検・評価に役立つ資料やデータを系統的に収集したり分析したりする際にも、大学職員の協力と関与は不可欠である。

　学生は学生による授業評価により、すでに公的な教育評価活動に部分的に参画している。授業に関するインフォーマルな情報がクラスやサークルなどの人的ネットワークを通じてキャンパス内に浸透しているのは、どの大学にもみられることである。しかし学生は大学が提供する大学教育の最も身近で、しかも直接の利害関係者であることや、教育評価の中核は学生の学習成果の観点からみた教育プログラムの評価であることなどを考えると、学生の評価活動への参加は非常に重要なのである。

(7)求められる大学と認証評価機関との協働

第七に、大学の自己点検・評価を中核にした大学主導の大学評価を実質的に定着させるには、各大学と大学基準協会や大学改革支援・学位授与機構などの認証評価機関との協働をこれまで以上に進めることが求められる。

日本の大学評価制度は（くりかえし述べているように）、各大学が行う大学の自己点検・評価を、学外の第三者組織による大学評価や行政機関による大学評価、その他のマスメディアや企業や高校関係者などの利害関係者による大学評価が重層的にとりまく構造になっている。これらの学外の大学評価のうちとくに重要なのは、政府から一定の独立性を保った第三者組織による大学評価である。

大学と認証評価機関との協働を考える手がかりとして、アメリカにおける大学と適格認定協会との協働関係に注目してみよう。アメリカで日本の大学基準協会や大学改革支援・学位授与機構などの認証評価機関に相当する役割を果たしているのは適格認定協会である。というよりも日本の認証評価機関は、アメリカの適格認定協会を主要なモデルとして導入されたといった方が正確であり、その動向をたどってみることは日本の大学評価のあり方の検討にとっても意義のある作業である。

適格認定（アクレディテーション）とは、高等教育において質の保証と改善のために大学や教育プログラムを精査する際に用いられる、学外の第三者による質の評価の過程（プロセス）を意味する言葉である。この適格認定を実施する適格認定協会には大きく分けると、地域別適格認定協会と専門分野別適格認定協会の二種類がある。

地域別適格認定協会は全米で六つあり、大学全体を評価の対象とする機関別評価を行う。大学が適格認定をえたい場合は通常、その所在地域を管轄する地域別適格認定協会に申請するので、協会同士は基本的に競合関係にはない。それに対して専門分野別適格認定協会は、全米レベルで医学や法学、工学、経営学、教員養成などの専門分野別に教育プログラムや学内組織（ユニット）を評価の対象とする専門分野別評価を行う。専門分野別適格認定はほとんどの場合、すでに地域別適格認定協会から認定を受けた大学を対象にするが、地域別適格認定協会とちがって、同じ専門分野に複数の協会があり、申請校をめぐって競合する場合もある。

適格認定協会は任意団体だが、連邦政府の援助や社会的信用を獲得するために、そのほとんどは連邦教育省（USDE）または高等教育適格認定協議会（CHEA）による認証を受けている。連邦教育省による認証は連邦政府が給付する学生奨学金の受給資格と結びついている。高等教育法により、連邦教育省による認証を受けた適格認定協会から認定された大学に在籍していなければ、学生は連邦政府の奨学金の受給資格がないからである。また高等教育適格認定協議会は適格認定協会の頂点に位置し、その代弁者の役割を果たす全米レベルの任意団体であり、認証を行う唯一の非政府組織でもある。高等教育適格認定協議会はすべての地域別適格認定協会をはじめ、六〇の適格認定協会を認証しており、そうした認証によって、適格認定活動の社会的意義を高めたり、適格認定協会やその認定を受ける大学や教育プログラムの正統性を確保したりすることをはかっている。

この適格認定協会の適格認定では従来、入学者の特徴や既存の資源、教育研究組織、施設設備などのインプット条件が重視されていた。しかし一九八〇年代以降、アカウンタビリティの考え方が浸透すると、それらのインプット面よりも、教育機関としての大学や教育プログラムの有効性や、学生が在学中に獲得した学習成果が重視されるようになる。とくに学生の学習成果を適切な根拠となる資料にもとづいて提示しなければ、教育機関としての大学や教育プログラムの有効性も証明されないことが広く認識され、適格認定協会は学生の学習成果に関する基準を評価項目に加えるようになった。

ところでこうした大学教育の成果に焦点をあてた評価の導入にともない、適格認定協会はその社会的な役割を変え、大学と協働して大学教育の改善にとりくむ姿勢を次第に強めてきている。適格認定協会はそれまで、認定した大学名を公表することにより質の保証とアカウンタビリティに対処してきた。ところが近年、大学教育の成果、とくに学生の学習成果を証明する責任は大学だけでなく協会側にもあることが認識され、両者が協力して大学の自己点検・評価活動の仕組みを改善し、その客観性や透明性を高めるとともに、評価結果を大学教育の改善に活用することを目指すようになった。両者の関係が形式的でギクシャクしがちであることや、多くの大学で大学管理者と大学教職員との意思疎通が必ずしも円滑でないことに変わりはないにしても、協会側と大学が協働して大学教育の改善にとりくむ姿勢がみられるようになったのである(福留、二〇〇九年、一四八、一五一頁；ボック、二〇一五年、二五八頁；河本、二〇一九年、六八-六九、七一-七二頁などを参照)。

日本の認証評価の問題点の一つは、その目的があいまいなことである。しかし日本の認証評価を適格認定、つまり設置認可された大学がその教育研究などの水準を自主的に向上させ、日本の大学として、あるいは国際的通用力のある大学としてふさわしい状況にあるかどうかを評価する大学評価として定着させる必要があるとしたら、日本の大学評価でも、こうした各大学と認証評価機関との協働をこれまで以上に進める必要がある。というのは、大学外の公的な第三者組織による大学評価は、大学連合組織や大学関係者などの主体性にもとづいた自主的な評価であることに意義があり、認証評価機関と大学との連携強化も強く求められているからである。

4　大学評価の改革の方向

⑴大学主導の大学評価の定着

日本の大学改革にとって、日本の大学にふさわしい大学主導の大学評価を実質的に定着させることはきわめて重要な課題である。そのためにこの第五章では、日本の大学評価制度の概要をまとめるとともに、大学の自己点検・評価の改革課題について整理した。これまでの分析の結果と具体的な提言のポイントを要約すると、大学の自己点検・評価を中核とした大学主導の大学評価を実質的に定着させるためには、次の点に留意することが望まれる。

まず第一に重要なのは、大学の自己点検・評価を含めた大学評価の意義や効用を、大学管理者や大学教員、大学職員、学生などの大学構成員が広く共有することである。第二に、大学の自己点検・評価を学外から要請されるさまざまな大学評価と連動させ、その準備を進めることも兼ねた評価活動として位置づけるとともに、大学の自己改革に役立つ独自の自己点検・評価を実施する実質的な実施体制を学内で整備する必要がある。

第三に、大学の自己点検・評価では当面、教育評価に焦点を合わせて、評価の主な対象を専門分野や専攻、あるいは課程が提供する組織的な教育プログラムにし、その成果を評価する際には学生の学習成果、つまり学生が在学中に獲得した知識や技能、態度などを評価する指標を中心に評価指標を設定する必要がある。なお一人ひとりの大学教員ではなくて、組織的な教育プログラムの成果を評価するという考え方は、とくに個人を対象にした評価の導入に消極的で慎重な日本の大学関係者にとっては実現しやすい、大学教育の改善策の一つであるように思われる。

第四に、大学評価では全学レベルの大学評価が基本だが、実質的な大学評価を定着させるためには、大学の自己点検・評価の具体的な作業では、なによりもまず学部や研究科などを基本的な組織単位にした評価を実施し、その評価結果を集約した上で、それらを積み上げて全学的な評価結果をまとめる方式が実施しやすいように思われる。これはとくに複数の学部や研究科をもつ中・大規模大学にあてはまることである。

第五に、大学基準協会や大学改革支援・学位授与機構などの認証評価機関は、認証評価の目的が適格認定であることを明示するとともに、大学と協働して大学教育の改善にとりくむ方向を目指すべきである。そのために必要な財政基盤と人員体制の整備も、加盟大学と協働して解決することが望まれる。というのは学外の公的な第三者組織による大学評価は、大学のみならず社会にとっても、大学連合組織や大学関係者などの主体性にもとづいた自主的な評価であることに意義があるからである。

(2)大学評価の改革課題：実績による資金配分政策

大学主導の大学評価を実質的に定着させるためには、この他にもさまざまな解決すべき課題がある。ここでは日本の大学改革にとって主要な先行モデルの一つであるアメリカにおける経験も参考にしながら、実績による資金配分政策の問題と評価方法をめぐる課題についてとりあげてみよう。

アメリカでは八〇年代以降、州政府がアカウンタビリティの考え方を強化し、大学に対して州の財政援助に見合った成果を強く求めるようになった。実績による資金配分（パフォーマンス・ファンディング）はその一環として、州政府の多くが九〇年代に入ってから、大学教育の質の向上をはかるために導入した政策である。導入当初は必ずしも十分な成果がえられないため批判にさらされたが、州の厳しい財政事情を反映して、二一世紀に入るとあらためて注目されるようになった。全米州議会協会（NCSL）の調査によれば（二〇一五年現在）、実績による資金配分政策を実施していたのは三二州を数え、準備中の五州を含めると、全米五〇州の七四%を占めている。

この資金配分政策は州立大学を対象に各大学が過去に達成した実績にもとづいて予算配分を行う施策で、個別大学の実績評価と予算配分を連動させた大学政策である。実績評価の主な対象は学部教育の教育活動であり、その達成を測る成果指標として使われることが多いのは、学位・免許状授与数、理工系(STEM)や医療系分野の学位授与数、規定の単位修得学生数、低所得学生や成人学生の修了者数、補習(リメディアル)コースの修了状況、学生の卒業率や転学率、就職状況などである。また実施中の州では、州高等教育予算総額の約一~六%がこの実績による資金配分にもとづいて配分されている(Burke, 2002, p.459; Miao, 2012, pp.2-3; 吉田、二〇一八年、四六頁などを参照)。

(3)国立大学を対象にした実績による資金配分政策

日本についてみると、実績による資金配分は政府機関による大学評価のうち、文部科学省に置かれた国立大学法人評価委員会による評価において、その導入が試みられた(北原、二〇一二年、一八〇-一八三頁)。国立大学法人評価では、中期目標・中期計画の業務実績に関する評価があり、その評価結果は次期の中期目標・中期計画や予算措置に反映される。評価結果を運営費交付金に反映することは国立大学法人法のなかでは明確に定められていないが、既定路線として制度設計が進められていたと考えられる。また中期目標・中期計画の各事業年度の業績実績調査では、学内の予算配分でも実績による資金配分の仕組みを導入することが奨励されている。

第一期中期目標期間(二〇〇四~二〇〇九年度)の国立大学法人評価では、その評価結果を第二期(二〇一〇~二〇一五年度)の中期目標等の内容や運営費交付金等の算定に反映させるために、四年間が経過した時点の進捗状況を評価する「暫定評価」が二〇〇八年に実施され、さらに六年間の第一期終了時点の二〇一〇年に簡略な形式の「確定評価」が行われた。評価結果の予算への反映は、第二期の初年度である二〇一〇年度の国立大学法人運営費交付金の配分に、各大学の暫定評価の結果を反映する形で実施された。具体的には、各大学の運営費交付金のうち一般管理費の予算額の一％相当額を評価反映分の財源（財源拠出額）として一旦拠出し、それに各大学の評価結果にもとづいて算出した実績の総合評価を示す「評価反映係数」を乗じて再配分額を求めた上で、再配分額と財源拠出額との差を「評価反映分」としたのである。

こうした措置により、評価反映係数は奈良先端科学技術大学院大学が最も高く、全体として医科系大学や有名銘柄単科大学、旧制帝国大学系大学などが上位を占める結果になった。しかし評価反映分が最も増額されたのは東京大学の二、五〇〇万円であり、東京工業大学一、六〇〇万円、京都大学一、三〇〇万円などが続いた。その一方で最も減額されたのは琉球大学の八〇〇万円であり、信州大学七五〇万円、弘前大学七〇〇万円などであった。評価反映分が増額の大学は二六校、ゼロで増減なしの大学は一四校、減額の大学は四六校を数えた（旺文社教育情報センター、二〇一〇年、四-五頁）。

その後二〇一六年から始まる第三期の運営費交付金の配分では、各大学の機能強化の方向性に応じた取組を支援するため、①地域貢献、②専門分野、③世界的卓越の三つの枠組みを設けて重点支援する「機能強化の方向性に応じた重点支援」の仕組みが導入され、さらに二〇一九年からは、大学間の比較ができる共通指標にもとづいて客観性の高い評価と配分を行う「成果を中心とする実績状況にもとづく配分」の仕組みも導入された。

これらの二つの仕組みによる二〇二〇年度の国立大学法人運営費交付金の配分には、次のような特徴がみられる。全八六大学のうち、三つの重点支援の枠組みによる配分額の評価率が最高評価の一〇五％だったのは（二〇二〇年度）、①地域貢献では福島大学、信州大学、名古屋工業大学、三重大学、京都工芸繊維大学、鳥取大学、鳴門教育大学の七大学、②専門分野では東京医科歯科大学、③世界的卓越では一橋大学の計九大学である。なお五年連続して評価率が一〇〇％を超えた大学は①地域貢献では弘前大学、名古屋工業大学、三重大学、京都工芸繊維大学の四大学、②専門分野では東京医科歯科大学の計五大学であり、③世界的卓越では東京工業大学だけが五回のうち四回一〇〇％を超えていた。評価反映分が増額の大学は二五校、ゼロで増減なしの大学は二四校、減額の大学は三七校を数えた。

成果を中心とする実績状況にもとづく配分では、一三の配分指標により各大学の成果や実績が相対的に評価され、傾斜配分が行われた。具体的には（煩雑だが列挙すると）若手研究者比率、運営費交付金等コスト当たりTOP一〇％論文数（③世界的卓越の重点支援のみ対象）、常勤教員当たり受託・共同研究等受入額、人事給与マネジメント改革状況、会計マネジメント改革状況、寄付金等の経営資金獲得実績、施設マネジメント改革状況の七指標に加えて、二〇二〇年度には卒業・修了者の就職・進学等の状況、博士号授与の状況、カリキュラム編成上の工夫の状況、常勤教員当たり研究業績数、常勤教員当たり科研費受入件数・受入額、ダイバーシティ環境醸成の状況の六指標が新たに使われた。

なお行政当局は、これらの指標だけで各大学の教育研究の取組の成果全体を映し出すのは困難であることなどの課題は認識しており、引き続き指標の選定や評価のあり方については検討を重ねていくという。しかしこの成果を中心とする実績状況にもとづく配分の経費は八五〇億円であり、機能強化の方向性に応じた重点支援の経費約二五〇億円をあわせると、運営費交付金一兆八〇〇億円の実に一〇％強が実績によって配分されたことになる（文部科学省、二〇二〇年b、九頁；文部科学省高等教育局国立大学法人支援課、二〇二〇年a、一-二頁；文部科学省高等教育局国立大学法人支援課、二〇二〇年b、一-三頁などを参照）。

⑷実績による資金配分政策の課題

この文部科学省が実施した実績による資金配分政策については、その導入当初から、評価反映係数にもとづく評価結果の反映方法が不明確であることや、評価はほぼ大学全体を対象にしたにもかかわらず、評価結果は運営費交付金のみに反映されたため、評価対象と評価結果の反映対象とが一致していないこと、評価作業の負担が大きいことなど、国立大学協会をはじめ、さまざまな大学関係者の立場から問題や疑問が指摘されてきた。また財源拠出額の総額が当初一六億円と少額だったこともあって、この政策の導入が国立大学の改善にどの程度効果的に作用するのか、その政策効果に対する疑問もみられた。ただしわずか一〇年後の二〇二〇年には、運営費交付金の一〇%強、約一、一〇〇億円が投入されるまで拡大したので、この政策の実質的な効果や実施自体の是非を、事実に即して議論することがあらためて問われている。

同じような問題や疑問は先行するアメリカの州政府の大学政策でもくりかえし指摘されている（江原、二〇一〇年、二六五頁；吉田、二〇一八年、五〇-五二頁）。実績による資金配分政策を支持する州議会や企業などの立場からみれば、その長所は大学教育の結果や成果を重視していること、政策目標を確定し優先順位をつけられること、アカウンタビリティの要請に対処できること、大学教育を改善する潜在力があること、大学に自由裁量できる資金を与えられることなどである。

しかしそれと同時に、当事者である大学管理者や大学教員を中心に批判も少なくない。彼らの目からみると、そうした政策は大学の制度的自律性や大学の自治に対する不当な干渉であり、実績評価のための調査の実施や書類作成などといった繁雑な作業が増えた割には、大学教育は目にみえる形で改善されない。個別大学のレベルでは、組織改編や主専攻の改廃、初年次教育の強化、チュータリングや学習相談、就職支援などの強化が進んでいることが指摘されているが、実績による資金配分政策が学部教育の改善に役立ったことを示す体系的な研究もほとんどないという。

また実施上の問題点として、この政策の実施について学内で合意を形成することが難しいこと、複雑な大学教育や学生の学習の質を適切に測定する評価指標が未開発なこと、成果指標にない要素を軽視する傾向があること、学習到達水準の引き下げや成績のかさ上げが起こる可能性があること、入学者選考が成績重視になるため、低所得学生やマイノリティ学生、障害のある学生にとって不利に働く恐れがあること、それから州議会や企業、学生や保護者の意向を反映しやすい顧客中心のアカウンタビリティだけでは大学教育の質を確保できないことなども指摘されている。

さらに州政府の大学予算の大部分は現在でも在籍学生数を基礎にして配分されるから、実績による資金配分を実施しても、実際には大学間でそれほど大きな格差が生まれるわけではない。しかしたとえその比率は低くても、州政府が各大学への予算配分をその大学の大学教育の改善度に応じて決めるようになったのは、きわめて大きな変化だといってよい。というのも、この政策の導入により大学教育に対する学外の州政府の影響力が強まり、大学独自の自立的な改革をそれまでよりも強く規制するようになったからである。

日本の大学関係者にとって、実績を基盤にしたアカウンタビリティの実施はもとより、アカウンタビリティの考え方自体も経験の蓄積が乏しい領域である。

それだけでなくアメリカの動向をたどってみても、実績による資金配分政策にはさまざまな問題や課題があり、決して円滑に進められてきたわけではない。国立大学協会はこの政策の直接の対象である国立大学の大学連合組織の一つだが、国立大学としてのアカウンタビリティを果たすとともに、教育研究の水準をいっそう向上させる立場から、二〇二二年から始まる第四期中期目標期間における運営費交付金配分のあり方や方向性について検討をはじめている(国立大学法人における教育・研究の成果に係る評価検討会、二〇一九年；林、二〇一九年、六五‐六七頁)。

日本の「小さな政府」が今後も同じ政策の実施を継続して目指すとしたら、アメリカの経験を「合わせ鏡」にしながら、慎重に試行を積み重ねて、日本の大学にふさわしい政策を進めていくことが強く望まれる。また大学によっては、実績による学内の資金配分政策を導入する動きもみられるが、仮にそうした政策が実施されるにしても、それぞれの大学にふさわしい方法が定着するのも、当分先のことのように思われる。

⑸大学評価の改革課題：適切な評価手法の開発

大学主導の大学評価の定着にとって、二つ目の評価方法をめぐる課題、つまり科学的な吟味に耐えられるような大学評価の原理や適切な評価手法の確立もきわめて重要な解決すべき課題である。

研究評価の評価手法　大学評価の評価項目のなかで、研究評価は評価手法が比較的確立しているといわれる。しかし研究活動の評価には、自然科学系でも人文社会科学系でも問題や課題が山積している。たとえば研究評価、とくに個別の研究の評価には同僚評価(ピア・レビュー)、つまり専門分野の専門家による専門性の判断を反映させるべきだが、審査員が変われば結果が大きく変わることがあり、必ずしも信頼性は高くない。同僚評価における評価基準も一様ではなく、とくに人文社会科学系の組織単位の研究評価では、専門分野による違いだけでなく、実際には評価対象の組織に所属する研究者の年齢や経験の有無、組織の規模や国際性の度合いなどに応じて、多様な評価が要請される。

評価結果を研究費配分政策と結びつける場合には、さらに研究活動に直接携わっていない議会や行政当局、大学などの意向も評価結果を大きく左右することになりやすい。同僚評価は先進的な研究課題や学際領域などの研究評価では必ずしも適切に機能しないとか、評価基準から研究成果の実用性が除外されやすいことなども問題になっており、より信頼性を高めるために、客観的で数値化できる評価手法の開発や専門外の評価者の参加なども求められるようになってきている。

教育評価の評価手法　このように研究評価の評価手法にもさまざまな解決すべき問題や課題がある。しかしそれに比べても、教育評価の評価手法の開発はいっそう発展途上の段階にあり、大学評価研究が比較的盛んなアメリカでも事情はそれほど変わらない。アメリカの教育評価では従来、個々の大学教員が行う授業の評価を中心に評価手法の開発が進められてきた。そのうち最も広く使われ、評価手法としての適切性や妥当性などの研究も行われてきたのは、日本でも広く普及しているアンケート調査形式の学生による授業評価である。

その他に同僚教員による授業評価も、科目の教育内容や目標、授業の構成や教材などといった大学教育の組織的な評価に威力を発揮する評価手法として注目され、その開発と研究も進められている。ティーチング・ポートフォリオ（教育業績記録）は大学教員が自分の授業や教育改善に費やす努力や実績をまとめたものを総称する言葉であり、授業の自己改善を主な目的にしているが、教育評価や教員評価の資料としての活用も期待されている。

ところが大学教育の評価では近年、課程や専攻、あるいは学科や学部（カレッジ、スクール）などの組織単位でとらえた大学教育を改善して教育の質を保証する仕組みの構築が重視され、そのための適切な教育評価の原理や評価手法の開発がいっそう強く求められるようになった(Braskamp and Ory, 1994, pp.12-13)。アメリカの適格認定協会の教育評価ではそれまでも、教育機関全体と専門分野別教育プログラムの評価が基本であった。州政府も個々の授業の登録学生数などをチェックすることにより教育プログラム評価を行ってきた。また各大学でも課程や専攻、あるいは学科や学部の教育プログラム評価を行ってきているが、評価の基本的な単位をそうした組織レベルの教育プログラムにして、その教育成果を学生の学習成果を中心に評価する教育評価の原理を確立したり、より洗練された信頼性と妥当性の高い評価手法を開発したりすることが、いっそう強く求められるようになったのである。

そのためさまざまな教育実践や研究が行われているけれども、アメリカの大学教育で一般的に公認されるような大学評価の原理や評価手法が定着するのは、当分先のことのように思われる。たとえばすでに述べたように、学生の学習成果は直接評価と学習過程の評価としての間接評価を適切にくみあわせることによってとらえることができるのは間違いないにしても、その体系的で具体的な手続きを実現するまでには多大なエネルギーと試行錯誤が必要だろう。通常個人単位で収集される学生の学習成果を課程や専攻、あるいは学科や学部などの組織単位でみた学習成果の評価指標に的確に変換する方式も確立しているわけではない。

学生の学習成果を教育課程や教育方法、施設設備などといった学生の学習に対する大学側の支援体制と関連させて評価する仕組みの構築も、個別の大学や同タイプの大学群、それから適格認定協会や全米カレッジ・大学協会(AAC&U)などの大学連合組織などによって試験的に進められている段階である。たとえばカリフォルニア州やハワイ州などを管轄する地域別適格認定協会のアメリカ西部地区適格認定協会(WASC)は、学位を授与する教育プログラムの教育目標や学習成果の公表、根拠資料の明示、評価結果の活用などといった、教育プログラムの評価に際して必要な要件を系統的にまとめるための教育効果指標目録（Inventory of Educational Effectiveness Indicators）や、教育課程を構成するすべての科目と学生が修了時に身につける学習成果との関連を体系的に提示するカリキュラム・マップなどのサンプルを、教育評価の有効な手段として会員校の大学に提供している。また学生が大学教育を受けることにより直接獲得した学習成果のなかでも標準化や数量化が難しい学習成果、たとえば卒業論文や卒業研究、実技や芸術作品、価値観や態度などを評価する質的な評価手段として、ルーブリックを用いた評価の導入と普及もはかっている（ウォルフ、二〇一二年、二二-二四頁）。

教育評価と大学教育の質保証制度　国際比較の観点からみると、各国の大学教育の質保証制度は大きく二つのタイプに分かれる（ゴンザレス・ワーヘナール、二〇一二年、七-九頁）。一つは参照基準としてのコンピテンスと学習成果を定義することにより、大学教育の範囲と水準にゆるやかな標準性をもたせるタイプで、欧州高等教育圏の確立を目指す欧州の国ぐににみられる制度である。それに対して、もう一つは大学の多様性と自律性を重視し、各大学が設定した独自の教育目標を着実に達成したかどうかを事後に確認することにより大学教育の質を保証するタイプで、適格認定協会が発展したアメリカに典型的にみられる制度である。

しかしそうした参照基準による大学教育の標準化に根強い反発があるアメリカでも、たとえばルミナ財団が作成した「学位資格プロフィール（DQP）」のように、大学教育のゆるやかな標準化を模索する試みも進められている。同財団は学生の学習成果の内容を、五〇〇校を超える大学の調査結果にもとづいて大学間や学部間で調整し、それらを学位別（準学士、学士、修士）に、五領域（専門的知識、幅広い統合的知識、知的技能、応用的・協働的学習、市民・グローバル学習）に分けて、学生の立場から「〜できる」という表現で分かりやすくまとめている（Lumina Foundation for Education, 2011, pp.17-20; セリンゴ、二〇一八年、一七三、二七八-二七九頁；山田礼子、二〇一九年、四五-四七頁などを参照）。

また大学教育の質を測定し大学間での比較を可能にするために開発された標準試験、たとえば学部教育の学習成果全般を測定する標準試験であるＣＬＡ（Collegiate Learning Assessment）や、学生の大学や教育プログラムへの期待度や満足度などを測定する、代表的な標準型学生調査である全米学生調査（ＮＳＳＥ）に参加する大学も増えてきている。これらの調査や測定の結果を、その大学に勤務する大学教員も広く共有することができれば、大学教育の大きな改善につながると考えることもできるだろう（ボック、二〇一五年、二六三-二六四頁）。

ただしこのような試みはアメリカでも始まったばかりであり、先行きや最終的な着地点はきわめて不透明である。それは日本も同じであり、一般的に承認されるような大学評価の理論や方法が開発されるのは、当分先のことになるように思われる。というのも、各大学の大学教育の内部質保証、つまり大学教育活動の見直しを継続的に行う仕組みの構築と運用を例にしてみても、そのために必要な大学評価のあり方やその意義、効用などに関する大学教職員の理解の共有をはじめ、実績を基盤にしたアカウンタビリティの実施手続きや適切な評価手法の開発など、日本の大学関係者にとって、経験の乏しい領域は少なくないからだ。

しかしそれにもかかわらず、また学部教育の教育課程は大学ごとに構築するのが基本だとしても、教養教育と専門職業教育、とくに学部教育の中核である専門職業教育の教育内容や学習方法を、大学間の違いを超えて、ある程度標準化する作業は必要不可欠である。日本学術会議はそうした試みの一つとして、専門分野の教育の質保証に資することを目的とした枠組みとして、さまざまな専門分野の参照基準を策定、公表してきている（二〇二〇年現在、三二分野）。各大学がこの参照基準をもとに、それぞれの大学環境や学生の状況にふさわしい教育課程を具体化することができれば、大学教育の内部質保証を改善するのに役立つのかもしれない。ただしそのためには、受け入れた目の前の学生に見合った専門分野の学習成果の範囲と水準を独自に確定したり、学習成果と教育課程を構成する科目群との関連を学生が理解できる形で体系的に提示したりすることが求められる。日本の大学では、教育課程は実質的に学部や学科レベルで作成されることを考えれば、関連する複数の専門分野の具体的な参照基準について、大学間や各大学の学内で調整したりすりあわせたりすることも必要になる。

さらに第三期の認証評価では、各大学は三つの方針をふまえた内部質保証の実質化を求められているけれども、大学・学部や研究科・個々の授業といった組織的なレベルや、卒業認定や学位授与の条件・学部や研究科の教育課程・個々の科目やシラバスなどの分類を想定しながら、学生の学習成果の適切な評価手法を体系的に設定するのはそれほど簡単なことではない。大学改革支援・学位授与機構が策定した「教育の内部質保証に関するガイドライン」（二〇一七年）は、内部質保証の仕組みを構築するための参照枠組みの一つであり、外形的な準拠を厳密に求めるべきものではなく、大学側の自由を許容し工夫を促すものとして位置づけられるという（大学改革支援・学位授与機構、二〇一七年、九七‐一〇〇頁；林、二〇一八年、一八頁などを参照）。それに加えて、教育活動を中心とした各大学の改善や改革を支援するためには、さまざまな教育情報のマネジメントに関する各大学の状況を、実証的な先行研究の仮説や分析結果にもとづいて定期的に集約し、今後の課題や方向を明らかにするような地道な作業も不可欠だろう（岡田・鳥居、二〇一九年、三二〇‐三二一頁）。

したがって今求められているのは、なによりもまず自分の大学にふさわしい大学の自己点検・評価の仕組みを構築し、着実に実施していくことであるように思われる。それはどの大学にとってもあてはまることであり、そうすることによって大学の将来をはじめて建設的なものになるのではないか。評価の厳密性や正確性にこだわるよりも、評価という契機を通して、大学の教育や研究、社会サービスが今よりも活発になり、着実に改善されていくことの方がはるかに重要なのである。

第六章　日本の大学改革のゆくえ

⑴不可欠な大学の制度的自律性の確保

これまでの考察をふまえて、日本の大学改革のゆくえを三つのポイントに分けて展望してみよう。三つのポイントとは、①大学が教育や研究、社会サービス（社会貢献）などの社会的役割を主体的に果たすには、社会における大学の制度的自律性がある程度確保される必要があること、②政府の大学政策のポイントは、日本社会にふさわしい明確な将来構想（グランドデザイン）にもとづいた大学政策を立案し、着実に実施していくこと、③現在の大学改革では政府の大学政策も重要だが、それと同時に、個別の大学における自立的、主体的な大学改革が強く要請されていることである。

第一のポイントは、大学が教育や研究、社会サービスなどの社会的役割を主体的に果たすには、社会における大学の制度的自律性がある程度確保される必要があることである。

大学のあり方を左右する社会変動の要素としてとりあげた社会のグローバル化や「小さな政府」の大学政策は、今後も日本の大学のあり方を大きく変えるように作用する。大学経営を健全化したり、さまざまな利害関係者の要求や要望に適切に対処したりすることも、大学にとってもちろん大切なことである。しかし大学が自らの社会的役割を十分に果たすためには、そうしたさまざまな背景や意向に過度に対応して、社会のいいなりになるのではなく、大学として主体的に意思決定し、さまざまな施策を実施することができる制度的な仕組みを確保しなければならない。

たとえば現在の「小さな政府」が実施している大学政策では、政府は一方で大学に対する規制を緩和して、大学の自主裁量を拡大させるとともに、他方で事後チェックや学外者による第三者評価などを導入して、大学に対する規制や統制を強化するようになった。しかし専門分野の研究者や学生が学外や学内の圧力や制限を受けずに自由に活動できなければ、専門分野の発展に役立つ優れた研究成果を生み出すことはできない。社会サービスも政府や企業などの限られた利害関係者の要求や要望に従うだけでは、かたよったものになる恐れが十分にある。大学教育も学生が将来社会で活躍するのに役立つ知識を中心に行う必要があるので、その内容をどのようにするのかは、その知識が現在必要なのかどうかだけでなく、専門分野と社会のあり方に関する長期的な展望にもとづいて決められるべきである。

その意味では、政府の規制や統制の強化は適切な範囲内で行われる必要がある。また大学自らが政府や社会に対して自立的、主体的に対応できる基盤となる新たな学内の意思決定の仕組みを再構築することも要請されている。伝統的な教授会自治の時代は終わったのかもしれないが、どの大学でも実際には、大学職員や学生を含めた大学構成員のさまざまな意思や要求、意見などを大学の管理運営に反映できる独自の仕組みやプロセスを工夫し、粘り強く実践を積み重ねていくことが強く求められているのである(たとえば広田、二〇一九年、二五六頁などを参照)。

(2)明確な将来構想にもとづいた大学政策の立案と実施

第二に、政府の大学政策のポイントは、日本社会にふさわしい明確な将来構想（グランドデザイン）にもとづいた大学政策を立案し、着実に実施していくことである。

伝統的な近代大学と国民国家の政府との関係では、大学は国民文化を生み出し正当化することによって国の威信を守るように求められ、そのために政府から手厚い財政的な支援を受けてきた。ところが大学は近い将来、社会のグローバル化にともない、ますます弱体化する国民国家からの資金提供を大きく削減されることが予想される（レディング、二〇〇〇年、一九頁）。

もっともたとえ「小さな政府」の大学政策が今後さらに進展しても、政府が大学への関与を放棄することはないから、政府の大学政策が将来も大学のあり方を大きく左右することに変わりはない。また大学は初等中等学校や保健医療機関、あるいは刑務所などと同様に、もともと経済的に自立した私的企業とは異なる社会的役割をもつ非営利組織なので、公的資金が投入されなければ存続、発展できないことも、大学の重要な組織的特性である。

そうしたなかで政府の大学政策でなによりも望まれるのは、日本社会にふさわしい明確な将来構想を構築することである。それは大学の制度的自律性を尊重するとともに、政府が提供する財源の縮小やそれにともなう政府の役割の低下をふまえた上で、政府が果たすべき役割の範囲と責任を明確にした将来構想の構築である。いよいよ本格的な「冬の時代」をむかえた日本の大学が実施する大学改革に対して、政府は何を期待し、どのように向きあい、どのような役割を果たそうとしているのか。実現するあてのない方針や政策を書き連ねた提言や、将来の見通しを欠いた競争的な公的資金配分政策を超えた、日本社会にふさわしいイメージ豊かな将来構想を明晰に提示することが求められる。

アメリカは「小さな政府」の大学政策が最も顕著にみられる国の一つである。しかしそのアメリカでも、日本の株式会社立大学に相当する営利大学は、学校数でみると急速に伸びているが、受け入れ学生数でみれば、その比率は小さく、しかもパートタイム就学を希望する年配の成人学生などの非伝統的学生を数多く受け入れている。それゆえ大学関係者の目からみれば（非伝統的学生が学ぶ機会の拡充はもちろん重要だけれども）、伝統的な非営利の大学は依然としてアメリカ社会にとって最も重要な人材育成装置であり、しかも営利大学と共存できると考えられているのである。また近年の連邦政府や州政府の政策のなかで大学政策の優先順位は決して高くはないが、非営利の高等教育機関への財政援助の意義はそれなりに大学政策に反映されているといってよいだろう。

日本の行政主導の大学政策では、八〇年代後半以降、とりわけ九〇年代に入ってからさまざまな改革が進められてきたが、実際には目前の制度改革にふりまわされてきたようにみえる。しかし明確な将来展望がないまま、パッチワークのように個別の事業をつぎあわせても、日本の高等教育の発展にとって望ましい成果はえられない。それから実態の確認と政策過程の科学的な検証を欠いたまま、提言の形式的なつじつまあわせにこだわる大学政策をくりかえし実施しても、実質的な大学改革を進めることはできないだろう（田中・佐藤・田原、二〇一九年、二七-二八頁）。

さらに日本の大学が国公私立の設置者別に関係なく、改革を絶えず強いられながら、潤沢な財政基礎のもとで改革業務にいそしむことなど、第二次世界大戦後の大学改革の歴史のなかで一度もなかったという事実を手厳しく指摘し、財政支援全体の絶対的な強化を求める声にも、あらためて耳を傾ける必要がある（寺﨑、二〇一〇年、二五-二六頁）。

二一世紀に入ってすでに二〇年が過ぎた。いま日本で求められているのは、これまでの大学改革を幅広い視野から日本社会の文脈に即して系統的に把握して、その特徴と課題を明らかにするとともに、それをふまえて多くの人びとが議論に参加することにより、日本の高等教育の将来構想を構築し、それにもとづいて改革の具体的な方針や方策を確立し、着実に実施していくことである。

(3)大学が主導する自立的、主体的な改革の推進

第三に、現在の大学改革では政府の大学政策も重要だが、それと同時に、個別の大学における自立的、主体的な大学改革が強く要請されている。各大学はその理念や改革の基礎になる手持ちの資源や条件をふまえて、自らにふさわしい改革を独自に進める必要がある。

そのために各大学の管理運営は大学構成員、とくに大学教員の考え方や意思決定を重視する同僚制的管理運営から、大学の経営責任がある理事会の理事や学長とか副学長などの上級大学管理者の権限が強い企業経営的管理運営へ変化することを期待されている。大学経営陣の権限を強化するとともに、その責任の範囲を明確にした仕組みを構築すれば、学内外の環境変化に対応した大学の舵取りを迅速に行うことができると考えられているからである。

ところで個別の大学において実質的な大学改革を実施するためには、全学レベルの将来構想の構築ももちろん重要だが、それよりもまず学部や研究科などを基本的な組織単位にした改革を実施し、それを積み上げて全学的な大学改革としてまとめる方式が実施しやすいように思われる。というのも、大学は基本的に専門分野に自律性をもたせる分権的な組織編成によって成り立っており、大学における革新は多くの場合、学科や学部、研究所、センターなどの下位組織で生まれる「草の根的な」革新であり、それらが積み重なって大学組織全体が変わって

きたからだ。

また実質的な改革を実施するためには、大学全体の理念や目標を理解するとともに、改革の基礎になる手持ちの人的・物的資源や条件の状況が分かる（はずの）ミドルマネジャー、つまり各学部や研究科などの執行部と、全学組織を構成する各部局の部次長クラス、あるいは課長クラスまで含めた大学管理者の権限を強化して、彼らが責任のある改革を状況に応じて柔軟に遂行できる仕組みを構築する必要があるだろう。そしてそのためには、そうした大学の管理運営ができるミドルマネジャーを育成する仕組みを大学が導入することも要請される。これはとくに複数の学部や研究科などをもつ中・大規模大学にあてはまることである。

さらにこうした個別の大学における自立的、主体的な改革の定着は、各大学の自助努力だけでなく、学外の条件によっても大きく左右される。とくに重要なのは、大学とさまざまな大学連合組織、つまり大学タイプ別の大学連合組織をはじめ、大学基準協会や大学改革支援・学位授与機構などの適格認定協会、大学コンソーシアム京都のような地域をベースにした大学連合組織などとの連携や協力を充実したり強化したりすることである。

大学タイプ別の大学連合組織を例にすれば、国立大学協会や公立大学協会、日本私立大学連盟、日本私立大学協会、日本私立短期大学協会、全国公立短期大学協会などの全国組織はそれぞれの立場から独自に事業を展開するとともに、時代の節目ごとに加盟大学の長期構想や将来像、大学改革の方向や提言などを数多く公表してきた。ところが残念なことに現時点では、国立大学協会の場合にもみられるように（田中・佐藤・田原、二〇一九年、一六〇‐一六三頁などを参照）、どの大学連合組織についても、その役割や意義は大学関係者の間でも必ずしも広く理解されているわけではない。

しかしたとえばある研究は、全国の私立短期大学の改組・昇格あるいは廃止と地域の大学コンソーシアムへの加盟・非加盟との関連を分析して、大学コンソーシアムへの加盟が短期大学の統合や改組の成功に有意に作用していることを試論的に解明している（田中、二〇二〇年、一七七頁）。このような大学改革の最前線の状況に関する情報や知見は、どの大学連合組織についても圧倒的に不足しており、その役割や意義、活動状況などに関する地道な研究の継続的な積み重ねと集約された研究成果を社会に向けて分かりやすく発信する広報活動の促進が強く要請される。

そうした経験や実績をふまえて、個別の大学の立場から表だっては発言しにくいかもしれないが、大学改革を進めるのに欠かせない大学側の主張や異議、危機感などを集約して説得力のある形で表明するのは、それぞれの大学連合組織の重要な役割の一つである。それに加えて大学連合組織は、政府と個別の大学との間に位置する緩衝装置（バッファー）として、これまで以上に大学との連携や協力を積極的に深め、長期的な観点から日本の大学教育の質の維持・向上に寄与することをはじめ、さまざまな大学の改善にとりくむ方向を目指すことが望まれる。

あとがき

本書『日本の大学改革の方向』は、二〇一五年に刊行された『大学は社会の希望か―大学改革の実態からその先を読む』(東信堂)に加筆修正するとともに、新たな章節を加えたものである。著者の江原武一先生は前著で、今日の日本の大学改革を考える際にとくに考慮すべきポイントとして、①大学間の緊密な連携協力を推進しながら各大学が自立的、主体的に改革を実施していく必要があることと、②社会にとって重要な大学の社会的役割を損なわないように改革を進めることの二点を掲げた。そして、今後の大学改革の基本的な方向を、①大学経営の健全化、②増大する利害関係者のニーズへの対応、③大学の多様化という三つに集約して整理し見取り図を示すとして、大学教育改革、大学の管理運営、大学評価の展開の三つのテーマを具体的にとりあげ、日本の文脈を踏まえながら国際的な幅広い観点から検討されていた。

本書では、前著のこうした基本的な枠組みや内容を踏襲しつつ、近年の研究成果を加えてさらに思索が展開されている。前著に比べると、大学の自立的、主体的改革の実施において大学教職員の役割を重視することや各大学と大学連合組織との連携や協力を充実、強化することがいっそう明示的に強調されるとともに、新たに入学者選考・高大接続改革がテーマとしてとりあげられている。また、前著にくらべて引用・参考文献が三倍以上に増えているが、そのうちのほぼ半数は最近五年間、つまり前著刊行後に出された文献や資料である。こうした新たな視点と内容、文献資料が加わることで、本書全体で記述の厚みと説得力がいっそう増している。あわせて本書で、

「大学のあるべき姿や望ましいあり方」を重視するとともに、大学の教職員が「実現できそうなことに言及するように努めてみたい」（本書九頁）というスタンスが維持されている点も重要である。私もそうだが、大上段にかまえた「べき論」は、頭では分かるものの、それを出発点にして改革に向かおうとすると身動きがとれずに立ち止まってしまう。改革が着実に進むようにするには、「べき論」を押さえながら同時にそれぞれの大学の実態をふまえた、地に足のついた議論や取組が必要であり、本書にはそうした「実現できそうな」改革を考える際の手がかりがふんだんに盛り込まれている。

私が「あとがき」を執筆することになった経緯について記しておきたい。江原武一先生は二〇二一年九月二日にご逝去されたが、それに先立つ七月初めに江原先生より突然お電話をいただいた。そして、この書籍の出版を準備しているが自分の体調のことがあって刊行まで責任をもって対応できるか分からない、ついては私（南部）に、江原先生と出版社（東信堂）との間でのメールなどのやりとりを共有することで刊行まで見届けてもらいたいと依頼された。お知らせいただいた内容にはたいへん驚いたがそのご依頼を承知したところ、その後、江原先生から出版社（東信堂）宛にも同様の連絡があった。八月中旬までは先生とメールや電話でのやりとりをしたものの、残念ながら結果的に九月までの刊行はかなわず、出版に向けての最終的な校正確認は私が行うことになった。このようなこともあって、本書の刊行にあたり東信堂の下田勝司社長から私に「あとがき」執筆の依頼があったので、お引き受けした次第である。

私が江原武一先生と初めてお会いしたのは一九八八年で、一九九〇年に修士課程に入学して以降は一貫して主指導教員としてご指導いただいた。在学中、江原先生には日本やアメリカを中心とした高等教育の研究と実態についての豊かな知見にもとづく幅広い視野から多くのことを教えていただくとともに、統計分析の手法の一端を学ばせていただいた。一九九五年に中国に留学するときには「日本語で論文を書かなくてよいから現地の社会に浸ってくるように」とのアドバイスをいただき、その言葉通り、市場化に向けて大きく変化し始めた中国社会を存分に体験した。帰国して就職した後も、共同研究に加えていただいたり放送大学の教材を共同で編集させていただいたりしてひき続き先生の薫陶を受けることができ、そのような関係は博士論文の審査を経た後も続いた。最近でも、論文や科研費の報告書をお送りすると真っ先にご連絡をいただき、いつも、「この論文は、途中まではまとまっていますが、後半は中途半端だと感じました」といった弱点を的確に指摘するコメントをいただいた。私にとって江原先生はずっと、厳しくも暖かく見守ってくださる恩師であった。

最後になるが、江原武一先生のご冥福をお祈りするとともに、これまでいただいたご薫陶に改めて感謝申し上げたい。そして、ご指導いただいた内容を胸に刻んで、教育、研究、大学の管理運営や社会貢献などで自分に与えられた務めをしっかりと果たしていきたい。

二〇二一年九月二八日

南部　広孝

Floyd, C.E. *Faculty Participation in Decision Making: Necessity or Luxury ?* ASHE-ERIC Higher Education Research Report No.8.Washington, DC: Association for the Study of Higher Education,1985.

Hart Research Associates. *Resent Trends in General Education Design, Learning Outcomes, and Teaching Approaches: Key Findings from a Survey among Administrators at AAC&U Member Institutions.* Washington, DC: Hart Research Associates, 2016a.

Hart Research Associates. *Trends in Learning Outcomes Assessment: Key Findings from a Survey among Administrators at AAC&U Member Institutions.* Washington, DC: Hart Research Associates, 2016b.

Kaplan, G.E. " How Academic Ships Actually Navigate." In Ehrenberg, R.G. (ed.). *Governing Academia.* Ithaca: Cornell University Press, 2004, pp.165-208.

Lumina Foundation for Education. *The Degree Qualifications Profile.* Indianapolis: Lumina Foundation for Education, 2011.

Miao, K. " Performance-Based Funding of Higher Education: A Detailed Look at Best Practices in 6 States." Center for American Progress, 2012,pp.1-12（http://files.eric.ed.gov/fulltext/ED535548.pdf、2020 年 12 月 16 日).

Rice, R.E. " Enhancing the Quality of Teaching and Learning: The U.S. Experience." *New Directions for Higher Education*, No.133, 2006, pp.13-22.

委託事業」）リベルタス・コンサルティング、2019 年。

B. レディング、青木健・斎藤信平訳『廃墟のなかの大学』（叢書・ウニベルシタス 661）法政大学出版局、2000 年。

H. ローダー他編、広田照幸他編訳『グローバル化・社会変動と教育 1 ―市場と労働の教育社会学』東京大学出版会、2012 年。

渡部芳栄「地方公共団体による公立大学法人運営の方針―中期計画における運営費交付金に着目して」『大学論集』第 47 集、広島大学高等教育研究開発センター、2015 年、153-168 頁。

王帥・両角亜希子「大学上級管理職の経営能力養成の現状と将来展望―大学上級管理職調査から」『大学経営政策研究』第 6 号、東京大学大学院教育学研究科大学経営・政策研究センター、2016 年、17-32 頁。

The Association of American Colleges and Universities(AAC&U). *Liberal Education Outcomes: A Preliminary Report on Student Achievement in College.* Washington, DC: AAC&U, 2005.

The American Association of Colleges and Universities(AAC&U). *The LEAP Vision for Learning: Outcomes, Practices, Impact, and Employers' Views.* Washington, DC: AAC&U, 2011.

The American Council on Education(ACE). *A Brief Guide to U.S. Higher Education.* Washington, DC: ACE, 2007.

The American Council on Education(ACE). *U.S. Higher Education : A Brief Guide.* Washington, DC: ACE, 2019.

Association of Governing Boards of Universities and Colleges (AGB). *Shared Governance: Changing with the Times.* An AGB White Paper March 2017. Washington, DC: AGB, 2017.

Birnbaum, R. " The End of Shared Governance: Looking Ahead or Looking Back." *New Directions for Higher Education*, No.127, 2004, pp.5-22.

Braskamp, L.A. and Ory, J.C. *Assessing Faculty Work: Enhancing Individual and Institutional Performance.* San Francisco: Jossey-Bass, 1994.

Burke, J.C. "Performance Funding." In Forest, J.J.F. and Kinser, K. (eds.). *Higher Education in the United States: An Encyclopedia.* Volume Ⅱ . Santa Barbara: ABC-CLIO, 2002, pp.459-461.

Cardozier, V.R. *American Higher Education: An International Perspective.* Aldershot: Avebury, 1987.

Crellin, M.A. "The Future of Shared Governance." *New Directions for Higher Education*, No.151, 2010, pp.71-81.

12 号、大学基準協会、2013 年、45-58 頁。
山田勉「認証評価と教育改革―三つのポリシーの射程と陥穽」『IDE 現代の高等教育』(認証評価第 3 期) 595 号、2017 年 11 月号、IDE 大学協会、2017 年、49-54 頁。

山田礼子『学士課程教育の質保証へむけて―学生調査と初年次教育からみえてきたもの』東信堂、2012 年。

山田礼子『2040 年　大学教育の展望―21 世紀型学習成果をベースに』東信堂、2019 年。

山本眞一『大学事務職員のための高等教育システム論 (新版) ―より良い大学経営専門職となるために』東信堂、2012 年。

山本眞一「大学経営人材の今後」山本眞一編『教職協働時代の大学経営人材養成方策に関する研究』(高等教育研究叢書 123) 広島大学高等教育研究開発センター、2013 年、101-105 頁。

横山晋一郎「社会から見た認証評価」『IDE 現代の高等教育』(認証評価第 3 期) 595 号、2017 年 11 月号、IDE 大学協会、2017 年、41-44 頁。

横山晋一郎「大学入試改革 , 何が問題か？」『IDE 現代の高等教育』(入試改革の争点) 608 号、2019 年 2-3 月号、IDE 大学協会、2019 年、44-50 頁。

吉岡路「学習者を主体とした高大接続教育の課題と展望」『立命館高等教育研究』第 13 号、立命館大学教育開発推進機構、2013 年、43-60 頁。

吉川徹「大学無償化　現役世代の格差助長」『朝日新聞』2019 年 3 月 13 日号、2019 年。

吉田文「大学と高校の接続の動向と課題」『高等教育研究』(高大接続の現在) 第 14 集、2011 年、169-181 頁。

吉田文『大学と教養教育―戦後における模索』岩波書店、2013 年。

吉田香奈「米国州政府による大学評価に基づく資源配分」広島大学高等教育研究開発センター編『高等教育の財政問題～資金配分の市場化を考える～―第 45 回 (2017 年度) 研究員集会の記録』(高等教育研究叢書 144)、2018 年、43-53 頁。

吉永契一郎「アメリカの大学管理職の実際」有本章編著『大学教授職の国際比較―世界・アジア・日本』東信堂、2020 年、38-56 頁。

吉見俊哉『大学は何処へ―未来への設計』(岩波新書 (新赤版) 1874) 岩波書店、2021 年。

米澤彰純「教育基準のグローバリゼーションと質保証」日本教育社会学会編『教育社会学事典』丸善出版、2018 年、772-773 頁。

リベルタス・コンサルティング『「2021 年度入学者選抜に向けた各大学の検討状況に関する調査研究」調査報告書』(平成 30 年度「先導的大学改革推進

174 頁。
両角亜希子・小林武夫・塩田邦成・福井文威「大学上級管理職向け研修・教育プログラムの現状と課題」『大学経営政策研究』第 8 号、東京大学大学院教育学研究科大学経営・政策研究センター、2018 年、95-111 頁。

文部科学省編『平成 29 年度文部科学白書』日経印刷株式会社、2018 年。

文部科学省編『令和元年度文部科学白書』文部科学省、2020 年 a。

文部科学省「令和 2 年度　予算（案）主要事項」文部科学省、2020 年 b（https://www. mext.go.jp/content/20200114-mxt_kouhou1-000004025_01-2.pdf、2020 年 12 月 16 日）。

文部科学省高等教育局国立大学法人支援課「令和 2 年度国立大学法人運営費交付金の重点支援の評価結果について（別紙 3）評価を反映した再配分の率」文部科学省、2020 年 a（https://www.mext.go.jp/content/20200722-mxt_hojinka- 000008506_4.pdf、2020 年 12 月 16 日）。

文部科学省高等教育局国立大学法人支援課「令和 2 年度国立大学法人運営費交付金『成果を中心とする実績状況に基づく配分』について」文部科学省、2020年 b（https://www.mext.go.jp/content/20200722-mxt_hojinka-000008505_1.pdf、2020 年 12 月 16 日）。

文部科学省高等教育局大学課大学改革推進室「大学における教育内容等の改革状況について」文部科学省、2002 年（https://warp.da.ndl.go.jp/info: ndljp/pid/286184/www.mext.go.jp/b_menu/houdou/14/11/021107.htm、2020 年 12 月 16 日）。

文部科学省高等教育局大学振興課大学改革推進室「平成 29 年度の大学における教育内容等の改革状況について（概要）」文部科学省、2020 年（https://www.mext.go.jp/content/20200428-mxt_daigakuc03-000006853_1.pdf、2020 年 12 月 16 日）。
D.A. ヤーギン・J. スタニスロー、山岡洋一訳『市場対国家・上、下―世界を作り変える歴史的攻防』（日経ビジネス人文庫 094、095）日本経済新聞社、2001 年。
山上浩二郎『検証　大学改革―混迷の先を診る』岩波書店、2013 年。

山﨑その・宮嶋恒二・伊多波良雄『これからの大学経営―ガバナンス、マネジメント、リーダーシップ』晃洋書房、2018 年。

山﨑高哉「教育と学習」江原武一・山﨑高哉編著『基礎教育学』放送大学教育振興会、2007 年、11-22 頁。

山田泰造「入学者選抜改革の動向について」『IDE 現代の高等教育』（入試改革の争点）608 号、2019 年 2-3 月号、IDE 大学協会、2019 年、55-59 頁。

山田勉「質保証は絵空事か―第二期認証評価実践上の課題」『大学評価研究』第

東信堂、2016 年、164-169 頁。

ホーン川嶋瑤子『スタンフォード　21 世紀を創る大学』東信堂、2012 年。

本田寛輔「アメリカの IR と日本への示唆」『IDE 現代の高等教育』(大学評価とIR) 528 号、2011 年 2-3 月号、IDE 大学協会、2011 年、17-25 頁。

前田早苗「高等教育の質保証システムの課題と展望―第 3 期認証評価を中心に」『工学教育』第 67 巻第 1 号、2019 年、16-21 頁。
P.M. マグダナー・A.J. ファン、内田康弘訳「不平等」P.J. ガンポート編著、伊藤彰浩・橋本鉱市・阿曽沼明裕監訳『高等教育の社会学』(高等教育シリーズ 167) 玉川大学出版部、2015 年、79-131 頁。
増谷文生他「教えて！　変わる大学入試」『朝日新聞』2018 年 11 月 14 日～ 23 日号、2018 年。

松下佳代「学習成果の能力とその評価―ルーブリックを用いた評価の可能性と課題」『名古屋高等教育研究』第 14 号、2014 年、235-255 頁。

松下佳代「学習成果とその可視化」『高等教育研究』(高等教育研究のニューフロンティア) 第 20 集、2017 年 a、93-112 頁。

松下佳代「学習成果とその可視化」『IDE 現代の高等教育』(学修成果の可視化) 590 号、2017 年 5 月号、IDE 大学協会、2017 年 b、18-24 頁。

松宮慎治「大学に対する競争的資金配分の動向と課題」『大学論集』第 50 集、広島大学高等教育研究開発センター、2018 年、81-96 頁。

三浦泰子・川上泰彦「高大接続改革をめぐる研究動向レビュー―大学での選抜と学び、高校での指導と進路意識を中心に」『兵庫教育大学学校教育学研究』第 30 巻、2017 年、197-208 頁。

宮田由起夫『米国キャンパス「拝金」報告―これは日本のモデルなのか？』(中公新書ラクレ 413) 中央公論新社、2012 年。

両角亜希子「大学経営」日本教育社会学会編『教育社会学事典』丸善出版、2018 年 a、492-493 頁。

両角亜希子「大学経営人材の現状と課題」日本高等教育学会編『大学経営人材のプロフェッショナル化をどう進めるか―SD・教職協働の制度化を踏まえて』(日本高等教育学会第 21 回大会公開シンポジウム報告書) 日本高等教育学会、2018 年 b、11-24 頁。

両角亜希子「私立大学のガバナンス改革　現状と課題」『リクルート　カレッジマネジメント』(大学改革と新時代のガバナンス) 217 号、2019 年 a、14-19 頁。

両角亜希子編著『学長リーダーシップの条件』東信堂、2019 年 b。

両角亜希子『日本の大学経営―自律的・協働的改革をめざして』東信堂、2020 年。

両角亜希子・小方直幸「大学の経営と事務組織―ガバナンス、人事制度、組織風土の影響」『東京大学大学院教育学研究科紀要』第 51 巻、2011 年、159-

ド 30—「大学冬の時代」を生き抜くために』学事出版、2013 年。

林隆之「内部質保証システムの概念と要素—先行研究のレビューと『教育の内部質保証に関するガイドライン』の定位」『大学評価・学位研究』第 19 号、大学改革支援・学位授与機構、2018 年、3-22 頁。

林隆之「国立大学運営費交付金の配分と指標・評価」『IDE 現代の高等教育』(教育と研究の間) 615 号、2019 年 11 月号、IDE 大学協会、2019 年、64-67 頁。

林隆之「大学評価の 20 年」『高等教育研究』(大学評価　その後の 20 年) 第 23 集、2020 年、9-31 頁。

早田幸政「認証評価制度の制度的特質」生和秀敏・大学基準協会編『大学評価の体系化』(JUAA 選書第 15 巻) 東信堂、2016 年、154-162 頁。

早田幸政「第 3 期認証評価の展望」『IDE 現代の高等教育』(認証評価第 3 期) 595 号、2017 年 11 月号、IDE 大学協会、2017 年、4-9 頁。
R.D. ハワード、大学評価・学位授与機構 IR 研究会訳『IR 実践ハンドブック—大学の意思決定支援』(高等教育シリーズ 155) 玉川大学出版部、2012 年。
板東久美子「大学の設置認可と認証評価」『IDE 現代の高等教育』(設置認可と認証評価) No.551、2013 年 6 月号、IDE 大学協会、2013 年、4-11 頁。

広田照幸 (代表)『対話の向こうの大学像』(シリーズ大学 7) 岩波書店、2014 年。

広田照幸「大学教育の分野別質保証と参照基準」『IDE 現代の高等教育』(大学教育改革の現段階) 605 号、2018 年 11 月号、IDE 大学協会、2018 年、44-47 頁。

広田照幸『大学論を組み替える』名古屋大学出版会、2019 年。

福島一政「大学のユニバーサル化とＳＤ—大学職員の視点から」『高等教育研究』(スタッフ・ディベロップメント) 第 13 集、2010 年、43-60 頁。

福留東土「米国高等教育におけるラーニングアウトカムに関する動向」『比較教育学研究』第 38 号、2009 年、145-158 頁。

福留東土「アメリカの大学評議会と共同統治—カリフォルニア大学の事例」『大学論集』第 44 集、広島大学高等教育研究開発センター、2013 年、49-64 頁。
D.W. ブレネマン・B. パッサー・S.E. ターナー編、田部井潤監訳『ビジネスとしての高等教育—営利大学の勃興』人間の科学新社、2011 年。
K. ベイン、髙橋靖直訳『ベストプロフェッサー』(高等教育シリーズ 145) 玉川大学出版部、2008 年。
ベネッセ教育総合研究所『高大接続に関する調査』ベネッセ教育総合研究所、2014 年。
D. ボック、宮田由起夫訳『アメリカの高等教育』(高等教育シリーズ 168) 玉川大学出版部、2015 年。
堀井祐介「国境を越えた高等教育質保証ネットワークの進展—INQAAHE を中心に」生和秀敏・大学基準協会編『大学評価の体系化』(JUAA 選書第 15 巻)

中島英博「大学における職員の管理運営能力獲得プロセスと業務を通じた育成」『高等教育研究』第 14 集、2011 年、271-286 頁。

中島英博『大学教職員のための大学組織論入門』ナカニシヤ出版、2019 年。

中原淳『駆け出しマネジャーの成長論―7つの挑戦課題を「科学」する』(中公新書ラクレ 493) 中央公論新社、2014 年。

中村高康編『大学への進学―選抜と接続』(リーディングス　日本の高等教育 1) 玉川大学出版部、2010 年。

中村博幸「接続教育と教育連携：高大接続と高大連携を中心に」『人間学部研究報告』第 10 集、京都文教大学人間学部・臨床心理学科、2008 年、133-141 頁。

名古屋大学高等教育研究センター編『名古屋高等教育研究』第 18 号 (特集―高大接続・入学者選抜の改革が問うもの)、名古屋大学高等教育研究センター、2018 年。

夏目達也「高大接続―求められる多様な課題への取組」『高等教育研究センターかわらばん』(名古屋大学高等教育研究センターニューズレター) 第 62 号、2018 年春号、2018 年、1 頁。

南部広孝『東アジアの大学・大学院入学者選抜制度の比較―中国・台湾・韓国・日本』東信堂、2016 年。

日本学術会議「大学教育の分野別質保証の在り方について」日本学術会議、2010 年。

日本教育学会編『教育学研究』(特集：教育の接続と断絶―高大接続を中心に) 第 83 巻第 4 号、日本教育学会、2016 年。

日本高等教育学会編『高等教育研究』(高大接続の現在) 第 14 集、日本高等教育学会、2011 年。

日本比較教育学会編『比較教育学研究』(特集　比較教育の視点からみた日本の大学入試改革 (論)) 第 53 号、日本比較教育学会、2016 年。

根津朋実「カリキュラム研究からみた『高大接続・連携』の諸問題―『教科課程』、『断絶』、『大学 0 年生』」『教育学研究』(特集：教育の接続と断絶―高大接続を中心に) 第 83 巻第 4 号、2016 年、16-28 頁。

沼上幹『組織戦略の考え方―企業経営の健全性のために』(ちくま新書 396) 筑摩書房、2003 年。

沼上幹『組織デザイン』(日経文庫 1023) 日本経済新聞社、2004 年。

沼上幹『経営戦略の思考法―時間展開・相互作用・ダイナミクス』日本経済新聞社、2009 年。

野田文香「認証評価の課題と可能性」『高等教育研究』(大学評価　その後の 20 年) 第 23 集、2020 年、33-52 頁。

濱名篤・川嶋太津夫・山田礼子・小笠原正明編『大学改革を成功に導くキーワー

大学協会、2019年、31-34頁。

橘玲「教育無償化は税金のムダ使いだ」『文藝春秋』第96巻第3号、2018年3月号、文藝春秋、2018年、310-319頁。

立石慎治・丸山和昭・猪股歳之「大学教員のキャリアと能力形成の課題―総合的能力の獲得に及ぼす個別能力・経験・雇用形態の影響に注目して」『高等教育研究』第16集、2013年、263-282頁。

田中邦明「我が国の大学教育改革に果たしてきた大学コンソーシアムの役割―全国私立短期大学の改廃と大学コンソーシアム加盟との関連性からの考察」『北海道教育大学紀要』(教育科学編) 第70巻第2号、2020年、171―182頁。

田中弘允・佐藤博明・田原博人『検証　国立大学法人化と大学の責任―その制定過程と大学自立への構想』東信堂、2018年。

田中弘允・佐藤博明・田原博人『2040年　大学よ甦れ―カギは自律的改革と創造的連携にある』東信堂、2019年。

中央教育審議会「学士課程教育の構築に向けて」中央教育審議会、2008年。
N. M. ティシー・N. カードウェル、一條和生訳『リーダーシップ・サイクル―教育する組織をつくるリーダー』東洋経済新報社、2004年。
寺﨑昌男『大学自らの総合力―理念としてのFDそしてSD』東信堂、2010年。

東京大学大学院教育学研究科大学経営・政策研究センター「大学上級管理職の現状と将来展望に関する調査」東京大学大学院教育学研究科大学経営・政策研究センター、2016年 (http://ump.p.u-tokyo.ac.jp/crump/resource/jyokyu.tanjyun.pdf、2020年12月16日)。

戸澤幾子「高等教育の評価制度をめぐって―機関別認証評価制度と国立大学法人評価制度を中心に」『レファレンス』平成23年1月号、国立国会図書館調査及び立法考査局、2011年、7-28頁。

鳥居朋子「大学における教育の評価とマネジメント―内部質保証の推進課題としての捉えなおし」『高等教育研究』(大学評価　その後の20年) 第23集、2020年、119-140頁。

中井浩一『被災大学は何をしてきたか―福島大、岩手大、東北大の光と影』(中公新書ラクレ487) 中央公論新社、2014年。

中井俊樹「大学におけるインスティテューショナル・リサーチ (IR) に関する論点の整理」『薬学教育』第2巻、日本薬学教育学会、2018年、1-4頁。

中井俊樹編著『大学の組織と運営』(大学ＳＤ講座1) 玉川大学出版部、2019年。

中井俊樹・鳥居朋子・藤井都百編『大学のIR　Q&A』(高等教育シリーズ161) 玉川大学出版部、2013年。

中澤渉『日本の公教育』(中公新書2477) 中央公論新社、2018年。

全国公立短期大学協会編「令和元年度　公立短期大学実態調査票」全国公立短期大学協会、2019年（http://www.kotankyo.jp/pdf/jt/jittai_2019.pdf、2020年12月16日）。

P.M.センゲ、枝廣淳子・小田理一郎・中小路佳代子訳『学習する組織―システム思考で未来を創造する』英治出版、2011年。

先崎卓歩「高大接続政策の変遷」『年報　公共政策学』第4号、北海道大学公共政策大学院、2010年、59-89頁。

大学改革支援・学位授与機構「大学教育における分野別質保証の在り方に関する調査研究報告書」（平成28年度　文部科学省先導的大学改革推進委託事業）大学改革支援・学位授与機構、2017年。

大学改革支援・学位授与機構「大学機関別認証評価2巡目に関する検証結果報告書」大学改革支援・学位授与機構、2020年。

大学コンソーシアム京都SD研修委員会『SDガイドブック2019』大学コンソーシアム京都、2019年。

大学評価・学位授与機構「進化する大学機関別認証評価―第一サイクルの検証と第二サイクルにおける改善」大学評価・学位授与機構、2013年。

大膳司「高大接続に関する研究の展開」『大学論集』第36集、広島大学高等教育研究開発センター、2006年、127-148頁。

大膳司「高大接続に関する研究の展開―2006年から2013年まで」『大学論集』第46集、広島大学高等教育研究開発センター、2014年、31-53頁。

高田英一「大学評価を基礎とするIR―九州大学大学評価情報室における試行的取組について」『IDE現代の高等教育』（大学評価とIR）No.528、2011年2-3月号、IDE大学協会、2011年、35-39頁。

高間邦男『学習する組織―現場に変化のタネをまく』（光文社新書207）光文社、2005年。

高松正毅「高大接続システム改革会議の最終報告を前に」『リメディアル教育研究』第11巻第1号、2016年、5-13頁。

高松正毅「2020年の高大接続改革を批判する」『高崎経済大学論集』第60巻第4号、2018年、297-307頁。

瀧澤博三「認証評価の課題と展望―いくつかの論点を巡って」『IDE現代の高等教育』（設置認可と認証評価）No.551、2013年6月号、IDE大学協会、2013年、46-50頁。

舘昭「国際的通用力を持つ大学評価システムの構築―『認証評価』制度の意義と課題」『大学評価・学位研究』第3号、5-19頁、2005年。

田近裕子「民間の英語四技能試験活用の問題点―混迷を深める日本の英語教育」『IDE現代の高等教育』（入試改革の争点）608号、2019年2-3月号、IDE

社会学）第 104 集、2019 年 b、57-80 頁。

小林浩「『本学ならではの価値』の明確化が生き残りのカギに」『リクルート カレッジマネジメント』（2030 年の高等教育）211 号、2018 年、54-59 頁。

小林浩「各大学の『カレッジ・レディネス』は示されているか」『リクルート　カレッジマネジメント』（入学者選抜改革の現状）214 号、2019 年、34-35 頁。

小林雅之「大学の教育費負担―誰が教育を支えるのか」上山隆大（代表）『大学とコスト―誰がどう支えるのか』（シリーズ大学 3）岩波書店、2013 年、111-135 頁。

小林雅之「高等教育無償化」『IDE 現代の高等教育』607 号、2019 年 1 月号、IDE 大学協会、2019 年、51-56 頁。
J. ゴンザレス・R. ワーヘナール、深堀聰子・竹中亨訳『欧州教育制度のチューニング―ボローニャ・プロセスへの大学の貢献』明石書店、2012 年。
坂本尚志「専門教育はなぜ『汎用的』なのか」『IDE 現代の高等教育』（若手からみた「大学改革」）603 号、2018 年 8-9 月号、IDE 大学協会、2018 年、24-28 頁。

佐々木隆生「『高大接続テスト（仮称）』と日本型高大接続の転換」『高等教育研究』（高大接続の現在）第 14 集、2011 年、63-86 頁。

佐藤郁哉『大学改革の迷走』（ちくま新書 1451）筑摩書房、2019 年。

佐藤東洋士「第 3 期評価に望むもの」『IDE 現代の高等教育』（認証評価第 3 期）595 号、2017 年 11 月号、IDE 大学協会、2017 年、27-31 頁。

篠田道夫『戦略経営 111 大学事例集』東信堂、2016 年。

志磨慶子「学園ミッションを実現に導く職員組織マネジメント」『IDE 現代の高等教育』（職員の人事マネジメント）591 号、2017 年 6 月号、IDE 大学協会、2017 年、18-21 頁。

島田くみこ「大学職員の人材マネジメントに関する調査結果」『IDE 現代の高等教育』（職員の人事マネジメント）591 号、2017 年 6 月号、IDE 大学協会、2017 年、57-62 頁。

柴田洋三郎「自治体政策と公立大学」『IDE 現代の高等教育』（政策と大学）597 号、2018 年 1 月号、IDE 大学協会、2018 年、31-36 頁。

清水強志「大学 IR に関する全国調査（2019）の結果報告」『第 8 回　大学情報・機関調査研究集会論文集』東京工業大学、2019 年、20-25 頁。

杉谷祐美子「カリキュラム改革の動向」広島大学高等教育研究開発センター編『大学における教育内容・方法等の大学教育改革に関する調査分析』（平成 21 年度　文部科学省先導的大学改革推進委託事業　事業成果報告書）広島大学高等教育研究開発センター、2010 年、91-111 頁。
J.J. セリンゴ、船守美穂訳『カレッジ（アン）バウンド―米国高等教育の現状と近未来のパノラマ』東信堂、2018 年。

の条件」『IDE 現代の高等教育』（設置認可と認証評価）No.551、2013 年 6 月号、IDE 大学協会、2013 年、41-45 頁。

工藤潤「認証評価制度改革の方向と課題」『IDE 現代の高等教育』（「グランドデザイン答申」をどう読むか）609 号、2019 年 4 月号、IDE 大学協会、2019 年、43-47 頁。

黒田壽二「日本高等教育評価機構の取組み」『IDE 現代の高等教育』（認証評価第 3 期）595 号、2017 年 11 月号、IDE 大学協会、2017 年、21-26 頁。

慶伊富長編『大学評価の研究』東京大学出版会、1984 年。

G. ケラー、堀江未来監訳『無名大学を優良大学にする力―ある大学の変革物語』学文社、2013 年。

小出秀文「新任教職員研修―私大協会の実践から」『IDE 現代の高等教育』（新任教職員研修）619 号、2020 年 4 月号、IDE 大学協会、2020 年、50-54 頁。

高祖敏明「私立大学のガバナンスをめぐる政策考」『IDE 現代の高等教育』（私大ガバナンスの課題）606 号、2018 年 12 月号、IDE 大学協会、2018 年、24-28 頁。

高祖敏明「私立大学の自主自立の危機か－中長期計画の義務化をめぐって」『IDE 現代の高等教育』613 号、2019 年 8-9 月号、IDE 大学協会、2019 年、62-65 頁。

合田隆史「認証評価の仕組み」『IDE 現代の高等教育』（大学の評価と質の保証）No.464、2004 年 10 月号、民主教育協会、2004 年、5-10 頁。

公立大学協会編「公立大学ファクトブック 2018」公立大学協会、2019 年 a。

公立大学協会編「公立大学の将来構想―ガバナンス・モデルが描く未来マップ」公立大学協会、2019 年 b。

公立大学協会・公立大学の在り方に関する検討会議「時代を LEAD する公立大学―公立大学の将来構想に向けての議論の方向性と可能性」公立大学協会、2017 年。

肥塚浩「非営利組織経営と大学マネジメント」宮内拓智・小沢道紀編著『ドラッカー思想と現代経営』晃洋書房、2010 年、79-90 頁。

国立大学法人における教育・研究の成果に係る評価検討会「第 4 期中期目標期間における国立大学法人の教育・研究に関する客観的指標等の在り方について（論点整理）」国立大学協会、2019 年（https://www.janu.jp/news/files/ 20190612-wnew-ronten.pdf、2020 年 12 月 16 日）。

小林信一「グランドデザイン答申をどう読むか」『IDE 現代の高等教育』（「グランドデザイン答申」をどう読むか）609 号、2019 年 4 月号、IDE 大学協会、2019 年 a、37-42 頁。

小林信一「高等教育政策の研究」『教育社会学研究』（特集　高等教育研究と教育

選抜改革の現状）214 号、2019 年、12-17 頁。

勝野頼彦『高大連携とは何か』学事出版、2004 年。

金子元久『大学教育の再構築―学生を成長させる大学へ』（高等教育シリーズ 160）玉川大学出版部、2013 年。

金子元久「大学教育改革のダイナミクスと IR」『高等教育研究』（高等教育研究における IR）第 19 集、2016 年、9-24 頁。

河合塾編『Guideline 特別号 2019』（高大接続改革と大学教育）河合塾・全国進学情報センター、2019 年 a。

河合塾編「高大接続改革を追う　第 14 回」『Guideline』、2019 年 4-5 月号、河合塾・全国進学情報センター、2019 年 b、42-48 頁。

河井亨「アクション・ラーニングについての方法論的考察」『名古屋高等教育研究』第 12 号、2012 年、135-154 頁。

川嶋太津夫「自由教育（Liberal Education）で求められる『本質的で不可欠な学修成果』」『リクルート　カレッジマネジメント』209 号、2018 年、16-21 頁。

川妻篤史「学びと成長を見据えた高大接続・高大連携―アクティブラーニングでつなぐ、つながる」『京都大学高等教育研究』第 22 号、2016 年、127-137 頁。

河本達毅「学習成果に基づく内部質保証サイクルの考察―カリフォルニア大学バークレー校の取組を踏まえて」福留東土編『カリフォルニア大学バークレー校の経営と教育』（高等教育研究叢書 149）広島大学高等教育研究開発センター、2019 年、65-73 頁。

北原和夫編『大学における教育研究活動の評価に関する調査研究』（平成 23 年度「先導的大学改革推進委託事業」）東京理科大学大学院科学教育研究科北原和夫研究室、2012 年。

北原和夫「日本学術会議における参照基準の策定作業」『IDE 現代の高等教育』（大学教育のアウトカム）No.560、2014 年 5 月号、IDE 大学協会、2014 年、27-31 頁。

北村友人・杉村美紀編『激動するアジアの大学改革―グローバル人材を育成するために』（上智大学新書 002）上智大学出版、2012 年。

木村裕「Japan　揺れる日本の大学入試改革―その実態と挑戦」伊藤実歩子編著『変動する大学入試―資格か選抜かヨーロッパと日本』大修館書店、2020 年、235-264 頁。

清原正義「公立大学の展望」『IDE 現代の高等教育』（公立大学の展望）580 号、2016 年 5 月号、IDE 大学協会、2016 年、4-8 頁。

葛城浩一「多様化した学生に対する大学と教員―『ボーダーフリー大学』に着目して」『高等教育研究』（学生多様化の現在）第 21 集、2018 年、107-125 頁。

工藤潤「大学基準協会がめざす認証評価―内部質保証システムを構築するため

2015年。

江原武一「大学とは何か」日本教育社会学会編『教育社会学事典』丸善出版、2018年a、460-461頁。

江原武一『教育と比較の眼』東信堂、2018年b。

OECD編著、森利枝訳『日本の大学改革－ OECD高等教育政策レビュー：日本』明石書店、2009年。

旺文社教育情報センター「22年度　国立大学法人運営費交付金情報」旺文社教育情報センター、2010年（http://eic.obunsha.co.jp/resource/topics/1004/0401.pdf、2020年12月16日）。

大﨑仁『国立大学法人の形成』東信堂、2011年。

大﨑仁「国立大学法人制度の変容」『IDE現代の高等教育』（大学法人化10年）No.561、2014年6月号、IDE大学協会、2014年、35-41頁。

大﨑仁「私立大学のガバナンス構造」『IDE現代の高等教育』（私大ガバナンスの課題）606号、2018年12月号、IDE大学協会、2018年、4-12頁。

大塚雄作「共通試験の課題と今後への期待―英語民間試験導入施策の頓挫を中心に」『名古屋高等教育研究』第20号、2020年、153-194頁。

大場淳「大学のガバナンス改革―組織文化とリーダーシップを巡って」『名古屋高等教育研究』第11号、2011年、253-272頁。

大場淳「大学職員の位置」広田照幸（代表）『組織としての大学―役割や機能をどうみるか』（シリーズ大学6）岩波書店、2013年、145-168頁。

大森不二雄「大学のガバナンス」東京大学大学経営・政策コース編著『大学経営・政策入門』東信堂、2018年、209-232頁。

岡田有司・鳥居朋子「教学IRにおいて用いられる教育情報のマネジメントに関するプロセスモデル」『日本教育工学会論文誌』第42巻第4号、2019年、313-322頁。

小川佳万編『東アジアの高大接続プログラム』（高等教育研究叢書115）広島大学高等教育研究開発センター、2012年。

沖清豪「私立大学経営におけるIR（Institutional Research）の意義と課題」『日本教育経営学会紀要』第59号、2017年、26-35頁。

奥野武俊「公立大学法人の諸課題とこれから」『IDE現代の高等教育』（公立大学の展望）580号、2016年5月号、IDE大学協会、2016年、9-14頁。

奥野武俊「大学教育質保証・評価センター設立の背景と今後の展望」『リクルート カレッジマネジメント』220号、2020年、46-48頁。

鹿島梓「多様化する入学者選抜の現在」『リクルート　カレッジマネジメント』（入学者選抜）207号、2017年、40-41頁。

鹿島梓「入学者選抜改革の動向」『リクルート　カレッジマネジメント』（入学者

引用・参考文献

IDE大学協会『IDE現代の高等教育』(職員の人事マネジメント)591号、2017年6月号、IDE大学協会、2017年。

浅野茂「米国におけるIR/IEの最新動向と日本への示唆」『京都大学高等教育研究』第23号、2017年、97-108頁。

天城勲・慶伊富長編『大学設置基準の研究』東京大学出版会、1977年。

天野郁夫『国立大学・法人化の行方―自立と格差のはざまで』東信堂、2008年。

天野郁夫『大学改革を問い直す』慶應義塾大学出版会、2013年。

荒井克弘「高大接続の日本問題」『比較教育学研究』(特集　比較教育の視点からみた日本の大学入試改革(論))第53号、2016年、55-67頁。

荒井克弘「高大接続問題」日本教育社会学会編『教育社会学事典』丸善出版、2018年、472-473頁。

有本章編著『大学教授職の国際比較―世界・アジア・日本』東信堂、2020年。

居神浩「学生の多様化を正面から見ない大学論への絶望と希望」『高等教育研究』(学生多様化の現在)第21集、2018年、127-145頁。

市川昭午『エリートの育成と教養教育―旧制高校への挽歌』東信堂、2020年。

岩田雅明『生き残りをかけた大学経営戦略－大学、常夏の時代から氷河期へ』ぎょうせい、2013年。

上山隆大「序論―高等教育における『公』の境界」上山隆大(代表)『大学とコスト―誰がどう支えるのか』(シリーズ大学3)岩波書店、2013年、1-15頁。

R.A. ウォルフ「Key Trends for Quality Assurance in the United States Today」大学基準協会編『アウトカム・アセスメントの構築に向けて―内部質保証システム確立の道筋―』(大学評価シンポジウム報告書)大学基準協会、2012年、11-28頁。

氏岡真弓「英語力の尺度『CEFR』とは?」『朝日新聞』2019年2月13日号、2019年。

江原武一『現代アメリカの大学―ポスト大衆化をめざして』玉川大学出版部、1994年a。

江原武一『大学のアメリカ・モデル―アメリカの経験と日本』玉川大学出版部、1994年b。

江原武一「大学の管理運営改革の世界的動向」江原武一・杉本均編著『大学の管理運営改革―日本の行方と諸外国の動向』東信堂、2005年、3-45頁。

江原武一『転換期日本の大学改革―アメリカとの比較』東信堂、2010年。

江原武一『大学は社会の希望か―大学改革の実態からその先を読む』東信堂

た行

な行

は行

ま行

や行

ら行

索　引

著者

江原　武一（えはら・たけかず）

■経歴

1941年生まれ。東京大学教育学部卒業。同大学大学院博士課程単位取得。教育学博士。比較教育学・教育社会学を専攻。東京大学教育学部助手、奈良教育大学教育学部助教授、京都大学大学院教育学研究科教授、立命館大学教育開発推進機構教授を経て、京都大学名誉教授。2021年逝去。

■編著書

『現代高等教育の構造』（東京大学出版会、1984年）、『国際化社会の教育課題』（共編著、行路社、1987年）、『現代アメリカの大学』（玉川大学出版部、1994年）、『大学のアメリカ・モデル』（玉川大学出版部、1994年）、『自己意識とキャリア形成』（共編著、学文社、1996年）、『大学教授職の国際比較』（共編著、玉川大学出版部、1996年）、『多文化教育の国際比較』（編著、玉川大学出版部、2000年）、『世界の公教育と宗教』（編著、東信堂、2003年）、『大学院の改革』（共編著、東信堂、2004年）、『大学の管理運営改革』（共編著、東信堂、2005年）、『基礎教育学』（共編著、放送大学教育振興会、2007年）、『転換期日本の大学改革』（東信堂、2010年）、『現代教育改革論』（共編著、放送大学教育振興会、2011年）、『大学は社会の希望か』（東信堂、2015年）、『教育と比較の眼』（東信堂、2018年）。

■翻訳書

『リースマン 高等教育論』（共訳、玉川大学出版部、1986年）。

日本の大学改革の方向――『大学は社会の希望か』増補改訂版

2021年10月15日　初　版第1刷発行　〔検印省略〕

＊定価はカバーに表示してあります

著者©江原武一　発行者 下田勝司　印刷・製本　中央精版印刷

東京都文京区向丘1-20-6　郵便振替 00110-6-37828

〒113-0023　TEL 03-3818-5521（代）　FAX 03-3818-5514

発行所 株式会社 東信堂

E-Mail tk203444@fsinet.or.jp　URL http://www.toshindo-pub.com/

Published by TOSHINDO PUBLISHING CO.,LTD.

1-20-6, Mukougaoka, Bunkyo-ku, Tokyo, 113-0023, Japan

ISBN978-4-7989-1738-2 C3037 Copyright©EHARA, Takekazu

東信堂

書名	著者	価格
日本の大学改革の方向―『大学は社会の希望か』増補改訂版	江原武一	三二〇〇円
教育と比較の眼	江原武一	二六〇〇円
大学は社会の希望か―大学改革の実態からその先を読む	江原武一	二〇〇〇円
転換期日本の大学改革―アメリカとの比較	江原武一	三六〇〇円
大学の管理運営改革―日本の行方と諸外国の動向	江原武一・杉本均 編著	三六〇〇円
2040年 大学よ甦れ―カギは自律的改革と創造的連帯にある	田中弘允・佐藤博明・田原博人 著	二四〇〇円
検証 国立大学法人化と大学の責任―その制定過程と大学自立への構想	田中弘允・佐藤博明・田原博人 著	三七〇〇円
2040年 大学教育の展望―21世紀型学習成果をベースに	山田礼子	二八〇〇円
高等教育の質とその評価―日本と世界	山田礼子編著	二八〇〇円
大学の組織とガバナンス―高等教育研究論集第1巻	羽田貴史	三五〇〇円
科学技術社会と大学の倫理―高等教育研究論集第4巻	羽田貴史	三二〇〇円
学生参加による高等教育の質保証	山田勉	二四〇〇円
国立大学職員の人事システム―管理職への昇進と能力開発	渡辺恵子	四二〇〇円
国立大学法人の形成	大﨑仁	二六〇〇円
国立大学・法人化の行方―自立と格差のはざまで	天野郁夫	三六〇〇円
日本の大学経営―自律的・協働的改革をめざして	両角亜希子	三九〇〇円
私立大学の経営と拡大・再編―一九八〇年代後半以降の動態	両角亜希子	四二〇〇円
学長リーダーシップの条件	両角亜希子編著	二六〇〇円
教職協働による大学改革の軌跡	村上雅人	二四〇〇円
大学経営・政策入門	東京大学 大学経営・政策コース編	二四〇〇円
大学経営とマネジメント	新藤豊久	二五〇〇円
大学教学マネジメントの自律的構築―主体的学びへの大学創造二〇年史	関西国際大学編	二八〇〇円
学修成果への挑戦―地方大学からの教育改革	濱名篤	二四〇〇円
「書く」ことによる学生の自己形成―文章表現「パーソナル・ライティング」の実践を通して	谷美奈	二四〇〇円
大学におけるライティング支援―どのように〈書く力〉を伸ばすか	関西大学ライティングラボ・津田塾大学ライティングセンター 編	二四〇〇円

〒113-0023 東京都文京区向丘 1-20-6　TEL 03-3818-5521　FAX03-3818-5514　振替 00110-6-37828
Email tk203444@fsinet.or.jp　URL:http://www.toshindo-pub.com/

※定価：表示価格（本体）＋税

東信堂

書名	著者	価格
才能教育・2E教育概論―ギフテッドの発達多様性を活かす	松村暢隆	三六〇〇円
アメリカの才能教育―多様な学習ニーズに応える特別支援	松村暢隆	二五〇〇円
才能教育の国際比較	山内乾史編著	三五〇〇円
韓国の才能教育制度―その構造と機能	石川裕之	三八〇〇円
学生エリート養成プログラム―日本、アメリカ、中国	北垣郁雄編著	三六〇〇円
アメリカ教育例外主義の終焉―変貌する教育改革政治	青木栄一監訳	三六〇〇円
文部科学省の解剖	青木栄一編著	三二〇〇円
世界のテスト・ガバナンス―日本の学力テストの行く末を探る	北野秋男 佐藤 仁編著	三二〇〇円
現代学力テスト批判―実態調査・思想・認識論からのアプローチ	北野秋男 下司 晶 小笠原喜康	二七〇〇円
ポストドクター―若手研究者養成の現状と課題	北野秋男	三六〇〇円
日本のティーチング・アシスタント制度―大学教育の改善と人的資源の活用	北野秋男編著	二八〇〇円
現代アメリカの教育アセスメント行政の展開―マサチューセッツ州（MCASテスト）を中心に	北野秋男編	四八〇〇円
現代アメリカ貧困地域の市民性教育改革―教室・学校・地域の連関の創造	古田雄一	四二〇〇円
アメリカ公民教育におけるサービス・ラーニング	唐木清志	四六〇〇円
〔再増補版〕現代アメリカにおける学力形成論の展開―スタンダードに基づくカリキュラムの設計	石井英真	四八〇〇円
ハーバード・プロジェクト・ゼロの芸術認知理論とその実践―内なる知性とクリエティビティを育むハワード・ガードナーの教育戦略	池内慈朗	六五〇〇円
アメリカにおける学校認証評価の現代的展開	浜田博文編著	二八〇〇円
アメリカにおける多文化的歴史カリキュラム	桐谷正信	三六〇〇円
アメリカ公立学校の社会史―コモンスクールからNCLB法まで	W・J・リース著 小川佳万・浅沼茂監訳	四六〇〇円
ネオリベラル期教育の思想と構造―書き換えられた教育の原理	福田誠治	六二〇〇円
日本の異言語教育の論点―「ハッピー・スレイヴ症候群」からの覚醒	大谷泰照	二七〇〇円

〒113-0023 東京都文京区向丘1-20-6　TEL 03-3818-5521　FAX03-3818-5514　振替 00110-6-37828
Email tk203444@fsinet.or.jp　URL:http://www.toshindo-pub.com/

※定価：表示価格（本体）＋税

東信堂

書名	著者	価格
責任という原理―科学技術文明のための倫理学の試み〔新装版〕	H・ヨナス 加藤尚武監訳	四八〇〇円
主観性の復権―心身問題から『責任という原理』へ	H・ヨナス 宇佐美・滝口訳	二〇〇〇円
ハンス・ヨナス「回想記」	H・ヨナス 盛永・木下・馬渕・山本訳	四八〇〇円
生命の神聖性説批判	H・クーゼ著 飯田・石川・小野谷・片桐・水野訳	四六〇〇円
生命科学とバイオセキュリティ―デュアルユース・ジレンマとその対応	四ノ宮成祥 河原直人 編著	二四〇〇円
医学の歴史	今井道夫 石渡隆司 監訳	四六〇〇円
安楽死法：ベネルクス3国の比較と資料	盛永審一郎監修	二七〇〇円
死の質―エンド・オブ・ライフケア世界ランキング	丸祐一・小野谷加奈恵・飯田亘之訳	一二〇〇円
バイオエシックスの展望	坂井昭宏 松浦悦子 編著	三二〇〇円
死生学入門―小さな死・性・ユマニチュード	大林雅之	二〇〇〇円
生命の問い―生命倫理学と死生学の間で	大林雅之	二〇〇〇円
生命の淵―バイオシックスの歴史・哲学・課題	大林雅之	二〇〇〇円
今問い直す脳死と臓器移植〔第2版〕	澤田愛子	二〇〇〇円
キリスト教から見た生命と死の医療倫理	浜口吉隆	二三八一円
動物実験の生命倫理―個体倫理から分子倫理へ	大上泰弘	四〇〇〇円
医療・看護倫理の要点	水野俊誠	二〇〇〇円
原子力と倫理―原子力時代の自己理解	Th・リット 小笠原道雄編	一八〇〇円
科学の公的責任―科学者と私たちに問われていること	Th・リット 小笠原・野平編訳	一八〇〇円
歴史と責任―科学者は歴史にどう責任をとるか	Th・リット 小笠原・野平編訳	一八〇〇円
現代という時代の自己理解―大学・研究＝教育の自由・責任―テオドール・リット『人間と歴史―論理とエートスに徹する歴史哲学者の提言』	Th・リット 小笠原・野平編訳	二四〇〇円
〔ジョルダーノ・ブルーノ著作集〕より		
カンデライオ	加藤守通訳	三二〇〇円
原因・原理・一者について	加藤守通訳	三二〇〇円
傲れる野獣の追放	加藤守通訳	四八〇〇円
英雄的狂気	加藤守通訳	三六〇〇円
ロバのカバラ―ジョルダーノ・ブルーノにおける文学と哲学	N・オルディネ 加藤守通監訳	三六〇〇円

〒113-0023 東京都文京区向丘 1-20-6　TEL 03-3818-5521　FAX03-3818-5514　振替 00110-6-37828
Email tk203444@fsinet.or.jp　URL:http://www.toshindo-pub.com/

※定価：表示価格（本体）＋税